Claude Lévi-Strauss

DAS NAHE UND DAS FERNE

Eine Autobiographie in Gesprächen mit Didier Eribon

Aus dem Französischen von Hans-Horst Henschen

Kampa

Die französische Originalausgabe erschien 1988 unter dem Titel *De près et de loin* bei Éditions Odile Jacob, Paris.
Die deutsche Erstausgabe erschien 1989 im S. Fischer Verlag, Frankfurt am Main.

Für den Blick hinter die Verlagskulissen:
www.kampaverlag.ch/newsletter

www.kampaverlag.ch
Satz: Pagina GmbH, Tübingen
Gesetzt aus der Stempel Garamond LT
Druck und Bindung: GGP Media GmbH, Pößneck
Auch als E-Book erhältlich
ISBN 978 3 311 14003 0

INHALT

PROLOG

Haben Sie immer Tagebuch geführt? Haben Sie Notizhefte oder »Reiseblätter« geschrieben, wie sie sich in *Traurige Tropen*[1] zitiert finden?

Auf Expeditionen sicherlich, da habe ich mir Notizen gemacht. Es gibt in *Traurige Tropen* einige Abschnitte, die wörtlich übernommen sind.

Aber Sie haben kein Tagebuch in dem Sinne geführt, wie das Bronisław Malinowski in seinem *Tagebuch im strikten Sinne des Wortes*[2] getan hatte?

Ich habe meinen Gemütszuständen nicht sonderlich viel Bedeutung beigemessen.

Ich habe Ihnen diese Frage gestellt, weil Sie in *Traurige Tropen* versichern, Sie hätten ein ganz schlechtes Gedächtnis.

Ich habe ein verheerendes, ein selbstzerstörerisches Gedächtnis. Ich verdränge Elemente meines Privat- und Berufslebens je nach den Umständen. Und später gelingt es mir dann nicht mehr, die Fakten ordentlich zusammenzubringen.

Und um diesem Übel abzuhelfen, wenn Sie es denn überhaupt als Übel auffassen …

Jedenfalls ist es im täglichen Leben sehr störend.

Waren Sie nie versucht, Ihr tägliches Tun und Lassen festzuhalten?

Nie. Vielleicht aufgrund einer Art von instinktivem Misstrauen gegenüber dem, was ich tue und bin.

»Es zählt einzig die Arbeit des Augenblicks.«

Eine Art von Misstrauen?

Ich habe in *Traurige Tropen* erzählt, dass meine Intelligenz neolithisch ist: Ich bin keiner, der kapitalisiert, der sein erworbenes Gut Früchte tragen lässt, eher einer, der sich an einer stetig fließenden Grenze fortbewegt. Es zählt einzig die Arbeit des Augenblicks. Und die geht rasch verloren. Ich verspüre keinerlei Neigung und habe nicht das Bedürfnis, ihre Spur zu bewahren.

Es ist nahezu paradox, Sie sagen zu hören, dass einzig der Augenblick und das Ereignis für Sie zählen.

Subjektiv, ja, das ist es, was zählt. Aber ich rette mich daraus in die Arbeit, indem ich Zettelsammlungen anlege: von allem etwas, beiläufig aufgetauchte Ideen, Lektürezusammenfassungen, Rekurse auf Werke, Zitate … Und wenn ich etwas in Angriff nehmen will, dann ziehe ich einen Packen Zettel aus meinen Schubladen und ordne sie neu, wie bei einer Partie Karten. Dieses Spiel, bei dem der Zufall zu seinem Recht kommt, hilft mir, schwache Erinnerungen aufzufrischen.

Wir danken Mlle Eva Kempinski, die, über die Abschrift des Manuskripts hinaus, viel dazu beigetragen hat, Ordnung in die mit Streichungen, Zusätzen und Änderungen übersäte Transkription zu bringen, die wir ihr übergeben hatten.

Erster Teil

WENN DON QUIJOTE WIEDERKEHRT

Kapitel 1
VON OFFENBACH ZU MARX

Sie sind in Brüssel geboren, im Jahr 1908.

Durch Zufall. Mein Vater war Maler. Vor allem Porträtmaler. Er hatte Jugendfreunde in Belgien, die ihm irgendwelche Auftragsarbeiten besorgt hatten, und so hat er sich mit seiner jungen Frau vorübergehend in Brüssel niedergelassen. Während dieses Aufenthaltes kam ich zur Welt. Meine Eltern sind nach Paris zurückgekehrt, als ich zwei Monate alt war.

Sie wohnten in Paris?

Mein Vater war Pariser. Meine Mutter ist in Verdun geboren und in Bayonne aufgewachsen.

Ihre Kindheit haben Sie also in Paris verbracht, im 16. Arrondissement, glaube ich.

In einem Gebäude, das noch heute existiert, Nr. 26 in der Rue Poussin, in der Nähe der Porte d'Auteuil. Wenn ich dort vorbeikomme, schaue ich zu dem Balkon der Wohnung im fünften Stock, wo ich die ersten zwanzig Jahre meines Lebens verbracht habe.

Und heute wohnen Sie ebenfalls im 16. Arrondissement. Ist das ein Viertel, das Sie lieben?

Es ist ein Viertel, das ich in meiner Kindheit geliebt habe, weil es sich viel Pittoreskes bewahrt hatte. Ich erinnere mich, dass es am Ende der Rue Poussin, bei der Abzweigung zur Rue La Fontaine, noch eine Art Bauernhof gab. Die Rue Raynouard war zur Hälfte ländlich. Gleichzeitig gab es da Ateliers von Künstlern, kleine Antiquitätenhändler … Heute ist es ein Viertel, das mich langweilt.

War Ihre Familie sehr an Kunst interessiert?

Es gab sogar eine regelrechte erbliche Belastung! Mein Urgroßvater, der Vater der Mutter meines Vaters, hieß Isaac Strauss. 1806 in Straßburg geboren, stieg er sehr jung nach Paris auf, wie es heißt. Er war Geiger und gründete ein kleines Orchester. Er trug dazu bei, die Musik Ludwig van Beethovens, Felix Mendelssohn Bartholdys und mancher anderer bekannt zu machen. In Paris hat er mit Hector Berlioz zusammengearbeitet, der ihn in seinen Memoiren erwähnt; und auch mit Jacques Offenbach, für den er einige seiner berühmten Quadrillen schrieb. Offenbachs Musik kannte man in meiner Familie auswendig; sie hat meine ganze Kindheit begleitet.

Strauss wurde gegen Ende der Regentschaft von Louis-Philippe I. Leiter des Ballorchesters bei Hofe, später dann, unter Napoleon III., Direktor des Casino-Orchesters von Vichy, das er lange leitete. Wiederum später trat er die Nachfolge von Philippe Musard als Dirigent der Opernbälle an. Gleichzeitig war er so etwas wie ein »Cousin Pons« und leidenschaftlicher Sammler von Antiquitäten, mit denen er auch handelte.

Hat Ihre Familie von dieser Sammlung etwas erhalten können?

Er hatte eine bedeutende Sammlung von Judaica, die gegenwärtig im Musée de Cluny aufbewahrt wird. Verschiedene Objekte, die durch seine Hände gegangen sind, wurden von Mäzenen erworben, die sie dem Louvre übereigneten. Was übrig blieb, wurde nach seinem Tode verkauft oder zwischen seinen Töchtern aufgeteilt. Der Rest wurde wäh-rend der Besetzung von den Deutschen geplündert. Ich bewahre ein paar Überreste davon auf; so das Armband, das Napoleon III. meinem Urgroßvater überreichte, um sich für die Gastfreundschaft in der Villa Strauss in Vichy zu bedanken. Diese Villa Strauss, in der der Kaiser zu Besuch weilte, existiert noch heute. Sie ist zu einer Bar oder einem Restaurant umgestaltet worden, ich weiß nicht mehr, aber ihren Namen hat sie behalten.

Wurde die Erinnerung an diese Vergangenheit in der Familientradition wachgehalten und weitergegeben?

Sicher, denn das war die glorreiche Periode der Familie: Sie stand dem Thron nahe! Mein Urgroßvater hatte häufigen Umgang mit der Prinzessin Mathilde. Die Familie meines Vaters lebte im Gedenken an das Zweite Kaiserreich. Es blieb ihr übrigens nahe und lebendig: Als Kind habe ich noch – und zwar mit meinen eigenen Augen – die Kaiserin Eugénie gesehen.

Sie haben erzählt, dass Ihr Vater Maler war.

Ja, und zwei meiner Onkel ebenfalls. Anfangs vom Glück begünstigt, starb mein Großvater väterlicherseits ruiniert, sodass einer seiner Söhne – er hatte vier Jungen und ein Mädchen – schon sehr früh arbeiten musste, um die Familie zu unterstützen.

Man schickte meinen Vater auf die École des hautes études commerciales [Wirtschaftswissenschaftliche Hochschule].[1] Zu Beginn seines Berufslebens hat er mit bescheidenen Tätigkeiten an der Börse angefangen. Er hat Daniel-Henry Kahnweiler kennengelernt, und sie sind Freunde geworden. Sobald er konnte, hat er sich der Malerei verschrieben, für die er sich seit der Kindheit leidenschaftlich begeisterte.

Andererseits fügte es der Zufall, dass mein Vater und meine Mutter Cousine bzw. Cousin zweiten Grades waren. In Bayonne hatte die ältere Schwester meiner Mutter einen Maler geheiratet, der zeitweilig sogar eine Berühmtheit war, Henry Caro-Delvaille. Eine andere Schwester hat ebenfalls einen Maler geheiratet, Gabriel Roby, einen Basken; für ihn, der von schwächlicher Gesundheit war und früh starb, war das Leben noch schwieriger als für meinen Vater.

Haben meine Eltern sich aufgrund der familiären Bindungen oder aufgrund der Beziehungen zwischen Malern kennengelernt? Ich weiß es nicht mehr. Wie dem auch sei, meine Mutter lebte vor ihrer Heirat in Paris, zum Teil bei den Caro-Delvailles. Um Sekretärin werden zu können, erlernte sie Stenographie und Schreibmaschine.

Ihr Vater hat in seinem Beruf als Maler nicht viel Geld verdient.

Immer weniger, in dem Maße, in dem der Geschmack des Publikums sich wandelte.

Ihre Kindheit ist also nicht die eines Sohnes der Pariser Bourgeoisie gewesen?

Der Kultur nach ist sie es gewesen, dem Leben in einem Kreis von Künstlern nach; sie war geistig sehr reich. Aber man hatte sich mit materiellen Schwierigkeiten herumzuschlagen.

Haben Sie daran genaue Erinnerungen?

Ich erinnere mich der Ängste, die zu bestimmten Zeiten wach wurden, wenn es keine Aufträge mehr gab. Mein Vater, der ein großer Bastler war, erfand also alle möglichen Arten von Nebenerwerbstätigkeiten. Eine Zeit lang konzentrierte man sich im Hause auf Stoffdrucke. Man schnitt Linoleumtafeln, bestrich die erhabenen Stellen mit einem Leim und presste die so behandelten Formen dann auf Samtstoffe, damit verschiedenfarbige Metallstäubchen, die man darüberstreute, daran haften bleiben konnten.

Und Sie waren an diesen Tätigkeiten beteiligt?

Ich habe sogar Vorlagen gemacht! Dann gab es eine andere Zeit, in der mein Vater kleine Tischchen mit Lackimitation im chinesischen Stil anfertigte. Er hat auch Lampen mit billigen, auf Glasscheiben geklebten japanischen Drucken hergestellt. Alles war recht, um die Monatsenden zu überstehen.

Haben Sie Bilder aufbewahrt, die er gemalt hat?

Wenige, weil meinen Eltern wegen der Plünderungen gegen Ende des Krieges nichts mehr blieb, nicht einmal ein Bett ...

Sie haben von der Sammlung jüdischer Antiquitäten gesprochen, die Ihr Urgroßvater zusammengetragen hatte. Hatte sich bei Ihren Eltern eine religiöse Bindung erhalten?

Meine Eltern waren ganz und gar ungläubig. Meine Mutter allerdings, Tochter eines Rabbiners, war noch in einer anderen Atmosphäre aufgewachsen.

Haben Sie Ihren Rabbiner-Großvater noch gekannt?

Sogar sehr gut. Während des Ersten Weltkrieges habe ich bei ihm gelebt. Meine Mutter und ihre Schwestern hatten sich mit ihren Kindern dort einquartiert, während ihre Männer zum Militärdienst eingezogen waren.

Abgesehen von dieser Zeit, die Sie bei Ihrem Großvater verbracht haben, sind Sie in einer glaubenslosen Atmosphäre aufgewachsen, in der die jüdische Tradition vielleicht dennoch präsent war?

So reibungsfrei war es nicht. Meine Großmutter väterlicherseits war noch praktizierende Gläubige. Allerdings steckte in diesem Zweig der Familie ein Körnchen Wahnsinn, der sich auf bald tragische, bald burleske Weise äußerte. Ein Bruder meines Vaters, der, von Bibelexegese geradezu besessen, nicht ganz richtig im Kopf war, beging Selbstmord; ich war damals drei Jahre alt. Noch vor meiner Geburt hatte sich ein anderer Bruder meines Vaters zum Priester weihen lassen, um sich, im Gefolge einer Auseinandersetzung, an seinen Eltern zu rächen. Eine Zeit lang hatte die Familie also einen Abbé Lévi in ihren Reihen ... Ich erinnere mich seiner zu einer späteren Zeit, er war damals kleiner Angestellter der *Compagnie du Gaz*, stets hübsch geschniegelt, mit blondem, hochgezwirbeltem Schnurrbart, mit seiner Persönlichkeit und seinem Status glücklich und zufrieden.

Der Rabbiner, mein Großvater mütterlicherseits, war ein frommer Mann von bescheidenem Wesen, der die Rituale skrupulös einhielt. Drei oder vier Jahre hintereinander habe ich an allen religiösen Festen teilgenommen. Was seine Frau betraf, so bezweifelten selbst ihre Töchter, dass sie gläubig war. In Bayonne hatte meine Großmutter sie in eine Klosterschule geschickt, weil das die beste Lehranstalt war.

Die älteste Tochter bereitete sich auf das Lycée de Sèvres vor oder trat sogar ein, ich weiß nicht mehr, und das zu einer Zeit, da die gutgläubige Provinz in den Sèvres-Absolventinnen Teufelinnen sah. Die Frau des Rabbiners hatte liberale Ansichten!

Obwohl ungläubig, blieben meine Eltern durch ihre Kindheit der jüdischen Tradition verhaftet. Sie begingen die religiösen Feiertage zwar nicht, sprachen aber davon. Man ließ mich in Versailles meine Bar-Mizwa feiern, ohne andere Gründe dafür geltend zu machen als meinen Großvater nicht zu enttäuschen, damit ich schließlich einwilligte.

Sind Sie niemals von religiösen Gefühlen in Unruhe versetzt worden?

Wenn Sie unter Religion die Beziehung zu einem persönlichen Gott verstehen, nie.

Hat dieser »Unglaube« in Ihrer geistigen Entwicklung eine Rolle gespielt?

Das weiß ich nicht. In meiner Jugend war ich auf diesem Gebiet sehr intolerant; heute, nachdem ich die Geschichte der Religionen – aller Arten von Religionen – untersucht und gelehrt habe, bin ich ehrfürchtiger geworden, als ich das mit achtzehn oder zwanzig Jahren war. Und obwohl ich für religiöse Losungen taub bleibe, bin ich doch mehr und mehr von dem Gefühl durchdrungen, dass der Kosmos und der Platz des Menschen im Universum unser Fassungsvermögen übersteigen und stets übersteigen werden. Es kommt vor, dass ich mich mit Gläubigen besser verstehe als mit eingefleischten Rationalisten. Immerhin besitzen jene ein Gespür für das Mysterium. Das Denken scheint in meinen Augen konstitutionell unfähig zu sein, dieses Mysterium zu enträtseln. Man muss sich mit der unermüdlichen Maulwurfsarbeit zufriedengeben, welche die wissenschaftliche Erkenntnis an seinen Rändern betreibt. Aber ich kenne nichts Reizvolleres, nichts Bereicherndere für den Geist als den Versuch, ihr zu folgen – auf profanem Wege; wenngleich man sich bewusst bleiben sollte, dass jeder Fortschritt neue Probleme hervorbringt und die Aufgabe ohne Ende ist.

Sie haben die Zeit des Ersten Weltkrieges bei Ihrem Großvater in Versailles verbracht?

Von 1914 bis 1918. Da habe ich auch meine Schulzeit begonnen: erst in der Volksschule, dann am Lycée Hoche. Als wir nach Paris zurückkehrten, bin ich am Lycée Janson de Sailly in die *sixième* gekommen.

Haben Sie sehr unter dem Krieg gelitten?

Nein. Mein Vater, der gesundheitlich stets anfällig war, ist zum Militärdienst einberufen worden, als Krankenwärter im Militärlazarett von Versailles. Ein Cousin, der sehr viel älter war als ich, ein brillanter *normalien* [Absolvent einer École normale supérieure], war das einzige Kriegsopfer unter meinen Angehörigen. Maurice Barrès hat seine Briefe vom Feld in seinem Buch *Les Diverses Familles spirituelles de la France* zitiert und kommentiert.

Nach dem Krieg sind Sie also in das Janson de Sailly eingeschult worden?

Ich bin dort bis zum Abitur geblieben.

Sind Sie von manchen Ihrer Professoren geprägt worden?

Ich glaube nicht. Sie flößten mir mehr oder weniger Sympathie ein, aber keiner von ihnen hat die Rolle eines geistigen Führers übernommen.

Sie sind also auf anderen Wegen mit dem marxschen Denken in Berührung gekommen?

Ich habe die Beziehungen meines Vaters zu einer belgischen Familie erwähnt. Das waren in der Tat enge Freunde; wir verbrachten alle Ferien zusammen. Einmal luden sie im Sommer einen ihrer eigenen Freunde ein, einen militanten jungen belgischen Sozialisten, der in seinem Lande bereits bekannt war. Ich habe ihm Fragen über Autoren gestellt, von denen im Rahmen des Gymnasialunterrichts noch kaum die Rede war: Marx, Pierre-Joseph Proudhon … Er hat mich veranlasst, sie zu lesen.

»Marx hat mich auf der Stelle fasziniert.«

Wie alt waren Sie damals?

Sechzehn Jahre. Und Marx hat mich auf der Stelle fasziniert.

Mit welchem seiner Werke haben Sie begonnen?

Ich weiß nicht mehr, aber ich habe mich sehr bald darangemacht, *Das Kapital* zu lesen.

Sind Sie nicht vor der Schwierigkeit dieser Lektüre zurückgeschreckt?

Ich verstand nicht alles. In Wirklichkeit waren das, was ich bei Marx entdeckte, andere, für mich neue Denkformen: Kant, Hegel …

Wahrscheinlich hat diese Marx-Lektüre Sie zu anderen philosophischen Studien angestiftet.

Ich weiß nicht. Jedenfalls habe ich meine Philosophie-Klasse sehr schlecht begonnen und erst im Laufe des Jahres festen Boden unter den Füßen bekommen.

In welcher philosophischen Tradition stand Ihr Professor?

Er war Bergsonianer. Sozialist und Bergsonianer.

Hat Sie der Bergsonismus nie in Versuchung geführt?

Nein. Dem bergsonschen Denken gegenüber empfand ich sogar Feindseligkeit, weil es mir allzu viel Gewicht auf die Erscheinungen, auf das unmittelbare Bewusstsein zu legen schien … Später habe ich es besser verstanden und ihm in *Das Ende des Totemismus*[2] meine Reverenz erwiesen.

Sie sind durch Vermittlung dieses belgischen Freundes Marxist geworden. Aber Sie sind auch politischer Aktivist geworden.

Er hatte mich bekehrt. Oder war ich dieser Bekehrung spontan entgegengekommen? Ich kann es nicht sagen; jedenfalls machte er mich eine Zeit lang zu einer Art Zögling der belgischen Arbeiterpartei. Meinen ersten gedruckten Text veröffentlichte der Verlag L'Églantine der POB [*Parti Ouvrier Belge*]: eine Broschüre über Gracchus Babeuf, deren Existenz ich nur zu gern vergäße. Und dann wurde ich in der Sozialistischen Partei Frankreichs aktiv, die sich damals SFIO [*Section Française de l'Internationale Ouvrière,* Französische Sektion der Arbeiter-Internationale] nannte.

Welche politischen Auffassungen vertrat Ihre Familie?

Sie war politisch nicht engagiert. In der Familie meiner Mutter, beim Großrabbiner von Versailles, war man himmelweit von jeder politischen Betätigung entfernt. Auf der väterlichen Seite: eine gutbürgerliche Familie, die bessere Tage gesehen hatte und mit einem konservativen Temperament gesegnet war, abgesehen wahrscheinlich von der Jugendzeit meines Vaters und seiner Brüder während der Dreyfus-Affäre. Sie waren, wie sie erzählten, zu einer Dreyfus-Kundgebung gegangen, bei der Jean Jaurès sprach. Sie gingen zu ihm, um ihm zu danken, und Jaurès gab ihnen eine zweideutige Antwort: »Ich hoffe«, sagte er, »Sie werden sich daran erinnern.« Und das sollte heißen: »Sie kommen zwar zu uns, aber unmittelbar danach entfernen Sie sich wieder.« Das war die reine Wahrheit.

Ihr militantes Engagement ging ziemlich weit.

Ich bin Sekretär der *Groupe d'études socialistes des cinq Écoles normales supérieures* [Sozialistische Studiengruppe der fünf Elitehochschulen] gewesen, obwohl ich selbst kein *normalien* war, und ich war sogar Generalsekretär der *Fédération des étudiants socialistes* [Vereinigung sozialistischer Studierender].

Gibt es Leute, die Sie damals gekannt haben und noch heute sehen?

Die, mit denen ich am engsten verbunden war, sind tot: Pierre Boivin, später Georges Lefranc, die ich übrigens aus den Augen verloren hatte. Ich habe auch Marcel Déat gut gekannt.

Waren Sie mit ihm befreundet?

Nicht wirklich. Ich habe ihn kennengelernt, als ich, um Geld zu verdienen, in den Jahren vor der *agrégation* [Zulassungsprüfung für das höhere Lehramt] Sekretär eines sozialistischen Abgeordneten war; er hieß Georges Monnet. Ich hatte also zu einem Zeitpunkt Zugang zur Abgeordnetenkammer, als Marcel Déat Sekretär der sozialistischen Gruppe war.

In welchem Jahr?

Von 1928 bis 1930. Im Jahr meiner *agrégation* habe ich ihn verlassen, weil ich keine Zeit mehr hatte.

Kommen wir auf Ihre Studien zurück. Sie haben das Janson de Sailly nach der Philosophieklasse verlassen und ein Philosophiestudium begonnen.

Weil mir nichts anderes einfiel.

Es war eine rein negative Wahl?

Ja. Nach dem Janson de Sailly habe ich zunächst eine *hypokhâgne* [Vorbereitungsjahr auf die Grandes Écoles] am Lycée Condorcet gemacht. Aber ich habe mich an den Schwierigkeiten von Griechisch und Mathematik gestoßen, zwischen denen man zu wählen hatte. Also habe ich in ein Jurastudium begonnen.

Wer war Ihr Philosophieprofessor am Condorcet, in der *hypokhâgne*?

André Cresson. Als ich mich entschloss, die *hypokhâgne* zu verlassen, hat er mir gesagt: »Sie sind für die Philosophie nicht geschaffen, eher für etwas Andersgeartetes.« Und er hat mir Jura nahegelegt. In Wirklichkeit wäre es die Ethnologie gewesen, aber er hatte ganz richtig gesehen.

Wo haben Sie Ihr Jurastudium absolviert?

An der juristischen Fakultät in Paris, die an der Place du Panthéon lag und heute Teil der Sorbonne, Paris I, glaube ich, geworden ist.

Wie lange waren Sie dort?

Bis zum Examen. Gleichzeitig habe ich ein Philosophieexamen gemacht.

Wo?

An der Sorbonne.

Sie haben beide Studiengänge gleichzeitig verfolgt?

Zu dieser Zeit schwänzten die Jurastudenten häufig ihre Vorlesungen. Man lernte Repetitorien auswendig. Aber die Jurisprudenz schläferte mich ein, und ich habe mich auf die Philosophie konzentriert. Sie sehen, das sind noch immer negative Gründe.

Und haben Sie dort bestimmte Professoren beeinflusst?

Ich fürchte, ich muss ein zweites Mal mit Nein antworten. Nicht aus kritischer Einstellung diesen Professoren gegenüber, eher aus einer kritischen Einstellung mir selbst gegenüber. Ich hörte die Vorlesungen von Léon Brunschvicg, aber ich verstand gar nichts.

Wie lange haben Sie seine Vorlesungen gehört?

Mehrere Jahre, bis zur *agrégation.*

Ohne zu verstehen?

Ohne den Eindruck, etwas wirklich zu verstehen. Als Professoren hatte ich überdies Albert Rivaud, Jean Laporte, Louis Bréhier, Léon Robin für die griechische Philosophie, Paul Fauconnet und Célestin Bouglé für die Soziologie, Abel Rey in Wissenschaftsgeschichte ... Im Grunde bin ich wie ein Zombie über das Gelände gestreunt, mit dem Gefühl, dass ich draußen blieb.

Um Ihnen zu zeigen, in welchem Maße ich mich unbeteiligt fühlte: Am selben Tag, da die Ergebnisse der *agrégation* verkündet wurden, bin ich in eine Spezialbuchhandlung gegangen und habe eine Abhandlung über Astrologie gekauft. Nicht dass ich daran geglaubt hätte, sondern aus Rache und um mir selbst zu beweisen, dass ich meine geistige Unabhängigkeit nicht verloren hatte.

Sie waren von Ihren Studien also nicht begeistert?

Nein. Ich begeisterte mich für die Politik, für die politische Reflexion. Wie ich die *agrégation* bestanden habe? Das bleibt ein Geheimnis. Aber ich *habe* sie schließlich ordentlich bestanden, und zwar als Dritter in meinem ersten *concours* [Aufnahmeprüfung für das Studium an einer Grande

École]. Ein Wunder, für das ich nur zwei Erklärungen finde.

Mich hatte ein brillanter Kommilitone unter seine Fittiche genommen, ein glühender Katholik, der sich womöglich mit der Idee einer Konversion trug. Das Griechische war seine Stärke, er ließ mich die Texte vorbereiten. Ich weiß nicht, was aus ihm geworden ist, doch ich verdanke ihm viel.

Die zweite Erklärung ist ziemlich komisch. Ein Arzt, der ein Freund der Familie war, hatte mir eine Ampulle – Morphium, Kokain? – geschenkt, die, wie er behauptete, mir Geistesstärke verschaffte, wenn ich sie vor der *leçon* tränke. Zur Vorbereitung dieser letzten Prüfung wird man sieben Stunden in der Bibliothek der Sorbonne eingesperrt. Ich beeilte mich, den Inhalt der Ampulle, in einem Glas Wasser gelöst, einzunehmen, und mir wurde davon so schlecht, dass ich die Vorbereitungsstunden ausgestreckt auf zwei Stühlen verbringen musste. Sieben Stunden Seekrankheit! Überdies war das Thema, das ich gelost hatte, das katastrophalste, das man sich denken konnte: »Gibt es eine angewandte Psychologie?« Henri Wallon war Mitglied des Prüfungsausschusses, dieses Thema war ihm zu verdanken. Ich trat völlig verstört zur Prüfung an, ohne mich vorbereitet haben zu können, und improvisierte eine Unterrichtsstunde, die als brillant beurteilt wurde, in der ich, glaube ich, jedoch von nichts anderem als von Spinoza gesprochen habe. Letztlich hatte die Droge wahrscheinlich also doch ihren Dienst getan …

Wer meldete sich in jenem Jahr zur Prüfung?

Ferdinand Alquié, der Erster wurde. Unter anderen auch Simone Weil.

Haben Sie sie gut gekannt?

Das wäre zu viel gesagt. Wir schwatzten in den Gängen der Sorbonne miteinander. Ihre schneidenden Urteile verwirrten mich. Bei ihr ging es immer um Alles oder Nichts.

Ich bin ihr später in den Vereinigten Staaten wieder begegnet, wohin sie einen kurzen Abstecher machte, bevor sie nach England ging und dort starb. Sie gab mir ein Zeichen, wir trafen uns im Säulengang eines großen Gebäudes – der Bibliothek der Columbia University oder in der Public Library, ich weiß nicht mehr. Wir sprachen auf den Stufen sitzend miteinander. Die intellektuellen Frauen unserer Generation waren häufig maßlos übersteigert. Ich reihte sie in diese Kategorie ein. Simone Weil aber hat den Rigorismus bis zur Selbstzerstörung betrieben.

Sie haben Ihr Referendariat zusammen mit Simone de Beauvoir und Maurice Merleau-Ponty gemacht.

Damals machte man dieses Referendariat vor dem *concours.* Es war ein pädagogisches Referendariat von drei Wochen. Durch Zufall fand ich mich zusammen mit Simone de Beauvoir und Maurice Merleau-Ponty bei meinem alten Lehrer am Janson de Sailly wieder. Wir hielten nacheinander Unterricht.

War das Ihr erstes Zusammentreffen?

Ja, und wir haben uns bald aus den Augen verloren, für mehrere Jahre.

Simone de Beauvoir erwähnt diese Episode in ihren Memoiren. Im Zusammenhang mit Ihnen schreibt sie: »Der zweite [L.-S.] schüchterte mich durch sein Phlegma ein, doch er verwendete es mit Geschick, und ich fand ihn sehr komisch, wenn er mit farbloser Stimme und völlig

unbewegtem Gesicht seinen Zuhörern den Wahnsinn der Affekte auseinandersetzte ...«[3]

Daran habe ich keinerlei Erinnerung.

»Ich habe Simone de Beauvoir in dieser Zeit noch vor Augen: blutjung, mit der frischen, rosigen Gesichtsfarbe eines Mädchens vom Lande.«

Hatten Sie ein gutes Verhältnis zueinander?

Es scheint mir so. Ich habe Simone de Beauvoir in dieser Zeit noch vor Augen: blutjung, mit der frischen, rosigen Gesichtsfarbe eines Mädchens vom Lande. Sie sah aus wie ein rotbäckiger Apfel.

Und Merleau-Ponty?

Da ich ihn später genau kennengelernt habe, sind diese frühen Erinnerungen ein wenig verblasst.

Rückblickend scheint Ihnen dieses dreiwöchige Zusammentreffen doch wohl sehr merkwürdig, eine Art Vorzeichen?

Es erscheint mir vor allem fern, beinahe phantomhaft.

Haben Sie sich nie mit Simone de Beauvoir angefreundet?

Nie. Aber keineswegs aus Abneigung.

Bestand keinerlei Anziehung zwischen Ihnen?

Auch das ist es nicht. Jean-Paul Sartre und sie sind schnell berühmt geworden, sie nahmen im intellektuellen Leben eine Stellung sehr weit über mir ein. Sie schüchterten mich ein und brauchten mich nicht. Als Margaret Mead – ich glaube 1949 – nach Paris kam, habe ich es gewagt, die First Lady des geistigen Lebens Amerikas und die First Lady des geistigen Lebens Frankreichs zusammenzuführen. Ich habe ihnen zu Ehren einen kleinen Empfang gegeben. Sie haben nicht einmal das Wort aneinander gerichtet.

Vielleicht aufgrund der Sprachbarrieren?

Vielleicht. Jede blieb in einer Ecke des Raumes, umgeben von ihrem Hofstaat.

Sie haben Ihr Referendariat gemeinsam gemacht, doch sie hat ihren *concours* 1929 bestanden, wenn ich ihren Memoiren vertrauen darf, und Sie 1931.

Das Juraexamen erforderte ein zusätzliches Jahr. Und dann hatte ich Nebenbeschäftigungen, um das Familienbudget aufzubessern. Dennoch bestand ich mit knapp dreiundzwanzig Jahren.

Als ich die Prüfungsergebnisse erfuhr, stürzte ich mich in ein Taxi, um meinen Eltern die wichtige Neuigkeit zu verkünden, aber zu Hause herrschte Trauerstimmung. Der letzte noch lebende Bruder meines Vaters war da. Ein großes, an der Börse erworbenes Vermögen erlaubte es ihm seit Langem, für seine Mutter aufzukommen und meine Eltern in schwierigen Lagen zu unterstützen. Er war im Begriff, ihnen zu offenbaren, dass die Wirtschaftskrise ihn endgültig ruiniert hatte. Mir wurde beinahe gleichzeitig klar, dass ich jetzt einen Beruf hatte und dass das materielle Schicksal meiner Eltern für mich fortan eine ständige Verpflichtung war.

Nach der *agrégation* sind Sie nach Mont-de-Marsan berufen worden.

Nicht sofort. Zunächst habe ich meinen Militärdienst geleistet. Drei Monate in Straßburg; dann, dank politischer Freunde, zusammen mit einigen anderen im Kriegsministerium. Unter ihnen war Paul Gadenne.

Sie haben Sympathie füreinander empfunden?

Nein, er war ein sehr höflicher Junge, aber zurückhaltend und wenig gesellig.

Was haben Sie da gemacht?

Wir haben den Pressedienst für den Minister besorgt: Wir lasen die Zeitungen und schnitten alles aus, was ihn interessieren konnte. Überdies übertrug uns das Kabinett die Erledigung der Post, die es für unbedeutend hielt.

Haben Sie damals jede politische Tätigkeit eingestellt?

Sicher. Das wäre nicht zugelassen worden. Wenn man auf dem Gang mit General Weygand zusammentraf, ohne Habachtstellung einzunehmen, dann wäre man auf der Stelle in die Garnison abkommandiert worden.

Welche Bilder haben Sie aus dieser Zeit bewahrt?

Straßburg hat keinen schlechten Nachgeschmack bei mir hinterlassen. Ich war Soldat zweiter Klasse, aber ich habe dort ziemlich lustige Leute kennengelernt. Und dann habe ich Familienangehörige getroffen, die ich gar nicht kannte. Man stopfte mir die Taschen mit Lebensmitteln voll. In Paris gab es sehr wenig Arbeit, es genügte, wenn einer von uns zum Dienst anwesend war, während die anderen ihren Beschäftigungen nachgingen.

Und nach dem Militärdienst sind Sie dann als Professor ans Lycée von Mont-de-Marsan berufen worden.

Ich hatte die Wahl zwischen Aubusson und Mont-de-Marsan. Ich habe mich für Mont-de-Marsan entschieden. Das war meine erste Anstellung und gleichzeitig meine Hochzeitsreise. Am Vorabend meiner Abreise habe ich geheiratet.

Und Sie haben sich dort im Südwesten eingerichtet.

Ich habe meine dienstlichen Funktionen am 1. Oktober 1932 aufgenommen und mich alsbald in die lokale Politik eingemischt. Ich habe bei den Kantonalwahlen kandidiert. Die Geschichte ist abrupt zu Ende gegangen, weil ich einen Autounfall hatte. Ich bin ohne Führerschein gefahren. Es war mein Jugendfreund und sozialistischer Parteigenosse Pierre Dreyfus, der später *Président-directeur général* von Renault und dann Industrieminister unter François Mitterrand geworden ist, der diesen Gebrauchtwagen gekauft hatte: einen Citroën 5 CV. Er hatte den Wagen bis Mont-de-Marsan gefahren, und wir sind gemeinsam aufgebrochen, um Wahlkampf zu machen. Nach Ablauf einer Stunde hatte ich den Wagen in den Graben gesetzt. Das war der erste Tag des Wahlkampfes, und auch der letzte.

Wie ist dieses Unterrichtsjahr verlaufen?

Sehr gut. Es war das erste Jahr, und das Ganze hat mir Spaß gemacht.

Haben Ihre politischen Engagements die Wahl der Themen beeinflusst, die Sie behandelten?

O nein, ganz und gar nicht! In meinem Unterricht war ich neutral. Für mich handelte es sich um zwei getrennte Bereiche. Ich versuchte nicht, meine Schüler zu bekehren. Ich handelte nach dem Lehrplan und nur nach dem Lehrplan.

Haben Sie einige Erinnerungen an diesen Aufenthalt im Département Landes bewahrt?

Eher an sozialistische Kreise als ans Lycée. Die politischen Zusammenkünfte waren häufig von gastronomischen Festen begleitet. Das sind die genauesten Erinnerungen, die mir geblieben sind. Andere haben sich wiedereingestellt, als ich in die Académie gewählt wurde. Die Lokalzeitung der Region Landes hat meine alten Schüler ausfindig gemacht und ihre Aussagen veröffentlicht. Manche haben mir geschrieben.

Sie sind nur ein Jahr in Mont-de-Marsan geblieben?

Ich bin dann nach Laon berufen worden. Meine Frau, die ebenfalls die *agrégation* erhalten hatte, ist in Amiens angestellt worden. Wir wohnten bei meinen Eltern in der Rue Poussin und versuchten, unsere Kurse auf den gleichen Teil der Woche zusammenzudrängen.

Und Sie fingen an, das Unterrichten für weniger lustig zu halten?

Im zweiten Jahr habe ich mich tatsächlich gelangweilt, ich verspürte zunehmend Lust, mich zu verändern, etwas von der Welt zu sehen.

Und in Laon haben Sie Ihre politischen Aktivitäten fortgesetzt?

Mehr in Paris als in Laon, wo ich mich nicht aufhalten mochte, obwohl die Stadt in ihrer nüchternen Derbheit nicht ohne Reiz war. Ihre Kathedrale, gedrungen und niedergekauert, hatte etwas Anziehendes.

Wie in Mont-de-Marsan sind Sie auch hier nur ein Jahr geblieben?

Ein Jahr und einige Monate. Anfang 1935 bin ich nach Brasilien gegangen.

»Ich verspürte zunehmend Lust, mich zu verändern, etwas von der Welt zu sehen.«

In *Traurige Tropen* haben Sie Ihre Abreise nach Brasilien beschrieben ...

Ja. Célestin Bouglé hatte mich zu Georges Dumas geschickt, den ich kannte, weil ich seine Vorlesungen in Sainte-Anne besucht hatte. Dumas gründete die Universitätsmission, er hat eingewilligt, mich anzunehmen.

Sie waren mit Bouglé in Kontakt geblieben?

Er war der Betreuer meiner Diplomarbeit.

Worum ging es in der Diplomarbeit?

Ich glaube, sie trug den Titel »Die philosophischen Postulate des historischen Materialismus«. Sie handelte von Marx, aus philosophischer Perspektive.

Hatten Sie sich dieses Thema selbst gewählt?

Sicher.

War es damals üblich, Diplomarbeiten über Marx zu schreiben?

Eher selten, aber mit Marx hatte ich eine Welt entdeckt, und ich stand noch im Banne dieser Offenbarung.

Und Sie haben Lust verspürt, das zu Ihrem Studiengebiet zu machen?

Ich will Ihnen gestehen, dass mein Selbstverständnis zu dieser Zeit durchaus darauf hinauslief, der Philosoph der Sozialistischen Partei zu werden.

Wenn Sie heute zurückblicken, amüsiert Sie das?

Nein, ich kann nicht sagen, dass ich dabei Ironie empfinde. Die Sozialistische Partei war ein sehr lebendiger Kreis, in dem man sich wohl in seiner Haut fühlen konnte. Die Idee eines Brückenschlages zwischen der großen philosophischen Tradition, das heißt Descartes, Leibniz, Kant, und dem politischen Denken, wie es Marx verkörperte, war sehr verführerisch. Selbst heute noch verstehe ich, dass ich davon träumen konnte.

Hatte Bouglé Ihr Thema ohne Widerstreben akzeptiert?

Ja, aber mit einem anderen Thema als Ausgleich. Neben der schriftlichen Prüfung gab es noch eine mündliche über ein Thema, das einem zugewiesen wurde. Bouglé wählte eine Frage aus dem Bereich des Saint-Simonismus, der meinen Beschäftigungen zwar nicht allzu fern war, sie jedoch in eine Richtung drängte, die mehr mit seiner eigenen Orientierung übereinstimmte.

Warum hatten Sie Bouglé zur Betreuung Ihrer Arbeit gewählt?

Er war damals praktisch der einzige, dem man diese Art von Thema vorlegen konnte. Es gab zwar Fauconnet, doch der verstrickte sich in eine regelrechte Durkheim-Hörigkeit, der gegenüber mich eine Verweigerungshaltung erfasste. Bouglé war zu jener Zeit Direktor der École normale supérieure und schaute etwas herablassend auf alle, die keine *normaliens* waren. Dennoch hat er eingewilligt. Das erklärt Ihnen vielleicht, warum ich ihn nach der *agrégation* wissen ließ, dass ich gerne ins Ausland ginge.

Weil er offizielle Funktionen am Quai d'Orsay wahrnahm?

Nein, aber er war so etwas wie der Beschützer aller jungen Soziologen.

Und Sie wollten Soziologe werden?

Ich wollte Ethnologe werden, und damals war die Grenze zwischen Soziologie und Ethnologie noch fließend.

Kam es schon häufig vor, dass Leute, die ihre *agrégation* in Philosophie abgelegt hatten, sich anderen Disziplinen zuwandten, nämlich denen, die man heute die »Humanwissenschaften« nennt, wie das dann nach dem Zweiten Weltkrieg so häufig der Fall sein sollte?

Das Phänomen zeichnete sich bereits ab, freilich in sehr viel kleinerem Maßstab.

»Von Kindheit an hatte ich mich für exotische Merkwürdigkeiten begeistert; mein Taschengeld wanderte zu den Antiquitätenhändlern.«

Warum haben Sie sich entschlossen, Ethnologe zu werden?

Sagen wir, es war ein Zusammentreffen von Umständen. Von Kindheit an hatte ich mich für exotische Merkwürdigkeiten begeistert; mein Taschengeld wanderte zu den Antiquitätenhändlern.

Nehmen Sie hinzu, dass sich um 1930 unter den jungen Philosophen das Bewusstsein zu verbreiten begann, dass eine Disziplin namens Ethnologie existierte, die danach strebte, einen offiziellen Status zu erwerben. Es gab zwar keinen ethnologischen Lehrstuhl an den französischen Universitäten, aber das Institut d'Ethnologie war gegründet, das alte Musée d'Ethnographie im Palais du Trocadéro wurde zum Musée de l'Homme. In dieser Hinsicht kamen die Dinge in Bewegung. Jacques Soustelle war der erste *agrégé de philosophie*, dem ein beispielhafter Übergang zur Ethnologie gelang.

Außerdem hatte ich ein oder zwei angelsächsische ethnologische Bücher gelesen, vor allem *Primitive Society* von Robert Lowie, der mich überzeugte, weil sich bei ihm die Theorie mit der Feldforschung verband. Ich erahnte das Mittel zur Versöhnung meiner Berufsausbildung mit meiner Vorliebe für das Abenteuer. Denn wie viele »Expeditionen« habe ich nicht als Kind und Jugendlicher in Frankreich auf dem Land und sogar im weiteren Umland von Paris unternommen!

Schließlich gestand mir Paul Nizan, den ich zwei oder drei Mal bei Familienzusammenkünften traf (er hatte eine meiner Cousinen geheiratet), dass selbst er sich durch die Ethnologie in Versuchung geführt fühlte. Das hat mich ermutigt.

Was für eine Art von Persönlichkeit war er?

Soweit ich mich erinnere, ein wenig kalt und stets auf der Hut vor dem bürgerlichen Milieu, in das ihn seine Heirat von Zeit zu Zeit verschlug. Ich habe natürlich *Aden Arabie* gelesen, das ich sehr bewunderte.

Haben Sie auch seine anderen Bücher gelesen?

Ja, in der Folge habe ich *Antoine Bloyé*, *Die Wachhunde* gelesen …

Ein Buch wie *Die Wachhunde* muss ziemlich starken Eindruck auf einen jungen Philosophen gemacht haben. Hat es Sie beeinflusst?

In dem Maße, wie es in den Bereich einer marxistischen Kritik der institutionellen Philosophie vordrang, ja. Aber ich respektierte die Lehrer, die er so gewaltsam angriff. Denn wir hatten dieselben Professoren gehabt, in einem zeitlichen Abstand von wenigen Jahren. Ich achtete Brunschvicg, Laporte, Robin …

Warum haben Sie nicht versucht, Nizan besser kennenzulernen? Sie schienen sich in vielen Dingen nahe zu sein.

Er war älter als ich und hat nie etwas dazu beigetragen, unsere Beziehungen zu bessern. Und dann hatte ich bei ihm wie bei anderen das Gefühl, nicht auf der Höhe der Zeit zu sein. Um Ihnen ein Beispiel zu geben: Ich hätte nie gewagt, das Collège de France zu betreten, um eine Vorlesung zu hören. In meinen Augen war das ein hochangesehener Ort, der bedeutenderen Leuten als mir vorbehalten war.

Kapitel 2
DER ETHNOLOGE VOR ORT

Im Februar 1935 nehmen Sie also in Marseille das Schiff. Bestimmungshafen: São Paulo. Dank Georges Dumas haben Sie eine Anstellung an der Universität der Stadt bekommen. Welche Verbindungen bestanden zwischen dem großen Psychologen und Brasilien?

Der Einfluss Frankreichs war seit dem Comtismus in Brasilien sehr stark. Für die gebildeten Brasilianer war Französisch die zweite Sprache. Georges Dumas hatte sich dort mehrfach aufgehalten und Verbindungen mit der örtlichen Aristokratie aufgenommen, vor allem in São Paulo. Als die Brasilianer in dieser Stadt eine Universität gründen wollten, haben sie sich natürlicherweise an ihn gewandt, mit der Bitte um Gründung einer französischen Mission.

Wann war die Universität gegründet worden?

Ein Jahr vor meiner Ankunft. Ich gehörte zum zweiten Schub.

Gab es, abgesehen von der französischen, andere Missionen?

Es gab eine italienische Mission, vor allem mit Giuseppe Ungaretti. Man muss sagen, dass die Italiener in São Paulo sehr zahlreich vertreten waren – die Hälfte der Stadt, oder beinahe die Hälfte. Es gab auch einige deutsche Professoren, allerdings mit individuellen Lehraufträgen, denn es war bereits die Zeit des Hitlerismus.

Welche Atmosphäre herrschte an der Universität, als Sie ankamen?

Die Universität war vom Großbürgertum gegründet worden, zu einem Zeitpunkt, als die Spannung zwischen der paulistischen Macht und der Bundesregierung noch sehr stark war. So stark, dass sie beinahe auf eine Spaltung hinausgelaufen wäre. Die Menschen in São Paulo betrachteten sich als Speerspitze einer Nation, die in kolonialer Erstarrung eingeschlafen war. Zur Förderung der paulistischen Jugend und zu ihrer Verschwisterung mit der europäischen Kultur hatten diese Aristokraten sich nun entschlossen, eine Universität zu gründen.

Paradoxerweise kamen jedoch die Studierenden aus den Unterschichten, denn es gab eine große Kluft zwischen der Elite und der arm und geistig provinziell gebliebenen Mehrheit der Bevölkerung. Die Studierenden, häufig bereits berufstätige Männer und Frauen, beargwöhnten die Großbürger, die die Universität gegründet hatten. Und wir selbst fanden uns zwischen beiden Lagern. Obschon sie uns respektierten, sahen die Studierenden uns manchmal doch nur als Diener der herrschenden Klasse.

Sie waren also keine »Wachhunde der Bourgeoisie«?

Nein, aber wir mussten achtgeben, nicht als solche zu erscheinen.

Wie gingen die Vorlesungen vor sich?

Die Studierenden hatten einen immensen Wissensdurst. In gewisser Hinsicht wussten sie übrigens mehr als wir, weil sie, als Autodidakten, alles verschlungen, alles gelesen hatten, freilich Werke aus zweiter oder dritter Hand. Es war nicht so sehr unsere Aufgabe, ihnen Dinge beizubringen, die sie nicht wussten, als vielmehr ihnen intellektuelle Disziplin zu vermitteln.

In welcher Gegend lag die Universität?

Im Stadtzentrum, in alten Gebäuden, in denen noch ein Hauch von kolonialer Atmosphäre zu spüren war, während die Universität heute, wie andere vom Gigantismus befallene Institutionen, in Gebäuden im Stil von Jussieu oder Nanterre inmitten eines weitläufigen, eher öden Campus untergebracht ist.

Wie viele Studierende hatten Sie?

Einige Dutzend.

Was viel ist.

Aber ja! Es war die gesamte paulistische Jugend oder doch wenigstens diejenigen, die über ein Minimum von Mitteln verfügten. Meine Kollegen, die französische Literatur lehrten, hatten deutlich mehr Zuhörer, denn die gute Gesellschaft strömte ihnen zu.

Und Sie selbst hielten eine Soziologievorlesung?

Der Lehrstuhl war so benannt.

Aber da Soziologie und Ethnologie ja nicht klar voneinander geschieden waren, hätten Sie auch Ethnologie lehren können?

Vergessen Sie nicht, dass die brasilianische Bourgeoisie eine lange intellektuelle Tradition besaß, die auf Auguste Comte zurückging. Sein Denken übte auf das Brasilien des 19. Jahrhunderts einen derart erheblichen Einfluss aus, dass die Fahne Brasiliens seine Formel *Ordem e progresso* trägt.

War der Einfluss von Auguste Comte noch spürbar?

Es gab noch höchst lebendige positivistische »Kirchen«. Doch die gebildeten Brasilianer waren von Comte zu Durkheim übergegangen, der für sie einen modernisierten Positivismus repräsentierte. Was sie also wollten, war Soziologie.

Was doch wohl für Sie störend war?

Ich war nach Brasilien gegangen, weil ich Ethnologe werden wollte. Und ich war erobert worden von einer Ethnologie, die gegen Durkheim rebellierte. Er war kein Mann des Feldes, während ich, angeregt von den Engländern und Amerikanern, die ethnologische Feldforschung entdeckte. Ich war also in einer falschen Position. Man hatte mich berufen, um den französischen Einfluss einerseits und die Comte-Durkheim-Tradition andererseits fortzusetzen. Und ich kam an, zu diesem Zeitpunkt gebannt von einer angelsächsisch inspirierten Ethnologie. Das hat mir ernsthafte Schwierigkeiten bereitet.

Welcher Art?

Georges Dumas hatte im ersten Jahr an der Universität einen jungen Verwandten von ihm installiert, der Soziologe war. Als ich eintraf, als Nebenfachsoziologe, wenn ich so sagen darf, war jener Verwandte darauf bedacht, mich in eine untergeordnete Position abzuschieben. Das behagte mir nicht, und als ich Widerstand leistete, bemühte er sich, im Namen der Comteschen Tradition, in der er Spezialist war und der mein Unterricht entgegenarbeitete, meine Entlassung zu erwirken. Die Schirmherren der Universität, die auch die der großen Zeitung *O Estado de São Paulo* waren, schenkten ihm bereitwillig Gehör. Dass ich bleiben konnte, verdanke ich der Solidarität einiger heute verstorbener Kollegen: Pierre Monbeig und Fernand Braudel, der mich mit der Autorität, die er bereits genoss, unterstützte. Ich habe 1985 daran in meiner Ansprache erinnert, als man ihm seinen Degen der Académie française überreichte.[4]

Sie sind in Brasilien geblieben, aber nicht sofort zu einer Expedition zu den Indianern aufgebrochen.

Gleich zu Ende des ersten Studienjahres. Anstatt nach Frankreich zurückzukehren, sind meine Frau und ich in den Mato Grosso zu den Caduveo und den Boróro gegangen.[5] Ich hatte jedoch bereits angefangen, mit meinen Studierenden Ethnologie zu treiben: über die Stadt São Paulo selbst und über die Folklore der Umgebung, mit der sich meine Frau eingehender beschäftigte.

Haben sich Spuren dieser Arbeiten erhalten?

Vielleicht in Gestalt der Nachforschungen, die ich meine Studierenden anstellen ließ. Vor einigen Tagen habe ich, nicht ohne Überraschung, einen kurzen Dokumentarfilm wiedergesehen, den wir bei einem Fest auf dem Lande gedreht hatten. Die Brasilianer haben ihn im Centre Georges-Pompidou gezeigt, zusammen mit allem, was von meinen bei den Caduveo und den Boróro gefilmten Dokumenten erhalten geblieben ist.

»Ich fühlte mich, als ob ich die Abenteuer der ersten Reisenden des 16. Jahrhunderts nacherlebte.«

Wie haben Sie sich gefühlt, als Sie Ihre ersten Erfahrungen bei der Feldforschung machten?

Ich war in einem intensiven geistigen Erregungszustand. Ich fühlte mich, als ob ich die Abenteuer der ersten Reisenden des 16. Jahrhunderts nacherlebte. Ich entdeckte die Neue Welt auf eigene Faust. Alles erschien mir märchenhaft: die Landschaften, die Tiere, die Pflanzen …

Sie haben also einige Monate Feldforschung gemacht, dann ein Jahr akademischen Unterricht.

… und in den folgenden Ferien sind wir nach Frankreich zurückgekehrt, 1936/1937, wenn es dort Sommer ist und hier Winter.

Und zu eben diesem Zeitpunkt haben Sie Ihre erste Ausstellung organisiert. Das war im Musée de l'Homme?

Nicht genau im Musée de l'Homme, weil gerade das alte Palais du Trocadéro für die Weltausstellung von 1937 restauriert wurde und eine einzige Baustelle war. Georges-Henri Rivière, dem ich zum ersten Mal begegnete, hat dafür gesorgt, dass die Galerie Wildenstein an der Kreuzung der Rue du Faubourg-Saint-Honoré und der Rue La Boétie uns ihre Geschäftsräume vermietete.

Was zeigte die Ausstellung, die Ihre Frau und Sie zusammengetragen haben?

Es war eine schöne ethnologische Ausstellung – ich kann das heute sagen, da ich Vergleichsmöglichkeiten habe. Wir hatten bei den Caduveo geschmückte Keramiken und mit eigentümlichen Motiven bemalte Häute gesammelt, die nur da und nirgendwo sonst in Amerika existieren. Die Boróro-Objekte bestanden vor allem aus Schmuckgegenständen mit Tierfedern, -zähnen und -krallen, denn die Boróro dekorieren sogar ihre Jagdwaffen und Werkzeuge überaus reich. Es waren spektakuläre Stücke darunter.

Wie wurde die Ausstellung aufgenommen?

Sie war ein Achtungserfolg. Aber ich glaube dennoch, dass sie zur Kenntnis genommen wurde.

Und Sie haben Georges-Henri Rivière zum Freund gewonnen?

Damals nicht, denn ich bin gleich nach Ferienende nach Brasilien zurückgegangen. Als ich endgültig nach Frankreich heimkehrte, kamen sehr rasch die Mobilmachung, der Krieg, dann meine Abreise in die Vereinigten Staaten. Ich habe mich mit Rivière erst 1949 oder 1950 befreundet.

Als Sie wieder nach Brasilien kamen, nach den Ferien jenes Winters 1936/1937, haben Sie Ihre Lehrtätigkeit nicht wieder aufgenommen?

Ich musste meine ethnologische Qualifikation nachweisen, denn ich hatte ja keinerlei Ausbildung. Dank der Ausstellung von 1936 hatte ich Mittel vom Musée de l'Homme und aus dem *Centre national de la recherche scientifique* [CNRS, Nationales Zentrum für wissenschaftliche Forschung] oder dem, was später dazu werden sollte, bekommen. Mit diesen Geldern habe ich die Expedition zu den Nambikwara finanziert.

Eine Expedition, die länger als ein Jahr gedauert hat.

Ich bin erst Anfang 1939 nach Frankreich zurückgekehrt.

Es bedarf beträchtlichen Mutes und körperlicher Robustheit, um solche Expeditionen durchzuhalten. Sie erzählen in *Traurige Tropen* von Ausritten in unwegsamem Gelände, von Flussüberquerungen, von Fahrten im Kanu ...

Solange man jung ist, besitzt man diese Art von Widerstandsfähigkeit.

Bei der Lektüre Ihres Buches habe ich dennoch den Eindruck gehabt, dass Sie über eine besondere Widerstandskraft verfügten.

Ich glaube nicht. Tatsache ist, dass ich nicht krank geworden bin. Ich war, wie so häufig im Laufe meines Lebens, vor allem durch einen Mangel an Vorstellungskraft geschützt.

Die Unkenntnis der Gefahr?

Genau.

In manchen Augenblicken scheinen Sie gleichwohl starke Angst gehabt zu haben.

Ich hatte rückblickend Angst. Damals war ich mir dessen nicht bewusst. Jedenfalls sollte man nicht übertreiben: Ich glaube nicht, dass ich häufig mein Leben aufs Spiel gesetzt habe.

***

In Brasilien haben Sie, wie Sie vorhin sagten, Fernand Braudel kennengelernt.

Ja, er ist ein Jahr nach mir angekommen.

Sind Sie ihm gleich bei seiner Ankunft begegnet?

Ja. Die französischen Professoren bildeten eine eigene kleine Gemeinde.

Wie lief die Begegnung ab?

Braudel war sich seiner selbst, des Altersunterschiedes und seiner bereits höheren Stellung in der Universitätshierarchie sicher.

Aber er war zu jenem Zeitpunkt noch nicht berühmt?

Er war auf dem besten Wege dahin. Wir wussten bereits, dass er für eine höhere Universitätslaufbahn ausersehen war. Er war älter und in seiner Karriere und seiner Doktorarbeit weiter fortgeschritten als wir. Er hatte sie zwar noch nicht geschrieben, brachte aber das Material dafür mit – bevor er ein Haus mietete, hatte er ein zusätzliches Hotelzimmer gebraucht, um es unterzubringen!

Warum war er nach Brasilien gekommen?

Ich stelle mir vor, dass es für jemanden, der sich mit der iberischen Welt und der Welt des Mittelmeeres beschäftigte, nicht ohne Bedeutung war, Lateinamerika als eine ihrer Provinzen kennenzulernen.

Ihr Verhältnis war anscheinend nicht sehr eng?

Er behandelte uns ein wenig von oben herab. Was ihn nicht daran hinderte, als ich die Probleme hatte, die ich kurz zuvor beschrieben habe, sein ganzes Gewicht in die Waagschale zu werfen.

Kam es vor, dass Sie über Ihre jeweiligen Arbeiten sprachen?

Wie gesagt, die Lehrbeauftragten bildeten eine kleine Gruppe, aber man muss deutlicher sagen, dass diese Gruppe sehr zentrifugal war. Jeder von uns hatte das Gefühl, dass die eigene Karriere vom Erfolg oder Misserfolg in Brasilien abhing. Jeder versuchte deshalb, sich mit einem Hofstaat zu umgeben, der ausschließlich der eigene und gewichtiger als der des Nachbarn war. Das war ganz französische, ganz akademische Manier, die allerdings in die Tropen verpflanzt eher lächerlich wirkte und nicht sehr inspirierend war.

Und Ungaretti, haben Sie ihn kennengelernt?

Kaum. Was für jede einzelne Universitätsmission galt, war umso deutlicher beim Umgang der verschiedenen Missionen miteinander ersichtlich. Sie fühlten sich als Konkurrenten und begegneten sich mit Vorsicht.

Sie haben Brasilien 1939 verlassen.

Zu Beginn des Jahres. Ich wollte mit meinen Expeditionsmaterialien nach Frankreich zurück, mich wieder ins Universitätsleben eingliedern, eine Doktorarbeit vorbereiten …

»Damals meinte ich, ich sei unfähig, ein Buch zu schreiben.«

Und Sie sind in der Folge nie wieder nach Brasilien zurückgekehrt.

Nie, bis 1985 …

… als Sie mit François Mitterrand hinfuhren.

Nur für einige Tage.

Haben Sie, bevor Sie nach Brasilien zurückkehrten, nicht Heimweh nach diesem Land empfunden, das Sie doch so geliebt hatten?

Natürlich. Aber ich wusste, dass sich dort drüben alles mit derartiger Geschwindigkeit veränderte, dass ich, wenn ich hinführe, nur meine Vergangenheit zu beklagen hätte. Und das war übrigens auch der Fall, als ich Brasilien nach einem halben Jahrhundert wiedersah.

Haben Sie während Ihres Brasilienaufenthaltes, also in den Jahren 1935 bis 1939, Aufsätze geschrieben?

Einen großen Artikel über die Boróro, der im *Journal de la Société des Américanistes* erschienen ist. Und mehrere ziemlich belanglose für verschiedene Zeitschriften.

Haben Sie nicht die Versuchung verspürt, ausgehend von Ihren Erfahrungen bei der Feldarbeit ein Buch zu schreiben?

Damals meinte ich, ich sei unfähig, ein Buch zu schreiben.

Jedenfalls hatten Sie, als Sie nach Frankreich zurückkehrten, mehrere Veröffentlichungen vorzuweisen.

Ja, aber sehr wenige, wenn man von dem Artikel über die Boróro absieht. Und das war eher Journalismus als Ethnologie.

Sind diese Artikel beachtet worden?

Dank des Artikels über die Boróro habe ich in die Vereinigten Staaten ausreisen können. Er erregte die Aufmerksamkeit von Alfred Métraux und Robert Lowie, die eine entscheidende Rolle gespielt haben.

Von Ihrer ersten Arbeit an haben Sie also tatsächlich eine bestimmte Resonanz bekommen.

Ja, aber das hängt weniger von meinen bescheidenen Verdiensten als vielmehr von einer günstigen Konstellation ab: Die amerikanischen Ethnologen begannen zu denken, dass die Indianer Nordamerikas ausreichend begutachtet worden waren und sie sich nach etwas Neuem umsehen mussten. Sie wandten sich der südlichen Hemisphäre zu. Meine Arbeit erreichte sie genau im richtigen Augenblick.

Als Sie nach Frankreich zurückkehrten, hatten Sie keinerlei akademische Anlaufstelle?

Ich war ja noch freigestellt; ich hatte um eine Anstellung zu Beginn des neuen Unterrichtsjahres gebeten.

Haben Sie nicht daran gedacht, sofort eine Stellung anzutreten?

Ich musste zunächst meine Sammlungen im Musée de l'Homme unterbringen und eine Beschreibung für jedes Einzelstück anfertigen, was eine lange und minutiöse Arbeit erforderte.

Wie waren diese Sammlungen beschaffen?

Sie waren ergiebig, aber weniger spektakulär als die vorigen. Und es hat keine Ausstellung davon gegeben. Kaum hatte ich sie klassifiziert und analysiert, da brach der Krieg aus. Und zu eben dem Zeitpunkt haben Dina, meine erste Frau, und ich uns getrennt.

Kapitel 3
DIE BOHÈME IN NEW YORK

Sie sind einberufen worden.

Ich hatte meinen Dienst im Transportwesen abgeschlossen und wurde dem Postministerium zugewiesen, Abteilung Telegrammprüfstelle. Auf diesem Posten habe ich einige Monate verbracht, aber ich langweilte mich und habe darum ersucht, mich als Verbindungsmann zum Britischen Expeditionscorps einsetzen zu lassen. Zunächst hat man mich auf eine Schule für Verbindungsmänner geschickt, irgendwo im Somme-Gebiet, und ich habe Prüfungen abgelegt. Mein Englisch war nur rudimentär; dennoch habe ich mich ordentlich gehalten. Man hat mich dann an die luxemburgische Grenze versetzt, hinter die Maginot-Linie, in eine Ecke, wo es zwar keine Engländer gab, aber immerhin welche hätte geben können – ich war da mit drei oder vier anderen Verbindungsmännern, um sie eventuell in Empfang zu nehmen. Wir hatten nichts zu tun. Ich vertrieb mir die Zeit mit Streifzügen übers Land.

Als die deutsche Offensive begann, traf ein schottisches Regiment ein. Doch es hatte seine eigenen Verbindungsmänner. Es erhielt Befehl, an die Front vorzurücken, und hat uns höflich beurlaubt: Verbindungsmänner in doppelter Besetzung wären zusätzlicher Ballast gewesen. Was uns wahrscheinlich das Leben gerettet hat, denn das Regiment wurde einige Tage später aufgerieben.

Uns selbst überlassen, haben wir uns auf die Suche nach

unserer Einheit gemacht, die wir schließlich in einem Dorf an der Sarthe wiedergefunden haben. Als die Deutschen vorrückten, hat man uns allesamt in einen Zug Richtung Bordeaux gesteckt. Dieser Zug ist kreuz und quer durch Frankreich gefahren, aufgrund eines Konfliktes, von dem ich später Genaueres erfahren habe: Der Kommandeur der Einheit wollte anscheinend seine Befehle befolgen, auf die Gefahr hin, die gesamte Truppe den Deutschen auszuliefern, die schon in Bordeaux standen. Seine Offiziere widersetzten sich ihm. Es war eine chaotische Fahrt. Schließlich kam der Zug in Béziers zum Stillstand.

Sie sind also nie in Kampfhandlungen verwickelt worden?

Nein. Abgesehen von einem Maschinengewehrangriff von Flugzeugen aus, der Dachziegel über meinem Kopf zersplittert hat, bin ich nie in Gefahr geraten.

Und da Sie nun einmal in Béziers waren, was haben Sie gemacht?

Man hat uns in ein Standquartier auf der Hochebene von Larzac verlegt. Ich war beinahe zu Hause, denn meine Eltern besaßen seit einem Dutzend Jahren ein kleines Haus in den Cevennen. Schließlich sind wir in Montpellier gelandet.

Und was passierte da?

Ich bin sang- und klanglos aus der Kaserne verschwunden, ins Rektorat gegangen und habe meine Dienste angeboten für den Fall, dass man einen Prüfer in Philosophie brauchte, weil die Abiturprüfungen gerade begannen. Ich kam wie gerufen, man hat mich aus dem Militärdienst entlassen, sogar einige Tage zu früh.

Und Sie sind in Montpellier geblieben?

Nein. Ich habe meine Eltern aufgesucht, die sich in ihr Haus in den Cevennen geflüchtet hatten. Dort sind mir Briefe aus den Vereinigten Staaten zugestellt worden mit der Einladung, mir einen von der Rockefeller Foundation organisierten Plan zur Rettung europäischer Gelehrter zu Nutze zu machen. Zuvor war ich, im September 1940, in völliger Ahnungslosigkeit nach Vichy gegangen und hatte darum ersucht, meine Stelle am Lycée Henri-IV antreten zu dürfen, an das ich berufen worden war. Das Unterrichtsministerium war in einer Schule untergebracht. Ich wurde vom Leiter der Gymnasialstufe in einem Klassenraum empfangen, der ihm als Büro diente. Er sagte mir, dass er es ablehnte, mich mit dem Namen, den ich trug, nach Paris zu schicken.

»Es hat mir immer an Vorstellungsvermögen gemangelt; das hat mir bei meinen Expeditionen geholfen: Ich war mir nicht im Klaren über die Gefahr.«

Im Rückblick erscheint Ihr Vorgehen erstaunlich. War die Situation so wenig augenfällig für die Leute, die sie leibhaftig erlebten?

Ich habe es Ihnen gesagt, es hat mir immer an Vorstellungsvermögen gemangelt; das hat mir bei meinen Expeditionen geholfen: Ich war mir nicht im Klaren über die Gefahr. Nun gut, hier war es dasselbe. Doch mein Schicksal hat in diesem Augenblick wahrscheinlich auf dem Spiel gestanden.

Der Ernst der Situation, in der die Juden sich befanden, war also gar nicht bekannt?

Er war wahrscheinlich einigen wenigen bekannt, zumindest dem hohen Funktionär, der mich empfangen hat. Ich wollte lediglich nach Paris zurück, um meine beruflichen Verpflichtungen zu erfüllen.

Und was hat Ihnen der Funktionär geraten, der Ihnen untersagte, nach Paris zu fahren?

Er hat mir gesagt, dass ich in die Cevennen zurückkehren solle und eine andere Verwendung erhielte. Tatsächlich wurde ich wenige Tage später als Professor nach Perpignan berufen, an das, was damals das Collège war und heute zum Lycée geworden ist.

Sind Sie hingegangen?

Aber ja. Ich begann zu verstehen, dass die Dinge sich zum Schlechteren wendeten, weil man bereits von den Rassengesetzen munkelte. Das Verhalten meiner neuen Kollegen war ein Warnzeichen. In meiner Gegenwart mieden sie Unterhaltungen über dieses Thema. Nur der Sportlehrer bestand darauf, mir seine Sympathie zu bekunden: zweifellos ein künftiger Widerstandskämpfer.

Nach zwei Wochen wurde ich neuerlich versetzt, und zwar nach Montpellier. Ich hatte eine Philosophieklasse und eine *Taupe* [wörtlich Maulwurf; Klasse von Mathematikern]. Die war ziemlich pittoresk, denn diesen Kandidaten für die Polytechnische Hochschule waren die beiden Philosophiestunden, die man ihnen wöchentlich zumutete, völlig gleichgültig. Sie schenkten mir keinerlei Aufmerksamkeit. Ich fand mich damit ab und hielt meine Stunde inmitten des Lärms …

So als ob sie gar nicht da wären?

Genau. Dieses kleine Spiel hat nur drei Wochen gedauert, weil ich, aufgrund der Rassengesetze, amtsenthoben wurde. Also bin ich in die Cevennen zurückgekehrt.

Wie ging denn eine solche Amtsenthebung vor sich?

Schriftlich. Man hatte Anspruch auf Weiterzahlung des Gehalts für eine den geleisteten Dienstjahren entsprechende Zeit. Nach meiner Abreise in die Vereinigten Staaten hat das meinen Eltern das Überleben ermöglicht.

Kurzum, ich fand mich also in den Cevennen wieder, wo sich der Briefwechsel mit den Vereinigten Staaten entspann.

Waren Sie bereits mit amerikanischen Ethnologen in Kontakt?

Ja, mit Alfred Métraux, der Schweizer war und sich in Amerika niedergelassen hatte, und mit Robert Lowie, der sich für meine Arbeit über die Boróro interessiert hatte. Auch hatte ich drüben eine Tante, die Witwe von Henry Caro-Delvaille; sie hat sich sehr gekümmert. Dank ihrer vereinten Bemühungen habe ich eine Einladung der New School for Social Research erhalten.

Was für eine Institution war das?

Eine linksorientierte Gründung – links in dem Maße, wie diese Bezeichnung damals in den Vereinigten Staaten zu verstehen war –, die zu einer Art Erwachsenenbildungsstätte geworden war. Sie wurde von Leuten besucht, die ihre Berufsausbildung abends absolvierten. Gleich als die Faschisten in Italien und die Nazis in Deutschland an die

Macht kamen, hatte die Rockefeller Foundation einen Plan zur Rettung bedrohter europäischer Intellektueller gefasst. Nun dehnte sie ihn auch auf Frankreich aus. Die New School diente als Empfangsstation und Rangierbahnhof, um den Neuankömmlingen Zeit zu verschaffen, sich in anderen Institutionen eine Wirkungsmöglichkeit zu suchen. Manche zogen es übrigens vor, gleich da zu bleiben.

Haben Sie sich, nachdem Sie die Einladung bekommen hatten, sofort zur Abreise entschlossen?

Nachdem es mir misslungen war, wieder nach Brasilien zu gehen. Ich habe in *Traurige Tropen* erzählt, wie der Botschafter, der mir ein Visum geben wollte, daran von einem seiner Berater gehindert wurde.

Warum zogen Sie Brasilien vor?

Ich habe es nicht vorgezogen. Diese Episode lag zeitlich vor der Einladung in die Vereinigten Staaten.

War es für Sie leicht, ein Einreisevisum für die Vereinigten Staaten zu erhalten?

Es gibt nichts Komplizierteres, als die Anerkennung als Einwanderer in die Vereinigten Staaten zu erlangen. Man hatte eine Vielzahl Formalitäten zu erfüllen. Man musste einen Beruf nachweisen, eine Institution musste den Beleg erbringen, dass man wirklich dort arbeiten würde. Und man musste auch eine Person finden, die bereit war, eine ziemlich hohe Kaution zu stellen.

Wer hat diese Kaution für Sie gestellt?

Eine reiche Amerikanerin, die, wie es sich fügte, eine Freundin meiner Tante war.

Und vor den Formalitäten, die in den Vereinigten Staaten zu erfüllen waren?

Man brauchte ein von den französischen Behörden ausgestelltes Ausreisevisum. Aber da gab es keinerlei Probleme. Man war eher froh, sich solcher Leute, deren Situation heikel war, entledigen zu können. Vor allem musste man ein Schiff finden.

Und auf diesem Schiff …

… Es hieß »Capitaine-Paul-Lemerle«. An Bord befanden sich Anna Seghers, André Breton, Victor Serge …

Haben Sie sie während der Überfahrt kennengelernt?

Allmählich. Von André Breton wusste ich gar nicht, dass er an Bord war. Erst bei einem Zwischenaufenthalt in Marokko, wo nur die Franzosen die Erlaubnis erhielten, an Land zu gehen, hörte ich, in der Schlange stehend, um meinen Pass vorzuzeigen, wie er unmittelbar vor mir seinen Namen sagte.

Er hatte damals schon einen bemerkenswerten Bekanntheitsgrad.

Ja, also können Sie sich vorstellen, welchen Schock ich empfand. Ich habe mich ihm vorgestellt, und wir sind miteinander vertraut geworden.

War er warmherzig?

Das ist nicht das richtige Wort. Er war zwar äußerst höflich, aber immer mit einer gewissen Form von *Grand Siècle*.

Sogar in einer solchen Situation?

Ja, er hatte immer eine sehr würdevolle Attitüde.

Und Victor Serge?

Wir haben miteinander geplaudert, aber ich kann nicht sagen, dass wir Freunde geworden wären. Vor einigen Jahren habe ich in Mexiko seinen Sohn wiedergesehen, der damals als Kind mit auf dem Schiff war.

Das war ein Schiff mit sehr kostbarer Ladung.

Es gab noch andere Leute an Bord, die später berühmt geworden sind. In *Traurige Tropen* erzähle ich, dass die Passagiere in den Frachträumen untergebracht waren. Als früherem Passagier der Schifffahrtgesellschaft – ich war bereits mit dieser Linie nach Brasilien gereist – gewährte man mir das Privileg, ein Bett in einer der beiden einzigen Kabinen benutzen zu dürfen. Ein anderes Bett war von jemandem in Beschlag genommen, der sich als Tunesier bezeichnete. Er hat mir eines Tages einen Edgar Degas gezeigt, den er in seinem Koffer transportierte. Er genoss besondere Vergünstigungen, denn bei Zwischenaufenthalten entstanden für ihn keinerlei Probleme. Er kam und ging nach Belieben. Ich erfuhr seinen Namen, Henri Smadja; er machte mich neugierig. Erst viel später, als der Begründer von *Combat* starb und die Zeitungen sein Foto veröffentlichten, erkannte ich ihn wieder; er war es. Er war wahrscheinlich in mehr oder weniger geheimer Mission unterwegs, ich weiß nicht, auf wessen Rechnung und in wessen Auftrag.

Damals haben Sie auch Soustelle kennengelernt.

Ich hatte ihn 1936 kennengelernt, als ich meine ersten Sammlungen aus Brasilien heimbrachte. Als ich, nachdem ich Martinique verlassen hatte, an Bord eines schwedischen Bananendampfers Puerto Rico erreichte, befanden die amerikanischen Behörden, dass mit meinen Papieren etwas nicht in Ordnung sei. Man hat mich daraufhin auf Kosten der Schifffahrtsgesellschaft in einer ziemlich kahlen Herberge unter Aufsicht gestellt. Während ich mich also in dieser unerfreulichen Situation befand, traf Soustelle als Abgesandter von General de Gaulle in Puerto Rico ein, um die französische Kolonie zu vereinen. Ich brachte meine Wächter so weit, dass sie mich zu Soustelle begleiteten. Er hat den Amerikanern sehr freundlich erklärt, dass ich kein Spion sei. So habe ich dann in Ruhe darauf gewartet, dass man mir die erforderlichen Dokumente schickte, und bin dann an Bord eines Linienschiffes nach New York abgereist.

In einem Text, der in *Der Blick aus der Ferne* abgedruckt ist, haben Sie Ihre Ankunft in New York 1941 geschildert.[6]

Ich wohnte in Greenwich Village, in der 11th Street, nahe der Kreuzung 6th Avenue. Erst viel später habe ich erfahren, dass Claude Shannon, der Begründer der Kybernetik, damals im selben Haus wohnte.

Und Sie haben ihn nie getroffen?

Nie. Eine junge belgische Emigrantin, die ebenfalls in diesem Haus aus roten Ziegelsteinen wohnte – das 1972 noch existierte, ich war noch einmal dort –, hat mir eines Tages anvertraut, dass einer unserer Nachbarn »ein künstliches Gehirn herstellte«. Erst viele Jahre danach ist mir klar geworden, dass es sich um Shannon handelte.

Es ist wirklich schade, dass Sie ihn nicht kennengelernt haben.

Das ist tatsächlich schade, aber damals hätte ich doch nichts davon begriffen.

»The pants or the books?«

Hatte sich Ihr Englisch verbessert? Damit Sie Vorlesungen halten konnten …

Nein, es war immer noch dürftig, aber ich bin im Frühjahr angekommen, und die Vorlesungen waren bereits zu Ende. Ich bin zur New School gegangen, um mich vorzustellen. Dort eröffnete man mir umstandslos: »Es kommt nicht in Frage, dass Sie Lévi-Strauss heißen. Hier werden Sie sich Claude L. Strauss nennen.« – »Warum?«, habe ich gefragt, und man hat mir geantwortet: »*The students would find it funny.*« Wegen der Bluejeans! Ich lebte also mehrere Jahre in den Vereinigten Staaten unter einem entstellten Patronym.

Und diese unglückselige Namensgleichheit hat seither nicht aufgehört mich heimzusuchen. Wie ein Phantom! Kaum ein Jahr vergeht, ohne dass ich, meist aus Afrika, eine Jeans-Bestellung erhalte. Anfang der 1950er Jahre besuchte mich in Paris ein Unbekannter, der sich als Stoffhändler bezeichnete. Er hatte meinen Namen im Telefonbuch ausfindig gemacht und kam mit dem Vorschlag, ihn zum Firmennamen einer zu gründenden Hosenfabrik zu machen. Ich sagte ihm, mein Status als Forscher und Universitätsangehöriger sei mit dieser Art von Unternehmen doch wohl kaum zu vereinbaren. Er riet mir, ich solle mir deswegen keine Sorgen machen, und erklärte mir, das Geschäft werde ohnehin nicht zustande kommen, es genüge, bloß davon zu reden. »Bevor das Stammhaus die Exklusivität des Warenzeichens einzubüßen riskiert, wird es uns in Gold aufwiegen, damit wir das Projekt nur ja nicht in die Tat umsetzen. Und dann teilen wir.« Ich lehnte höflich ab.

Vor einigen Jahren war ich Gastprofessor an der Universität Berkeley. Eines Abends wollten meine Frau und ich in ein Restaurant gehen, allerdings hatten wir keinen Tisch reserviert. Der Kellner nahm unseren Namen auf, für die Warteliste. Kaum hatte er ihn gehört, stellte er auch schon die Frage: »*The pants or the books?*« Sie ist in ihrem Lakonismus zu köstlich, um sie zu übersetzen!

Der Kultur kalifornischer Kellner sei hiermit Ehre erwiesen. Wenn meine Frau in Paris in irgendeinem Geschäft eine Bestellung aufgibt und man bei ihrem Namen stutzt, dann immer wegen der Beinkleider, niemals wegen der Bücher …

Und nach diesem Identitätswechsel?

Man hat mich mit einer monatlichen Beihilfe nach Hause geschickt. Und ich habe den Sommer damit verbracht, auf englisch *La Vie familiale et sociale des Indiens Nambikwara* zu schreiben, um die Sprache zu lernen …

Dieser Text ist nicht sofort publiziert worden.

Nein, er ist 1948 in Frankreich erschienen. Das war meine *thèse complémentaire* [Ergänzungsthese].[7]

Sie haben gleich nach Ihrer Ankunft in New York Umgang mit surrealistischen Kreisen gehabt.

Ich war mit Breton befreundet. Er hat mich in den Zirkel der Surrealisten eingeführt, denen er gerade wieder begegnet war.

Sie waren ein junger, unbekannter Universitätsdozent, machten Bekanntschaft mit Künstlern, die hohes Ansehen genossen, darunter »Stars« wie Breton, Yves Tanguy, Marcel Duchamp …

Und Leonora Carrington, Max Ernst, Dorothea Tanning, Roberto Matta, Wifredo Lam … André Masson und Alexander Calder wohnten auf dem Land. Ich habe sie an den Wochenenden besucht.

Haben Sie mit den Mitgliedern der Gruppe sympathisiert?

Unterschiedlich. Max Ernst war mir gleich sehr sympathisch, wir blieben auch später Freunde. Tanguy, dessen Malerei ich sehr bewunderte, war kein umgänglicher Mensch. Duchamp zeigte viel Entgegenkommen, und zeitweilig waren Masson und ich sehr vertraut. Ich habe auch Freundschaft mit Patrick Waldberg geschlossen; sie hat sich auch nach dem Kriege erhalten.

Peggy Guggenheim finanzierte die Existenz der ganzen Gruppe?

Sie unterstützte diesen oder jenen materiell. Max Ernst, den sie geheiratet hatte, war mehr vom Glück begünstigt als die anderen; sie führten ein Bohème-Leben in Greenwich

Village, bis zu dem Augenblick, da Max Ernst Peggy Guggenheim verließ. Eines Tages hat Breton mich angerufen und gefragt, ob ich nicht über eine kleine Geldsumme verfügte, um Max Ernst, der keinen Pfennig mehr hatte, eines seiner indianischen Sammelobjekte abzukaufen. Dieser historische Gegenstand ist heute im Musée de l'Homme zu besichtigen.

Funktionierte diese kleine Gesellschaft wie eine »Gruppe«?

Man traf sich abwechselnd bei einem Mitglied des Kreises. Damals war das »Wahrheitsspiel« sehr populär. Und wir erkundeten gemeinsam die exotischen Restaurants in New York.

Mit Leuten wie Breton das »Wahrheitsspiel«[8] zu spielen war sicherlich nicht ganz leicht?

Man nahm Rücksicht auf die Fremdkörper: auf mich, auf Pierre Lazareff, der gelegentlich erschien; auch auf Denis de Rougemont.

Warum waren Sie mit Lazareff in Kontakt?

Breton, Georges Duthuit und ich arbeiteten für den Rundfunk, um unsere Einkünfte aufzubessern, und zwar für die Abteilung, die Lazareff beim Office of War Information leitete; es handelte sich um Sendungen, die für Frankreich bestimmt waren. Man fand sich da unter Leuten aus ganz verschiedenen Kreisen, die sich auch gelegentlich außerhalb des Office trafen. Ich knüpfte freundschaftliche Beziehungen zu Dolorès Vanetti, in die Sartre sich einige Jahre später verliebte.

Worin bestand Ihre Tätigkeit beim Rundfunk?

Ich besaß bereits Rundfunkerfahrung, weil während meiner Studentenzeit eine meiner Nebenerwerbstätigkeiten darin bestanden hatte, täglich bei Radio Tour-Eiffel im Kellergeschoss des Grand Palais das Nachrichtenbulletin des Bureau International du Travail [Internationale Arbeiterorganisation] vorzulesen. Aus diesem Grunde malte mein Vater mich als *speaker* im Format von dreißig mal fünf Meter im Rahmen der enormen Dekorationen, die er für den Pavillon von Madagaskar (ein Land, in das er nie einen Fuß gesetzt hatte) bei der *Exposition coloniale* auszuführen hatte.

In New York lasen André Breton, Georges Duthuit, Robert Lebel und ich zwei oder drei Mal wöchentlich in einem vierstimmigen Dialog Informations- und Propagandatexte, die aus den Büros von Lazareff stammten. Mir vertraute man die Reden von Franklin D. Roosevelt an, weil meine Stimme anscheinend am besten die Störgeräusche im Äther übertönte.

»Breton folgen zu dürfen, war eine große Ehre.«

Wie sind Sie zu dieser Rundfunktätigkeit gekommen?

Durch Patrick Waldberg, von dem bereits die Rede war. Er arbeitete ebenfalls dort. Er war zugleich Dichter, Kunstkritiker ... Später hat er über Max Ernst geschrieben und sehr schöne Bücher über die Epoche der Jahrhundertwende veröffentlicht. Damals konnte man sich noch nicht vorstellen, dass er eines Tages in Paris *correspondant* des Institut de France werden würde! Er trank, lebte ziel- und regellos, besuchte häufig kleine Bars in Harlem, wohin er mich manchmal mitnahm.

Wenn ich Ihrem Artikel über New York glauben darf, dann bestand eine Ihrer Haupttätigkeiten zu jener Zeit im Erwerb von Kunstwerken.

Max Ernst war ein leidenschaftlicher Liebhaber primitiver Kunst und hatte in der 3rd Avenue – die von der heutigen ganz und gar verschieden war – einen kleinen deutschen Antiquitätenhändler ausfindig gemacht, der ihm ein indianisches Objekt verkaufte. Zu jener Zeit tauchte derlei noch kaum im Handel auf. Max Ernst gab uns einen Wink. Wir hatten sehr wenig Geld, und derjenige, der über ein paar Dollar verfügte, kaufte das begehrte Objekt. Wenn er auf dem Trockenen saß, benachrichtigte er die anderen. Unser Antiquitätenhändler hatte eine Absatzmöglichkeit gefunden, die Objekte wurden allmählich zahlreicher. In Wirklichkeit – ich kann die Geschichte ruhig erzählen, weil sie veröffentlicht worden ist – stammten sie aus einem großen Museum, das sich allem entledigte, was es für Duplikate hielt. Als ob es davon Duplikate hätte geben können! Sobald dieser kleine Antiquitätenhändler begriffen hatte, dass er sich einen Markt für diese Gegenstände aufgetan hatte, fungierte er als Mittelsmann zwischen dem Museum und uns.

Was ist aus den Objekten geworden, die Sie gekauft haben?

Ich habe sie nach Frankreich gebracht. Aber ich habe persönliche Probleme gehabt und sie 1950 im Hôtel Drouot verkaufen müssen. Das Musée de l'Homme und das Museum von Leyden kaufte einiges; anderes wurde von Privatleuten erworben, darunter Jacques Lacan und André Malraux, glaube ich. Zwei oder drei sind mir geblieben.

Haben diese Freundschaften zu den Surrealisten den Krieg überstanden?

Zu Ernst, Breton und Waldberg: ja. Zu den anderen habe ich den Kontakt verloren.

André Breton hat sich vor mir wieder in Frankreich niedergelassen, ich wurde als Kulturattaché nach New York zurückgeschickt. Wir haben uns erst drei Jahre später wiedergesehen. Wir sind mit der kleinen Schar seiner Getreuen geradezu rituell jeden Samstag auf den Flohmarkt gegangen. Breton folgen zu dürfen, war eine große Ehre.

Er hat Ihnen nie mit Exkommunikation gedroht?

Natürlich gab es ein Drama, für das ich unschuldigerweise die Verantwortung trage. Breton hatte den Auftrag für ein Buch bekommen, das er *L'Art magique* nennen sollte. Es fehlte ihm an Einfällen. Wie man es unter solchen Umständen häufig tut, verschickte er einen Fragebogen, den ich gleichzeitig mit anderen Personen erhielt. Ich bewunderte Breton, ich beugte mich seinem untrüglichen Gespür, wenn wir die Antiquitätenhändler abklapperten; nie entging ihm ein Objekt, er zögerte keinen Augenblick mit seinem Urteil. Für mich aber hatte der Ausdruck »magisch« eine exakte Bedeutung, er gehörte in den Bereich des ethnologischen Vokabulars – ich mochte es gar nicht, dass dieser Begriff sozusagen in alle Saucen gerührt wurde. Doch statt mich mit Breton über diese prinzipiellen Fragen auseinanderzusetzen, antwortete ich einfach nicht. Breton bedrängte mich. Ich war in den Ferien in den Cevennen mit meinem Sohn (aus zweiter Ehe), der damals sieben Jahre alt war. Dem Fragebogen lagen einige Reproduktionen von Kunstwerken bei, die man als »mehr oder weniger magisch« einzustufen hatte. Obwohl ich das Unternehmen ablehnte, fand ich es interessant, die Reaktion eines Kindes festzuhalten, und ich war der Meinung, sie würde Breton ebenso interessieren. Vor allem, weil mein Sohn seine Urteile ohne das geringste Zögern traf. Ich schickte sie Breton, der mir mit einem erbitterten Brief antwortete. Das Buch erschien, die Antworten meines Sohnes waren abgedruckt. Aber das Exemplar, das ich erhielt, war mit einer schroffen Widmung an meinen Sohn versehen …

Und Sie haben einander nicht mehr wiedergesehen?

Wir haben uns auf eine Art versöhnt, es war jedoch nicht mehr dasselbe wie früher.

Und Max Ernst?

Unsere Freundschaft hat auch nach New York weiter bestanden, da gab es nie Probleme. Als das Collège de France mich einlud, die Vorlesungen der Fondation Loubat zu halten – ich war noch nicht Mitglied, ich war zu der Zeit gerade als Kandidat bei der Wahl unterlegen –, war Max Ernst unter den Zuhörern. Es traf sich, dass ich eine Hopi-Gottheit beschreiben musste, wobei ich mein Bedauern darüber zum Ausdruck brachte, kein Dia zeigen zu können. In der folgenden Woche brachte Max Ernst eine Zeichnung mit, die so groß war, dass man sie an die Schautafel heften konnte. Ich besitze sie noch. Die Einstellung von Max Ernst zur Ethnologie war das Gegenteil von der Bretons. Breton beargwöhnte die Ethnologie, er mochte es nicht, wenn sich wissenschaftlich-gelehrte Erwägungen zwischen ihn und den Gegenstand stellten. Max Ernst sammelte solche Gegenstände, aber er wollte auch alles über sie wissen.

»Der Kontakt zu den Surrealisten hat meine ästhetischen Neigungen bereichert und verfeinert.«

Hat Sie der Umgang mit den Surrealisten geprägt? Ich will damit sagen: in Ihrer Arbeit? In einem Artikel, der 1984 im *Times Literary Supplement* erschien, stellt Rodney Needham eine enge Beziehung zwischen Ihrem Werk und den surrealistischen Verfahren her.

In einem bestimmten Sinne billige ich diese Annäherung. Richtig ist, dass die Surrealisten und ich uns auf ein und dieselbe intellektuelle Tradition berufen, die in die zweite Hälfte des 19. Jahrhunderts zurückreicht. Breton hatte eine Vorliebe für Gustave Moreau, für die gesamte Periode des Symbolismus und des Neosymbolismus. Die Surrealisten haben dem Irrationalen Aufmerksamkeit geschenkt, sie haben es aus ästhetischer Sicht auszubeuten versucht. Es geht um etwa dasselbe Material, dessen ich mich bediene, freilich in dem Bemühen, es der Analyse zu unterziehen, es zu begreifen und dabei doch für seine Schönheit empfänglich zu bleiben.

Ich möchte hinzufügen, dass in dieser Gruppe ein Klima von intellektueller Überspanntheit herrschte, das mir zugute gekommen ist. Der Kontakt zu den Surrealisten hat meine ästhetischen Neigungen bereichert und verfeinert. Viele Gegenstände, die ich sonst wohl als wertlos betrachtet hätte, haben sich mir dank Breton und seinen Freunden in einem anderen Licht gezeigt.

Sie sagen in einem Text in *Der Blick aus der Ferne*, dass Ihre *Mythologica* wie Collagen von Max Ernst aufgebaut sind.

Gerade von den Surrealisten habe ich gelernt, abrupte und unvorhergesehene Kombinationen nicht zu scheuen, solche, wie wir sie aus Max Ernsts Collagen kennen. Dieser Einfluss ist in *Das wilde Denken* greifbar. Max Ernst hat persönliche Mythen anhand von Bildern konstruiert, die einer anderen Kultur entlehnt sind: der alter Bücher des 19. Jahrhunderts. Und er hat diese Bilder mehr aussagen lassen, als sie bedeuteten, wenn man sie naiv betrachtete. In den *Mythologica* habe ich ebenfalls mythisches Material zerlegt und die Fragmente neu zusammengesetzt, um ein Mehr an Bedeutung zu evozieren.

***

Es ist September geworden, und Sie haben mit Ihren Vorlesungen an der New School begonnen.

Den Sommer über hatte ich einige Kontakte zu meinen amerikanischen Kollegen aufgenommen. Mit Métraux natürlich sogleich nach der Ankunft; mit Lowie, dem ich meine Einladung hauptsächlich verdankte – er lebte in Berkeley, kam aber von Zeit zu Zeit nach New York. Ich hatte mich Franz Boas vorgestellt, der, wie das in Amerika bei emeritierten Professoren üblich ist (und Boas war seit etwa dreißig Jahren emeritiert), sein Büro an der Columbia University behalten hatte.

War Métraux Ihnen sympathisch?

Ja, er ist mir ein sehr lieber Freund geworden.

Wann haben Sie ihn kennengelernt?

Nach der Rückkehr von meiner Expedition zu den Nambikwara. Ich war im Begriff, meine Rückreise nach Frankreich anzutreten. Métraux, mit dem ich sporadischen brieflichen Kontakt unterhielt, hatte mich wissen lassen, dass er auf der Rückreise von Argentinien einen Zwischenaufenthalt von einigen Stunden in Santos einlegen werde – das ist der Hafen von São Paulo – und wir dann endlich Bekanntschaft schließen könnten. Einen halben Tag lang sind wir an den verlassenen Stränden entlang spaziert, über denen noch ein Hauch von Erinnerung an die Reisenden des 16. Jahrhunderts schwebte.

Er lebte in New York?

In Washington. Er kam aber häufig nach New York. Dann verbrachte er die Nacht bei mir. Wir teilten sogar das Bettzeug.

War er ein warmherziger Mensch?

Sehr warmherzig. Und gleichzeitig tief neurotisch, er durchlief Gemütszustände von Euphorie bis zur schwärzesten Depression. Er war auch ein Arbeitstier; wenn er nicht andauernd schreiben konnte, fühlte er sich elend.

Welche Funktionen übte er aus?

Er arbeitete im Bureau of American Ethnology, wo das

Handbook of South American Indians im Entstehen begriffen war, zu dem ich sofort zur Mitarbeit aufgefordert wurde.

Hat er eine Rolle in Ihrem wissenschaftlichen Werdegang gespielt?

Bei meinem wissenschaftlichen Werdegang nicht. Alfred Métraux war kein Theoretiker, wohl aber ein großer Gelehrter und hervorragender Feldforscher, was eine sehr lebendige intellektuelle Neugier auf anderen Gebieten nicht ausschloss. Zu einer früheren Zeit war er mit den Surrealisten verbunden; er stand Georges Bataille und Michel Leiris nahe. Später in Paris sahen wir uns ständig. Das hat bis zu seinem Tode gedauert. Dieser Tod hat mich bestürzt, so wie er auch seine Freunde bestürzt hat. Aber wenn ich heute darüber nachdenke, scheint es mir, dass sein privates Leben ein allmähliches Sichvertrautmachen mit dem Selbstmord war.

Sie sagten, dass Sie Boas aufgesucht haben.

Gleich bei meiner Ankunft in New York habe ich darum gebeten, ihm vorgestellt zu werden. Er war der Herr und Meister der amerikanischen Anthropologie und genoss eminentes Ansehen. Er war einer jener Titanen des 19. Jahrhunderts, wie man sie heute nicht mehr sieht, der ein nicht nur an Umfang, sondern auch an Vielgestaltigkeit bemerkenswertes Werk geschaffen hatte: somatische Anthropologie, Linguistik, Ethnographie, Archäologie, Mythologie, Folklore, nichts war ihm fremd … Sein Werk umspannt die ganze Bandbreite des ethnologischen Fachgebietes. Die gesamte amerikanische Anthropologie ist von ihm ausgegangen.

Er war an der Rettung europäischer Gelehrter und

Künstler beteiligt; Jimmy Ernst, der Sohn von Max Ernst, erzählt in seinen Erinnerungen, dass er nur dank Boas in die Vereinigten Staaten einreisen konnte.[9]

Boas' Leben war nicht ohne Probleme verlaufen. Während des Ersten Weltkrieges blieb er im Herzen Deutscher und opponierte gegen die Beteiligung Amerikas an den Kampfhandlungen. Nach dem Krieg hatten seine Stellungnahmen ihm die Feindschaft zahlreicher Kollegen eingetragen. Im Zweiten Weltkrieg genoss er, schon hochbetagt und seit Langem emeritiert, vor allem moralische Autorität. Er setzte sich für ehemalige Landsleute ein. Und als einer der allerersten und überzeugtesten Gegner rassistischer Ideen empfand er das, was in seinem Heimatland geschah, als schmerzlich.

Hatten Sie, als Sie in den Vereinigten Staaten eintrafen, seine Arbeiten gelesen?

Ich hatte nicht alles gelesen, kannte aber einige seiner Schriften. Boas hat mich wohlwollend empfangen, nicht mehr. Ich war für ihn offenkundig ein Unbekannter.

Aber ich habe ihn in der Folge wiedergesehen. Zunächst bei Roman Jakobson, denn die beiden hatten zahllose gemeinsame linguistische Interessen und diskutierten oft darüber. Boas lud uns einmal zusammen in sein Haus in Grantwood ein, am anderen Ufer des Hudson River. In seinem Speisezimmer stand ein wunderbar geformter und bemalter Schrein der Kwakiutl-Indianer, denen ein Großteil seines Werkes gewidmet ist. Ich bewunderte dieses Möbel und sagte unbedachterweise, dass das Zusammenleben mit Indianern, die solche Meisterwerke hervorzubringen imstande waren, für ihn doch ein einzigartiges Erlebnis gewesen sein müsse. Er antwortete mir trocken: »Das sind Indianer wie alle anderen auch.« Sein Kulturrelativismus, denke ich mir, erlaubte es ihm nicht, eine Hierarchie von Werten zwischen den Völkerschaften gelten zu lassen. Ihn zeichnete ein sehr strenger intellektueller Puritanismus aus. Einige Wochen später kam Dr. Paul Rivet, der sich nach Kolumbien geflüchtet hatte, nach New York, bevor er nach Mexiko weiterreiste. Boas organisierte ihm zu Ehren ein Essen.

War Rivet noch immer Direktor des Musée de l'Homme?

Ja, er war seit 1928 Professor am Museum und hatte das Musée d'Ethnographie des Palais du Trocadéro umgestaltet und es zum Musée de l'Homme im Palais de Chaillot gemacht, das zur Weltausstellung von 1937 erbaut worden war. Er hatte flüchten müssen, nachdem die Deutschen die Résistance-Verbindungen des Musée de l'Homme enttarnt hatten. Mehrere seiner Mitarbeiter wurden erschossen oder deportiert. Er selber entkam mit knapper Not.

Das Essen fand im Faculty Club der Columbia University statt. Es war Winter, es herrschte klirrende Kälte, und Boas trug eine alte Pelzmütze auf dem Kopf, die von seinen Expeditionen zu den Eskimos stammen musste, also von vor sechzig Jahren. Weiter waren Boas' Tochter und mehrere Columbia-Kollegen anwesend, alles frühere Schüler von ihm: Ruth Benedict, Ralph Linton und einige andere. Boas war sehr vergnügt. Mitten in der Unterhaltung stieß er plötzlich den Tisch zurück und fiel nach hinten um. Ich saß neben ihm und beeilte mich, ihn wieder aufzurichten. Rivet, der seine Laufbahn als Militärarzt begonnen hatte, bemühte sich vergeblich, ihn wiederzubeleben: Boas war tot.

Hat sein Werk für Sie großes Gewicht?

Es hat ausschlaggebende Bedeutung. Ich habe mich immer für die Indianer der Nordwestküste interessiert, über die er Monographien geschrieben hat. Es ist heute in Mode gekommen, Boas zu kritisieren. Man wirft ihm seinen Mangel an systematischem Denken vor, seinen Widerwillen gegen die Theorie, den zusammenhanglosen Charakter seines Werkes. Boas aber sah sich mit einer gewaltigen Menge von Materialien konfrontiert, die er sammelte oder von gebildeten Eingeborenen sammeln ließ – er erhielt in verschiedenen Eingeborenensprachen geschriebene Texte und übersetzte alles selbst! Man wirft ihm auch vor, er habe, je nach dem Gebiet, das er gerade bearbeitete, ganz heteroklite Positionen vertreten.

Für mich hat es im Gegenteil den Anschein, dass gerade dieser Interessenvielfalt Boas' die Ergiebigkeit der amerikanischen Ethnologie in ihrer Blütezeit zu verdanken ist: vom kritischen Empirismus Lowies bis zu den kulturellen Konfigurationen Ruth Benedicts, oder bis zu der Aufmerksamkeit, die Margaret Mead der individuellen Psychologie in ihren Beziehungen zur Kultur schenkt … Das alles war bereits bei Boas angelegt. In den Generationen, die er geprägt hat, hat jeder Schüler einen Einzelaspekt seiner Lehrtätigkeit oder seines Werkes aufnehmen und entfalten können, ausgenommen Alfred Kroeber, der seinerseits versucht hat, alle diese Aspekte in ihrer Verbindung aufrechtzuerhalten.

Die Begegnung mit einem solchen Menschen muss für Sie besonders fesselnd gewesen sein, denn Sie waren ja noch in Ihren Ausbildungsjahren.

Gerade Boas verdankt man einige grundlegende Ideen. Er war es beispielsweise, der in seinen Arbeiten zur somatischen Anthropologie gezeigt hat, dass das Merkmal der Schädelform, von den Anthropologen als invariantes Element aufgefasst, das zur Definition der Rassen dienen konnte, eine Funktion des Umwelteinflusses war. Mit seiner Untersuchung sukzessiver Einwanderergenerationen in den Vereinigten Staaten hat er erwiesen, dass anatomische Unterschiede, die zu Beginn zwischen ethnischen Gruppen deutlich ausgeprägt waren, sich allmählich abschwächten, ebenso wie der unterschiedliche Wachstumsrhythmus von Kleinkindern. Die Kritik des Rassismus nimmt ihren Ursprung bei Boas.

Auch sein linguistisches Werk war gewaltig. Boas allein hat wahrscheinlich mehr Grammatiken von Eingeborenen-Sprachen geschrieben – ungefähr ein Dutzend – als jeder andere Linguist in der Geschichte. Dank ihm hat man begriffen, dass es vergeblich ist, die Grammatik exotischer Sprachen auf indoeuropäische Modelle zurückführen zu wollen.

Boas war im Übrigen einer der ersten – ich habe gelegentlich geschrieben, es sei Ferdinand de Saussure gewesen, tatsächlich jedoch hat Saussure sich dazu nicht geäußert, das ergibt sich indirekt aus seinem Werk –, der auf folgenden für die Humanwissenschaften essenziellen Befund verwies: Die Gesetze der Sprache funktionieren im Unbewussten, jenseits der Kontrolle der sprechenden Subjekte. Also kann man sie als objektive Phänomene studieren, die in dieser Hinsicht für andere soziale Gegebenheiten repräsentativ sind. Boas hat dieses Grundprinzip 1911 in seinem zu Recht berühmten Vorwort zum *Handbook of American Indian Languages* formuliert.

Auf dem Gebiet der Folklore und der Mythologie hat er schließlich eine fantastische Menge von Material zusammengetragen, über das man sich lächerlicherweise lustig gemacht hat. So hat Boas einen seiner Informanten dazu bewogen, sämtliche Kochrezepte seines Stammes schriftlich festzuhalten, und sie übersetzt und veröffentlicht, ganz im Banne der Vorstellung, dass man über das, was wichtig ist und was nicht, nicht im Voraus urteilen könne. Für die Untersuchung einer wenig bekannten oder unbekannten

Kultur sind dem Anschein nach bedeutungslose Details häufig die aufschlussreichsten.

Man hat über diese Detailgenauigkeit gewitzelt. Gleichwohl haben die Kwakiutl-Rezepte mir den Schlüssel zu bestimmten mythologischen Problemen geliefert, weil sie Kompatibilitäts- oder Inkompatibilitätsbeziehungen zwischen Nahrungssubstanzen bloßlegten, Beziehungen, die nicht nur Angelegenheiten des Geschmacks sind.

Bleibt anzumerken, dass das Werk von Boas nicht leicht zugänglich ist. Man muss sich schon Mühe geben. Aber es ist von beispiellosem Reichtum.

Zwischen 1941 und 1944 haben Sie Umgang mit dem ganzen ethnologischen amerikanischen Zirkel gehabt.

Ja. Ich habe auch Ralph Linton und Ruth Benedict gut gekannt. Jeder von ihnen lud mich zum Essen ein, um mir alles Schlechte anzuvertrauen, das er vom anderen dachte. Das war das Columbia-Gerede; sie hassten einander.

Und Kroeber?

Er lebte wie Lowie in Kalifornien und kam nur gelegentlich nach New York. Merkwürdig, ich war Zeuge von Boas' Tod und habe beinahe auch dem von Kroeber beigewohnt. Er war mit seiner Frau auf der Durchreise in Paris, und die beiden sollten zu mir nach Hause zum Essen kommen. Morgens früh hat Mme Kroeber mich angerufen, um mir zu sagen, dass ihr Mann in der Nacht verstorben war. Sie kannte niemanden in Paris. Ich bin in ihr Hotel am Quai Voltaire geeilt, um ihr beizustehen.

Die amerikanische anthropologische Schule war besonders aktiv.

Ebenso wie die englische; aber die Vereinigten Staaten sind ein ungeheuer großes Land und hatten folglich viele Ethnologen, so wie sie von allem viel haben.

Kehren wir zum Herbst 1941 zurück: Sie beginnen mit Ihren Vorlesungen an der New School.

Man hatte mich beauftragt – es war der Beginn der *good neighborhood policy* –, soziologische Vorlesungen über Lateinamerika zu halten. Von Brasilien abgesehen, kannte ich von alledem nichts. Ich ging also jeden Tag in die New York Public Library, um mich über die gesellschaftlichen Realitäten und die politische Struktur von Argentinien, Peru und den anderen Ländern zu unterrichten …

Wie sah Ihr Auditorium aus?

Wie bei meinen Kollegen setzte sich die Zuhörerschaft zum Teil aus Flüchtlingen zusammen, die nicht besser Englisch sprachen als wir, und aus New Yorkern, die kamen, um ihre Bildung zu vervollständigen. Das ähnelte sehr einer Volkshochschule. Ich habe mehrere Jahre lang Vorlesungen gehalten, immer über das zeitgenössische Lateinamerika. Im Winter 1941/1942 wurde dann die École libre des hautes études de New York gegründet, wo ich auf Französisch unterrichtete, und zwar ethnologische Themen, die ich frei wählen konnte.

Sie übten also beide Lehrtätigkeiten nebeneinander aus?

Genau.

Wie war diese École zustande gekommen?

Ich glaube, die erste Idee dazu stammte von Boris Mirkine-Guetzévitch. Das war ein Jurist russischer Herkunft, der zu Beginn der Russischen Revolution anscheinend eine Rolle im Lager der Liberalen gespielt hatte. Er hatte Russland sehr bald verlassen, um nach Frankreich zu flüchten, und war dort eingebürgert worden. Seine Tochter Vitia Hessel, mit der ich in New York freundschaftlich verbunden war, schrieb. Sie ist erst kürzlich gestorben. *Les Temps Modernes* hat gerade eine Novelle von ihr veröffentlicht.

Mirkine-Guetzévitch war geistig sehr regsam. Er liebte es, sich alle möglichen unter der Schirmherrschaft irgendeiner Berühmtheit stehenden Verbände auszudenken und zu gründen. Er begnügte sich mit der Würde eines Vizepräsidenten, blieb jedoch Herr des Ganzen. Niemand wusste besser als er, wo Beihilfe aufzutreiben war. Das Englische hat für diese Art Leute ein Wort: *go-between*, das unübersetzbar, weil doppelsinnig ist – lobend, aber auch ein klein wenig ironisch. Mirkine-Guetzévitch gewann also illustre Persönlichkeiten für sein Projekt: Jacques Maritain, Henri Focillon, Jean Perrin, den belgischen Byzantinisten Henri Grégoire und andere mehr.

»Ich war damals eine Art naiver Strukturalist.
Ich praktizierte Strukturalismus,
ohne es zu wissen.«

Wie kam er an die Gelder?

Das Geld kam von irgendwelchen Mäzenen und von der Fondation de la France Libre. Die Amerikaner waren bei der Lösung der administrativen und praktischen Aufgaben behilflich.

Wo hat die École Räume gefunden?

Gleich neben der New School, an der 5th Avenue, nahe der Ecke 12th Street.

Und Sie sind sofort umworben worden, daran mitzuarbeiten?

Von Mirkine-Guetzévitch, der mich zum Generalsekretär der neuen Institution machen wollte. Aber Alexandre Koyré wollte den Posten haben. Wir standen auf gutem Fuße miteinander, und ich habe nachgegeben.

Und es war, glaube ich, auch Koyré, der Sie Jakobson vorgestellt hat, jenem Jakobson, der ebenfalls ersucht worden war, Vorlesungen zu halten?

Er hatte geahnt, dass es zwischen Jakobson und mir eine gewisse geistige Gemeinschaft gab.

Diese Begegnung wurde für Sie lebensentscheidend?

Und wie! Ich war damals eine Art naiver Strukturalist. Ich praktizierte Strukturalismus, ohne es zu wissen. Jakobson hat mir die Existenz eines bereits in einer anderen Disziplin aufgestellten Korpus von Lehrmeinungen eröffnet: der Linguistik, die ich nie betrieben hatte. Für mich war das eine Erleuchtung.

… und der Beginn einer tiefen Freundschaft.

Beides zugleich. Wir haben uns einander sofort nahe gefühlt, geradezu dazu prädestiniert, Freunde zu werden. Lag dem zu Beginn ein Missverständnis zugrunde? Jakobson hat erzählt, dass er sich sagte, als er mich sah: »Endlich einer, mit dem ich nächtelang werde trinken können!« Nun vertrage ich aber keinen Alkohol und gehe ungern spät zu Bett. Wie dem auch sei, das war der Anfang einer brüderlichen Freundschaft, obwohl er zwölf Jahre älter war als ich.

Eine Freundschaft, die sich stets gleich geblieben ist.

Eine Freundschaft ohne Brüche, eine Freundschaft von vierzig Jahren. Eine Bindung, die nicht erkaltet ist, und von meiner Seite aus eine Bewunderung, die nie nachgelassen hat.

Einige Tage vor seinem Tode erhielt ich von ihm den Sonderdruck eines Aufsatzes mit folgender Widmung: »Meinem Bruder Claude.«

Was war er für ein Mensch?

Er war ein Denker von einer intellektuellen Kraft, die seine ganze Umgebung beherrschte. Er sprach ein Dutzend Sprachen, er verfügte über eine immense Bildung, die von den alten Linguisten Indiens bis zu Edmund Husserl reichte … Er interessierte sich für Malerei, avantgardistische Poesie, Ethnologie, Informatik, Biologie …

Er war in seiner Jugend Ethnologe gewesen.

Er hatte seine Laufbahn, fast noch als Jugendlicher, mit Untersuchungen zur Folklore in der Region Moskau begonnen, zusammen mit Petr Bogatyrev, dem großen russischen Ethnologen.

Er hatte sich überdies an der modernistischen Bewegung der russischen Maler und Dichter beteiligt.

Sie haben ihn später in Paris häufig wiedergesehen.

Regelmäßig, wenn er nach Frankreich kam, und er reiste viel. In den fünfziger Jahren wohnten Monique, meine dritte Frau, und ich in einer kleinen Wohnung am Anfang der Rue Saint-Lazare, ganz nahe der Kirche Notre-Dame-de-Lorette. Wir konnten Jakobson nicht unterbringen und reservierten ihm ein Hotelzimmer in der Nähe. Jeder seiner Aufenthalte bereitete uns große Freude; auch ein bisschen Angst, weil wir weder über seine körperliche Widerstandsfähigkeit noch über seine geistige Vitalität verfügten – er klingelte um acht Uhr morgens nach dem Frühstück, verbrachte den ganzen Tag mit uns und blieb manchmal bis tief in die Nacht zum Diskutieren da.

Später kamen die Dinge ins Lot. Ich brachte ihn mit Lacan zusammen, mit dem ich eng befreundet war. Wie man sich vorstellen kann, war Lacan sofort gewonnen, und seine Frau Sylvia ebenfalls. Sie hatten in der Rue de Lille aneinandergrenzende Wohnungen und begrüßten meinen Vorschlag, Jakobson zu beherbergen, wenn er in Paris war. Mehrere Jahre lang hatte Jakobson so »sein Zimmer« bei Sylvia Lacan.

In New York hielt er auch Vorlesungen an der École libre.

Seine Vorlesungen waren ein hinreißendes Schauspiel. Er drückte sich mit Leichtigkeit auf Französisch aus, beinahe ohne Notizen. Er zog einen kleinen Packen Zettel aus der Tasche, die er von Zeit zu Zeit anschaute. Vor allem hatte er einen dramatischen Tonfall ohnegleichen; er riss seine Zuhörer mit, denen er das berechtigte Gefühl vermittelte, einen entscheidenden Augenblick in der Geschichte des Denkens zu erleben.

Worüber sprach er?

Seine Vorlesungen sind vor einigen Jahren unter dem Titel *Six Leçons sur le son et le sens*[10] erschienen. Auf seine Bitte hin habe ich, weil ich sie ja gehört hatte, das Vorwort dazu verfasst.

Besuchte er Ihre Vorlesungen?

Ich hielt Vorlesungen über die Probleme der Verwandtschaft. Jakobson kam in meine Vorlesungen, so wie ich in seine ging. Eines Tages sagte er mir, ich müsse das alles schriftlich festhalten. Ich hatte nie daran gedacht, und seinem Anstoß ist es zu verdanken, dass ich 1943 *Die elementaren Strukturen der Verwandtschaft* zu schreiben begonnen habe.[11] Ich habe das Buch 1947 abgeschlossen.

***

Sie hielten also Vorlesungen, Sie schrieben … Wie organisierten Sie Ihren Tagesablauf?

Jeden Morgen ging ich in die New York Public Library. Alles, was ich über Ethnologie weiß, habe ich in diesen Jahren dort gelernt. Ich war zur Öffnungszeit da und kam erst um zwölf oder ein Uhr wieder heraus. Dann aß ich in einem Bistro zu Mittag und kehrte nach Hause zurück, um zu schreiben.

Die New York Public Library muss ein erstaunlicher Ort gewesen sein.

Es waren viele Leute dort, aber man traf wenige Universitätsmitglieder – die zogen die Bibliothek der Columbia vor. Mir war die 42nd Street lieber. Die Gegend hatte sehr viel Stil; ein wenig altmodisch, wie so häufig bei den alten New Yorker Institutionen, aber sehr reizvoll.

Und doch gab es dort einen bedeutsamen ethnologischen Bestand?

Einen bemerkenswerten. Sogar diese Bibliothek, die auf bloße Verbreitung von Wissen angelegt war, hatte einen sehr ergiebigen Bestand und hielt ihn auf dem neuesten Stand. Einen Großteil der Quellen, die ich in den *Elementaren Strukturen* benutzt habe, habe ich eben dort ausfindig gemacht.

»Ich habe mich eher als Schreibtischtyp denn als Feldarbeiter gefühlt.«

Das ist ein Einwand, der oft gegen Sie erhoben worden ist: Sie haben viele Bücher gelesen, aber wenig Feldforschung betrieben.

Die Umstände haben es so gewollt. Hätte ich im Jahr 1940 ein Visum für Brasilien bekommen, so wäre ich an die Stätten meiner ersten Expeditionen in der Vorkriegsperiode zurückgekehrt und hätte mich der Feldforschung gewidmet. Hätte es keinen Krieg gegeben, so wäre ich wahrscheinlich wieder in den akademischen Lehrbetrieb eingetreten. Das Schicksal hat mich in die Vereinigten Staaten verschlagen, wo ich, aus Mangel an Geldmitteln und aufgrund der internationalen Lage, nicht imstande war, Expeditionen zu bestreiten, wo ich aber alle Freiheit hatte, theoretische Arbeit zu leisten. Auf diesem Gebiet waren die Möglichkeiten, wie ich sagen kann, wirklich unbegrenzt.

Ich wurde mir auch bewusst, dass die Materialien in den letzten zwanzig oder dreißig Jahren in bemerkenswerter Fülle, aber in solcher Unordnung zusammengetragen worden waren, dass man nicht wusste, wo man anfangen und wie man sie erschließen sollte. Mir schien es dringlich, Klarheit über das zu schaffen, was diese Dokumentenmenge uns eröffnet hatte. Und warum soll ich es schließlich nicht gestehen? Ich habe mich rasch eher als Schreibtischtyp denn als Feldarbeiter gefühlt. Ohne jede pejorative Absicht gesagt, sogar im Gegenteil: Die Feldforschung ist ein bisschen wie »Handarbeit« (wahrscheinlich der Grund, weswegen die Frauen darin so erfolgreich sind); mir haben die Sorgfalt und die Geduld dafür gefehlt.

Und dennoch, trotz der Gefahren, die wir bereits vor Augen geführt haben: Es hatte den Anschein, dass Sie doch Gefallen daran gefunden haben.

Tatsächlich. Aber das waren meine ersten Expeditionen. Ich bin nicht sicher, ob mich, wenn es zu weiteren derartigen Unternehmungen gekommen wäre, nicht wachsende Erbitterung angesichts des Missverhältnisses zwischen nutzbarer und verlorener Zeit ergriffen hätte.

Das war damals so und hat sich seither lediglich verschlimmert. Vor einigen Tagen habe ich mir, aus Neugier, aus Kanada Fragebögen, Formulare und anderes mehr schicken lassen, die heute in mehrfacher Ausfertigung ausgefüllt werden müssen, bevor eine »Bande« [*bande*] (so die offizielle Bezeichnung) von Indianern in Britisch-Kolumbien Ihnen erlaubt, bei ihr zu arbeiten. Sie werden keinen Mythos mehr erzählt bekommen, sofern der Informant nicht die schriftliche Bestätigung erhält, dass er über das literarische Urheberrecht daran verfügt, mit allen juristischen Konsequenzen, die das einschließt. Geben Sie zu, dass diese pingelige Bürokratie, diese Vorliebe für den Papierkrieg – eine Karikatur unserer eigenen Bräuche – der Feldforschung viele ihrer alten Reize genommen haben.

Haben Sie ähnliche Empfindungen gehabt wie diejenigen, die Malinowski in seinem Tagebuch beschreibt? Gefühle von Gereiztheit, ja sogar von Überdruss?

Ja. Manche Ethnologen haben scheinheilig Entrüstung geäußert, als dieses Tagebuch erschien, und behauptet, es widerlege das Werk. Aber wer hat solche Phasen von Depression nicht selbst erlebt? Métraux, der sehr viel Feldforschung betrieben hat, räumte sie bereitwillig ein. Wissen Sie, wenn man zwei Wochen in einer Gruppe von Eingeborenen verloren hat, ohne dass es einem gelungen wäre, den Leuten eine Auskunft zu entlocken, und zwar einfach deshalb, weil man sie langweilt, fängt man an, sie zu verabscheuen.

Ist Ihnen das passiert?

Wie oft habe ich in den öden Savannen Zentralbrasiliens nicht das Gefühl gehabt, mein Leben zu vergeuden! Um auf das zurückzukommen, was Sie eben sagten, und ohne mich mit Malinowski vergleichen zu wollen: Ich habe mehr Feldforschung betrieben, als meine Kritiker wahrhaben mögen. Jedenfalls genug, um gelernt und begriffen zu haben, was Feldforschung ist, nämlich die unerlässliche Bedingung der vernünftigen Beurteilung und Anwendung der von anderen geleisteten Arbeit. Sagen wir, dass meine Erfahrungen bei der Feldforschung das gewesen sind, was die

Psychoanalytiker eine »Lehranalyse« nennen. Und gleichzeitig glaube ich, einige Funde gemacht und neue Fakten beigesteuert zu haben.

***

Haben Sie sich in New York weiterhin politisch betätigt? Haben Sie beispielsweise Umgang mit Gaullisten gehabt?

Ich hatte eine Verpflichtung für die Forces françaises libres [Französische Widerstandsstreitkräfte] unterzeichnet. Man hat mich bei der, wie man sie nannte, Mission scientifique française aux États-Unis behalten. Soustelle hat, auf der Durchreise in New York, freundschaftlich darauf gedrängt, ich solle ihm nach London folgen. Aber ich hatte Lust zu studieren, und bald stellte sich auch die Lust zu schreiben ein. Ich habe einigen gaullistischen Zusammenkünften beigewohnt, war aber nicht sonderlich aktiv.

Zu diesem Zeitpunkt also kommt Ihr politisches Engagement zum Stillstand?

Es zerfranst eher.

Und dann haben Sie eines schönen Tages von der Invasion der Alliierten in der Normandie erfahren?

Ich erinnere mich an diesen Tag. Ich war in meiner Wohnung in Greenwich Village und stand morgens auf, ich hatte mein kleines Rundfunkgerät eingeschaltet und hörte die aktuellen Meldungen. Was ich aufschnappte, kam mir so merkwürdig vor, dass es mir anfangs unverständlich erschien. Ganz allmählich habe ich begriffen und bin in Tränen ausgebrochen.

Haben Sie bei der Befreiung um Ihre Repatriierung in Frankreich gebeten?

Die Dinge haben sich nicht genau so abgespielt. Koyré hatte seinen Posten als Generalsekretär der École libre aufgegeben. Es war zu Auseinandersetzungen gekommen. Zwei Arten von Einstellung traten bei den Professoren zu Tage, deren Zahl sich beträchtlich vermehrt hatte. Alle, die sich als Franzosen betrachteten, hatten nur eine einzige Idee im Kopf: nach Frankreich zurückkehren und dort wieder ihrem angestammten Beruf nachgehen. In ihren Augen hätte die École nach dem Krieg keine Daseinsberechtigung mehr gehabt; sie musste aufgelöst werden. Andere Kollegen, die erst kürzlich eingebürgert worden waren, oder Ausländer, die vor dem Krieg in Frankreich Zuflucht gefunden hatten, waren über das Schicksal, das ihnen bevorstand, im Ungewissen. Sie fragten sich, was mit ihnen in Frankreich geschehen würde, und zogen es vor, die Dinge auf sich zukommen zu lassen und die Tätigkeit an der École fortzusetzen, welche ihre Verbindung zu Frankreich aufrechterhielt und es ihnen gleichzeitig erlaubte, auch weiterhin den Schutz der Vereinigten Staaten zu genießen. Koyré fühlte sich zwar als glühender Franzose, sträubte sich aber, für das eine oder das andere Lager Partei zu ergreifen. Ich habe als Vertreter der ersteren Gruppe seine Nachfolge angetreten.

In Frankreich kannte man das Problem nur zu gut, denn Henri Laugier, der zum Direktor der Direction générale des relations culturelles berufen worden war, hatte selbst als Flüchtling in Kanada gelebt. Er hat mich zu sich gerufen, um eine Lösung zu finden. Ich bin also nach einer schwierigen Überfahrt in einem Konvoi der amerikanischen Marine (der Krieg war noch nicht zu Ende) nach Paris zurückgekehrt. Wir wurden in ich weiß nicht mehr welchem englischen Hafen ausgeschifft; ich erreichte London, wo einige

V2 fielen, dann Dieppe und von da aus in einem amerikanischen Lastwagen Paris. Das war in den ersten Januartagen des Jahres 1945. Ich bekam ein kleines Büro bei der Direction générale des relations culturelles, die in einem Hotel – keinem herrschaftlichen Haus, sondern einem alten möblierten Hotel – in der Rue Lord-Byron in der Nähe der Champs-Élysées untergebracht war.

Welchen Titel hatten Sie?

Ich hatte keinen anderen Titel als den des Generalsekretärs der École libre des hautes études de New York.

Was taten Sie?

Ich musste die Leute empfangen, die zu Besuchen in die Vereinigten Staaten einreisen wollten. Ich habe nur zwei genaue Erinnerungen behalten. Die eine ist die, dass ich eben da die Bekanntschaft mit Merleau-Ponty erneuert habe.

Hatten Sie ihn seit Ihrem Referendariat nicht gesehen?

Ich sah ihn zum ersten Mal wieder.

Wie verlief dieses Wiedersehen?

Sehr befriedigend. Da ich von dem, was in Frankreich vor sich ging, nichts oder doch beinahe nichts wusste, habe ich ihn gefragt, was der Existenzialismus sei. Er hat mir geantwortet: ein Versuch, der großen Philosophie in der Tradition von Descartes und Kant wieder Geltung zu verschaffen.

Und Sie haben über dieses Thema mit ihm debattiert?

Ich war nicht auf dem Laufenden. Ich hatte nicht einmal *Das Sein und das Nichts* gelesen.

Und die zweite Erinnerung?

Ich hatte Besuch von Jeanine Micheau, der damals berühmten Sängerin. Sie kam stark parfümiert zu mir ins Büro und führte zwei riesige Hunde an der Leine.

Kapitel 4
RÜCKKEHR IN DIE ALTE WELT

Sie sind nur wenige Monate in Paris geblieben und dann wieder nach New York aufgebrochen …

… als Kulturattaché. Laugier wollte mich nach Mexiko schicken. Aber ich war gerade dabei, *Die elementaren Strukturen der Verwandtschaft* zu schreiben, und brauchte dazu amerikanische Bibliotheken. Ich habe darauf gedrungen, mir die Nachfolge von Henri Seyrig anzuvertrauen, mit dem ich eng befreundet war. Auch Seyrig wünschte das.

Der Vater der Schauspielerin?

Ja, der Vater von Delphine, die ich als kleines Mädchen bei ihren Eltern sah. Seyrig war ein angesehener Archäologe; er wurde später zum Leiter der französischen Museen ernannt. Unsere gemeinsamen Bemühungen haben Laugier bewogen, mir den Posten zu geben.

Wann sind Sie zurückgekehrt?

Im Frühjahr 1945.

Worin bestanden Ihre beruflichen Aufgaben?

Im Wesentlichen darin, ein Gebäude einzurichten.

Das gegenwärtige?

Nein, das gegenwärtige Gebäude des Generalkonsulats. Am Vorabend des Krieges hatte Frankreich an der 5th Avenue ein prachtvolles Herrenhaus erworben, das sich ein amerikanischer Bankier im Stile eines römischen Palastes hatte erbauen lassen. Der Bürgermeister von New York, scharfer Anti-Vichyst, hatte die Vertreter Frankreichs am Einzug gehindert. Als de Gaulle die Macht übernahm, gab der Bürgermeister endlich seine Einwilligung zur Inbetriebnahme. Das Gebäude eignete sich kaum für die Bedürfnisse eines Kulturinstitutes. Man hat es mir mit dem Auftrag zugewiesen, es dafür einzurichten. Jacques Carlu, der Architekt des Palais de Chaillot, der ebenfalls als Flüchtling in den Vereinigten Staaten lebte, wollte mir dabei helfen. Wir gestalteten das gesamte Innere um.

Das muss eine gewaltige Arbeit gewesen sein.

Ja, aber eine Art von Arbeit, die mir Vergnügen bereitete. Mehr jedenfalls als die Tätigkeit des Kulturattaché. Einfälle haben, Pläne machen, sich an der Entstehung eines Bauwerks beteiligen, gelegentlich selbst Hand anlegen – das machte mir Spaß.

Aber Sie hatten doch auch die Funktion eines Kulturattaché wahrzunehmen!

Das musste ich tatsächlich. Ich genoss jedoch noch eine gewisse Schonung, weil ich während der Bauarbeiten zusammen mit der gesamten Belegschaft in einem Raum kampierte, der früher der große Salon gewesen war: in Wirklichkeit eher ein Ballsaal.

Und haben Sie in New York Ihre Freunde wiedergesehen?

Die Emigranten begannen sich zu zerstreuen. Ich hatte mit mehreren auf vertrautem Fuße gelebt, deren Kreise sich teilweise überschnitten: mit den Surrealisten, mit den Universitätslehrern, auch mit den Psychoanalytikern, denn bei Raymond de Saussure (dem Sohn des großen Linguisten) traf ich häufig Rudolph Loewenstein, Ernst Kris, Hermann Nunberg und einmal sogar Marie Bonaparte. Meine Funktionen als Kulturattaché verwiesen mich an andere Gruppen, die der reichen amerikanischen Frankreichfreunde. Eine ganz andere New Yorker Gesellschaft gab sich mir da zu erkennen.

Sie sind drei Jahre geblieben.

Ich bin Ende 1947 nach Paris zurückgekehrt.

Während Ihrer Zeit als Kulturattaché ist Sartre zu Besuch in die Vereinigten Staaten gekommen.

Ja, aber er brauchte mich nicht, um seinen Aufenthalt zu organisieren. Wir haben einmal zusammen gegessen.

Sie kannten ihn nicht?

Überhaupt nicht. Ich hatte ihn flüchtig gesehen, als ich meine *agrégation* vorbereitete, denn ich besuchte ja Vorlesungen an der École normale supérieure. Irgendjemand hatte ihn mir gezeigt und gesagt: »Das ist Sartre.« Es war bereits damals wichtig zu wissen, wer Sartre war.

In New York haben Sie auch Simone de Beauvoir gesehen.

Sie ist ihm später gefolgt. Aber auch sie bedurfte der kulturellen Dienste der Botschaft nicht. Da ich sie ein wenig kannte, haben wir wieder Kontakt geschlossen. Ich habe sie eingeladen, mit mir essen zu gehen. Ich erinnere mich sehr gut – mein Sohn war gerade geboren –, mit welchem Widerstreben sie die Wiege in Augenschein nahm: Ein Baby war nun wirklich nicht das, was man ihr zeigen konnte.

Und Sie haben Albert Camus empfangen?

Er brauchte die Dienstleistungen eines Kulturinstitutes schon mehr. Ich habe ihn durch die Stadt geführt, ich bin in Chinatown mit ihm essen gegangen ... Und wir haben einen Abend in einem Cabaret am Lower Broadway verbracht, wo man spaßeshalber alte Sängerinnen auftreten ließ. Der weibliche Clown ist ein typisch amerikanisches Genre, das man kennen muss, das mich aber stets angewidert hat.

Haben Sie andere Persönlichkeiten empfangen?

Jules Romains. Doch damals hatte ich noch Prinzipien. Am Vorabend des Krieges hatte er ein zweideutiges Buch veröffentlicht, himmelweit entfernt von *Die guten Willens sind*, dessen begeisterter Leser ich einst gewesen war. Überdies wurde Jules Romains nicht von der Kulturabteilung der Botschaft empfangen, sondern von franko-amerikanischen Vereinigungen, deren Positionen während des Krieges nicht immer sehr deutlich gewesen waren. Sie luden mich ein, eine Rede zu halten, in deren Verlauf ich Jules Romains einige unangenehme Dinge sagte. Ich lobte *Die guten Willens sind* und erinnerte daran, dass die beiden Helden des Buches, Jallez und Jerphanion, denen meine Generation sich noch sehr nahe fühlte, sich gelobten, niemals Mitglieder der Académie française zu werden, die Jules Romains ja gerade zu ihrem Mitglied gewählt hatte. André Maurois, der der Veranstaltung beiwohnte, erwähnt in seinen Memoiren meine kritische Rede.

Ich habe auch eine Delegation junger Mediziner empfangen, zu deren Mitgliedern Yves Laporte zählte, heute leitender Vorstand des Collège de France. Ich habe Jean Delay empfangen, der mein Kollege an der Académie werden sollte. Und Gaston Berger, den späteren Leiter des Hochschulwesens.

Den Vater von Maurice Béjart.

Eben den. Damals war er, glaube ich, Professor in Aix-en-Provence. Als er ankam, packte ich gerade meine Koffer. Ich entschuldigte mich, dass ich ihn nicht angemessen empfing, und erklärte ihm, dass ich unmittelbar vor der Abreise stünde. Er antwortete mir: »Ich weiß. Sie gehen ans Collège.« Wie ich bereits sagte, wusste ich damals kaum, was das Collège de France war: ein schrecklicher, verbotener Ort, den ich mir als Student nicht zu betreten erlaubte. Ich habe also den Äußerungen von Gaston Berger nicht sonderlich viel Aufmerksamkeit geschenkt. Gleich bei meiner Ankunft in Paris setzte mich Laugier, der mir zugetan war, davon in Kenntnis, dass Henri Piéron mich sehen wollte. Sie wissen, wer Piéron war: berühmter Psychologe, Kommunist, Professor am Collège de France. Ich traf eine Verabredung mit ihm. Er sagte mir: »Wir haben die Absicht, Sie ans Collège zu berufen.« Ich wusste nicht, wer »wir« war, aber er machte einen außerordentlich selbstsicheren Eindruck, und ich habe mir gedacht, dass das alles von geheimnisvollen Kräften in die Wege geleitet worden sei, dass es also genüge, mich treiben zu lassen. Ich hatte dreizehn Jahre außerhalb Frankreichs gelebt und war nicht in der Lage zu begreifen, dass ich der Joker in einem Kampf von Clans innerhalb des Collège sein sollte, nämlich zwischen Konservativen und Liberalen. Ich wurde geschlagen. Ein unfassbarer Vorgang, wenn man die Bräuche am Collège kennt: Man überredete mich, mich einige Monate später aus Anlass einer weiteren Lehrstuhlvakanz neuerlich zur Wahl zu stellen, und ich wurde wiederum geschlagen.

In welchem Jahr ereignete sich dieses doppelte Missgeschick?

In den Jahren 1949 und 1950.

Zu dieser Zeit wurde Georges Dumézil gewählt, der ebenfalls den leitenden Vorstand, Edmond Faral, gegen sich hatte …

… der mir kaltblütig zu verstehen gegeben hatte, dass ich nie ans Collège berufen werden würde. Trotz der gemeinsamen Anstrengungen von Dumézil, Marcel Bataillon und Émile Benveniste gelang es nicht, die Versammlung umzustimmen. Ich habe Ihnen, im Zusammenhang mit Max Ernst, von den Vorträgen der Fondation Loubat erzählt: Auf paradoxe Weise wurde ich zu eben der Zeit, da ich abgewählt wurde, eingeladen, eine Reihe von Vorträgen zu halten. Dumézil war unter den Zuhörern. Erst bei dieser Gelegenheit habe ich ihn wirklich kennengelernt.

Sie haben zehn Jahre verstreichen lassen, bevor Sie sich erneut zur Wahl stellten – diesmal mit Erfolg.

Ich war der Naive gewesen, der ohne sein Wissen in eine Auseinandersetzung zwischen Tradition und Moderne verstrickt wurde: Der Clan der Traditionalisten umfasste noch Männer, die, nach Geist und Dünkel, einem anderen Jahrhundert angehörten. Ich darf sagen, dass, seit Marcel Bataillon die Nachfolge von Faral als leitender Vorstand am Collège angetreten hatte, sich diese Richtungskämpfe abzuschwächen begannen. In zweiundzwanzig Jahren am Collège, unter der Amtsführung von Bataillon und seinen Nachfolgern, habe ich nie mehr erlebt, dass sie wiederaufflammten.

Nach diesem doppelten Misserfolg war ich überzeugt, dass ich niemals eine sogenannte Karriere machen würde. Ich habe mit meiner Vergangenheit gebrochen, mein Privatleben wieder aufgebaut und *Traurige Tropen* geschrieben, ein Buch, das ich niemals zu veröffentlichen gewagt hätte, wenn ich in irgendeinen Wettstreit um einen Universitätsposten verwickelt gewesen wäre.

»Nach diesem doppelten Misserfolg war ich überzeugt, dass ich niemals eine sogenannte Karriere machen würde.«

In New York haben Sie letzte Hand an *Die Elementaren Strukturen der Verwandtschaft* gelegt.

Ich hatte ein Arrangement mit Louis Joxe getroffen, dem Nachfolger von Laugier bei der Direction générale des relations culturelles. Es erlaubte mir, meine Tätigkeit als Kulturattaché halbtags auszuüben: vormittags im Büro, nachmittags zu Hause, um schreiben zu können. Allerdings bewohnte ich mit meiner zweiten Frau ein Penthouse im Dachgeschoss des Gebäudes. Notfalls brauchte ich also nur hinunterzusteigen. So habe ich mein Buch zu Ende bringen können.

Nach Paris zurückgekehrt, haben Sie es als Doktorarbeit vorgelegt.

Als *thèse principale*. Und *La Vie familiale et sociale des Indiens Nambikwara* als *thèse complémentaire*.[12]

Wie setzte sich Ihr Prüfungsausschuss zusammen?

Ich habe Georges Davy, der Dekan der Sorbonne war, mit meinem Manuskript unter dem Arm aufgesucht, um ihn zu bitten, sich meiner als Doktorvater anzunehmen (wenn man so sagen kann, weil die *thèse* ja fertig war). Er hat mich wohlwollend aufgenommen, was nicht seine Gewohnheit war (er hatte ein harsches Temperament). Und er hat zugestimmt. Ebenso im Fall der *thèse complémentaire*, die Marcel Griaule akzeptiert hat. Ich habe also an der Sorbonne promoviert, und zwar bei folgenden Prüfungsausschussmitgliedern: Davy, Griaule, Benveniste, Albert Bayet und Jean Escarra, einem auf chinesisches Recht spezialisierten Juristen. Das war 1948.

Sie kannten Benveniste?

Bei meiner Rückkehr nach Frankreich hatte ich ihm ebenso wie Dumézil einen Besuch abgestattet. Jakobson hatte mir für sie Empfehlungen mitgegeben. Da die *Elementaren Strukturen* sich auf die ganze Welt bezogen, bedurfte es für jeden geographischen Hauptbereich eines besonderen Mitgliedes des Prüfungsausschusses. Für Indien habe ich Davy den Vorschlag gemacht, Benveniste zu berufen.

Hatten Sie in der Folgezeit Verbindungen zu ihm?

Von dieser Disputation und den Einwänden an, die er gegen mich vorgebracht hat, haben wir ausführlich korrespondiert. Erst nachher, sehr viel später, als ich ans Collège berufen war, habe ich ihn besser kennengelernt. Benveniste war sehr zurückhaltend, er ging nicht leicht freundschaftliche Verbindungen ein. Einmal habe ich ihn zum Essen zu mir nach Hause eingeladen, es bedurfte wahrer Kunstgriffe an Diplomatie, um ihn zur Zustimmung zu bewegen. Wollte man Jakobson Glauben schenken, so war er nicht immer so verschlossen gewesen. Irgendetwas hatte sich verändert seit ihren Jugendjahren, in denen Benveniste, wie Jakobson erzählte, fröhlich und spontan gewesen war.

Sie haben *Die elementaren Strukturen der Verwandtschaft* 1949 veröffentlicht.

Ja, bei den Presses Universitaires de France.

Vorher haben Sie *La Vie familiale et sociale des Indiens Nambikwara* publiziert.

Dieser Text war als Abhandlung von etwa hundert Seiten im *Journal de la Société des Américanistes* publiziert worden. Im Hinblick auf die Disputation wurden Sonderdrucke angefertigt. Die *Strukturen* erschienen wenig später. Ich hielt meine Disputation anhand maschinenschriftlicher Exemplare.

Und Simone de Beauvoir hat beim Erscheinen Ihres Buches eine Rezension geschrieben.

Sie beendete gerade *Das andere Geschlecht.* Michel Leiris hatte mir eines Tages im Musée de l'Homme davon berichtet. Ich sagte Leiris, dass ich selbst gerade eine Arbeit fertiggestellt hätte, die sich auf etwa dieselben Probleme bezog.

Leiris gab das an Simone de Beauvoir weiter, die mich aufsuchte, um die Druckfahnen der *Strukturen* zu lesen, weil sie den neuesten Stand der anthropologischen Forschung kennenlernen wollte, bevor sie ihr Buch abschloss. Als die *Elementaren Strukturen* erschienen, hat sie eine Rezension darüber in *Les Temps Modernes* publiziert.[13]

Eine sehr lobende Rezension.

Eine sogar warmherzige. Man muss sich bewusst machen, dass *Les Temps Modernes* damals im Mittelpunkt des intellektuellen Lebens stehen wollte. Man war also bereit, mich in den Kreis aufzunehmen, ohne sich darum zu kümmern, ob ich Existenzialist war oder nicht.

Wie wurden die *Elementaren Strukturen* aufgenommen, in einem allgemeineren Sinn?

Das Buch ist von den Anthropologen sehr wohlwollend aufgenommen worden. Aber ich kann nicht sagen, dass es außerhalb der Profession viel Interesse geweckt hätte.

Richtig ist, dass es ein Buch von sehr technischem Zuschnitt ist.

Das räume ich gern ein. Ich hatte übrigens die Idee, einen zweiten Band zu schreiben, mit dem ich mich in Gedanken bereits beschäftigte und der *Die komplexen Strukturen der Verwandtschaft* heißen sollte.

Sie haben davon Abstand genommen?

Ich habe rasch bemerkt, dass man diese komplexen Systeme nicht mit handwerklichen Methoden erfassen konnte; dazu musste man auf die Informatik zurückgreifen, und hierbei fehlten mir die praktischen und vor allem die intellektuellen Mittel.

Bereits in *Die elementaren Strukturen der Verwandtschaft* findet man einen »mathematischen Anhang«, für den André Weil als Verfasser zeichnet.

Historisch gesehen sind diese Seiten von großer Bedeutung. Die ganze Mathematik der Verwandtschaft, die sich seitdem weit entwickelt hat, ist davon ausgegangen. Und das setzt sich fort.

Sie haben André Weil, den Bruder von Simone Weil, in den Vereinigten Staaten kennengelernt?

Den Bruder von Simone und einen der Gründer der Gruppe Bourbaki. Ich arbeitete an australischen Verwandtschaftsproblemen, die derart kompliziert waren, dass zu ihrer Lösung Mathematiker erforderlich waren. Also habe ich Jacques Hadamard ausfindig gemacht, der sich ebenfalls in die Vereinigten Staaten geflüchtet hatte: einen bereits sehr betagten, aber illustren Mathematiker. Ich habe ihm das Problem dargelegt, und er hat mir geantwortet, dass die Mathematiker nur die vier Grundrechenarten kennen und die Ehe keiner davon gleichgestellt werden könne. Danach habe ich André Weil, einen anderen Emigranten, getroffen. Ich habe ihm von meinem Besuch bei Hadamard erzählt, und er reagierte ganz anders. Es ist durchaus nicht nötig, sagte er mir, die Ehe von einem mathematischen Standpunkt aus zu definieren. Einzig die Beziehungen zwischen Ehen sind von Interesse. Ich habe ihm die Gegebenheiten des Problems erläutert, und er hat jene Analyse angestellt, von der Sie gerade gesprochen haben.

War das für Sie eine Art Bekräftigung der Wissenschaftlichkeit Ihrer Arbeit?

Diese mathematische Beweisführung ging weiter, stimmte aber mit denen überein, die ich mit bescheidenen Mitteln an weniger komplizierten Systemen versucht hatte. Vor allem ging sie von Prinzipien aus, die denen ähnlich waren, die Jakobson in der Linguistik verwendete, weil man in beiden Fällen die Aufmerksamkeit von den Termini auf die zwischen den Termini herrschenden Beziehungen verschiebt. Das aber war genau das, was ich zur Lösung der Rätsel unternahm, die die Heiratsregeln den Ethnologen aufgeben.

***

Wir haben von Ihren Misserfolgen am Collège de France gesprochen. Welche akademischen Funktionen übten Sie nach Ihrer Rückkehr nach Frankreich im Jahr 1948 aus?

Einige Monate lang war ich Lehrbeauftragter am CNRS. Das war eine Warteposition. Dann wurde ich stellvertretender Museumsdirektor, stellvertretender Direktor des Musée de l'Homme.

Wer hat Ihnen Zugang zum Musée de l'Homme verschafft?

Dr. Rivet. Unmittelbar vor seiner Pensionierung stehend, hat er mich als stellvertretenden Direktor des Bereiches Ethnologie berufen. André Leroi-Gourhan, stellvertretender Direktor für den Bereich Prähistorie, lehrte in Lyon und war nicht immer da. Ein Jahr lang – und obwohl das Museum einen verantwortlichen Professor bestimmt hatte – habe ich mich, bis Rivet einen Nachfolger gefunden hatte, mit einem Großteil der Probleme auseinanderzusetzen gehabt.

In dieser Zeit haben Sie Leiris kennengelernt, der gleichfalls am Musée de l'Homme arbeitete.

Ich kannte sein Werk nicht und habe es mit Genuss gelesen. Monique, meine Frau (wir lebten bereits zusammen und haben 1954 geheiratet), kannte Leiris schon. Und sie wiederum habe ich bei Lacan getroffen.

Wie haben Sie Lacan kennengelernt?

Es war Koyré, der uns eines Abends miteinander bekanntgemacht hat. Aus dieser Zeit stammt auch meine Freundschaft mit Georges-Henri Rivière. Für ihn war in der Rue Saint-Lazare stets ein Gedeck vorhanden, und er kam, wenn seine Junggeselleneinsamkeit ihn bedrückte.

Haben Sie damals Ihre politischen Aktivitäten aufgegeben?

Ja, vollständig.

Haben Sie keinerlei Versuchung durch den Gaullismus erlebt?

Nein. Ich war noch viel zu sehr vom Sozialismus durchtränkt, als dass ich zum Gaullismus hätte übergehen können. Und gleichzeitig erschien mir jede politische Position widersprüchlich. Während der Jahre in Brasilien hatte ich Abstand gewonnen. Übrigens nicht nur aus eigenem Antrieb. In den Jahren vor der *agrégation* war ich, wie Sie sich erinnern werden, Mitarbeiter von Georges Monnet, dem sozialistischen Abgeordneten. Im Jahr 1936 – ich befand mich schon in Brasilien – wurde er Minister in der Volksfront-Regierung. Ich machte mich darauf gefasst, dass er sich meiner erinnern würde. Doch ganz offensichtlich hatten meine alten Kameraden, einmal weit oben, mich vergessen. Die Ereignisse, der neue Verlauf, den mein Leben nahm, haben den Rest besorgt …

»Ich war noch viel zu sehr vom Sozialismus durchtränkt, als dass ich zum Gaullismus hätte übergehen können.«

Aber Sie fuhren fort, sich für das politische Geschehen zu interessieren?

Sicher, und ich bin noch immer daran interessiert.

Nach Ihren Jahren am Musée de l'Homme haben Sie an der École des hautes études gelehrt.

Seit meiner Rückkehr habe ich am Institut d'Ethnologie gelehrt, das dem Musée de l'Homme angegliedert war. Später dann bin ich an die École des hautes études berufen worden, auf den Lehrstuhl von Maurice Leenhardt, der emeritiert wurde und keinerlei Interesse daran hatte, dass ich seine Nachfolge antrat. Er favorisierte einen seiner Schüler. Das war eine heikle Situation, denn an der École hat das Votum eines Professors, der emeritiert wird, im Allgemeinen großes Gewicht. Dennoch wurde ich berufen, vornehmlich dank der Unterstützung von Dumézil. Da man sich an der

École aber nicht selbst als Kandidat bewirbt – man wird eher berufen –, habe ich erst in den allerletzten Jahren von der Rolle erfahren, die er gespielt hatte.

Im Fachbereich Religionswissenschaften? Der Fünften Sektion?

Eben da.

Die Unterrichtsräume lagen in der Sorbonne.

Sie sind noch immer da, Aufgang E.

Wovon handelte Ihre Vorlesung?

Der Lehrstuhl trug den Titel »Religionen nicht zivilisierter Völker«, wie zu den Zeiten, als Mauss ihn innehatte. Ich habe diese Bezeichnung rasch ändern müssen. Der Grund dafür ist folgender. Eines Tages, als ich über die Bräuche einer afrikanischen Population sprach, erhob sich ein mir unbekannter farbiger Hörer und sagte: »Ich gehöre dieser Gesellschaft an und bin mit Ihrer Interpretation nicht einverstanden.« Zwei oder drei andere Zwischenfälle dieser Art haben mich bewogen, die Bezeichnung der Dozentur in »Religionen schriftloser Völker« umzuwandeln. Man konnte ja wirklich nicht sagen, dass Leute, die zu uns in die Sorbonne kamen, »nicht zivilisiert« waren; dass sie aber keine Schrift im eigentlichen Sinne besaßen, war richtig.

In *Eingelöste Versprechen*[14], einem Buch, in dem Sie Ihre Vorlesungen an der École des hautes études und am Collège de France zusammengefasst haben, findet sich eine Fußnote mit einer merkwürdigen Geschichte. Sie rufen eine Begegnung mit Talcott Parsons im Paris des Jahres

1953 in Erinnerung, der Ihnen nicht nur einen Posten in Harvard vorschlug, sondern auch einen schon vorbereiteten Vertrag unterbreitete.

Ich hatte Parsons in Harvard kennengelernt, wo ich während meiner Tätigkeit als Kulturattaché einen Vortrag gehalten hatte.

… und Sie waren miteinander in Kontakt geblieben.

Keineswegs. Ich war selbst überrascht, als mir dieser berühmte Soziologe ein Treffen vorschlug, umso mehr, als er nicht sagte, worum es ging. Tatsächlich war die erste Idee dazu von Clyde Kluckhohn ausgegangen, dem Harvard-Anthropologen, mit dem ich mich immer sehr gut verstanden hatte.

Die Fußnote in *Eingelöste Versprechen* ist einer amerikanischen Dame zugedacht, die in einem Buch voller Häme geschrieben hatte, dass ich nach Frankreich zurückgekehrt sei, weil ich in den Vereinigten Staaten keine Stellung hätte finden können. Aus amerikanischer Sicht ließ sich die Rückkehr nach Europa eben nicht anders erklären! Das gleiche Missverständnis geschah mir mit Robert Redfield. Wir waren uns sympathisch, ich habe sogar bei ihm zu Hause übernachtet. Ich erwähnte ihn ohne Namensnennung in einem Text mit dem Titel »New York – post- und präfigurativ«[15], in dem ich das pittoreske Siedlerhaus schildere, das ein amerikanischer Soziologe im Vorort von Chicago besaß. Er drängte mich, mich in den Vereinigten Staaten niederzulassen, und als er damit bei mir auf taube Ohren stieß, äußerte er sich Métraux gegenüber, ich sei *»a case of European tiredness«*. Tatsächlich hätte ich mich seit Langem in den Vereinigten Staaten niederlassen können. Gleich zu Anfang hatte mir Kurt Lewin einen krisenfesten

Posten angeboten; nach meinem Scheitern am Collège hatte mir Kroeber einen ähnlichen Vorschlag gemacht. Parsons bot mir außergewöhnliche Bedingungen an. Der Vertrag machte mich zum *full professor* mit *tenure*, das heißt, ich wäre Lehrstuhlinhaber mit unbefristeter Anstellungsdauer geworden. Ich hatte jedoch keine Lust, abermals das Leben eines Exilierten zu führen.

Diese Wahl, die ich mehrfach getroffen habe, nämlich nach Frankreich zurückzukehren oder dort zu bleiben, beeinträchtigt die Gefühle tiefer Dankbarkeit, die ich den Vereinigten Staaten gegenüber empfinde, nicht im Geringsten. Ihre Hilfe hat mir sehr wahrscheinlich das Leben gerettet, und ich habe dort mehrere Jahre lang ein intellektuelles Klima und Arbeitsmittel genossen, denen ich zum größten Teil verdanke, was ich bin. Nur wusste ich, dass ich mit jeder Faser meines Körpers der Alten Welt angehörte, unwiderruflich.

»Ich bin durch Zufall Amerikanist geworden.«

Dennoch darf man Sie beruflich zu Recht als Amerikanisten bezeichnen.

Ich bin es durch Zufall geworden. Die erste Auslandsstellung, die mir angeboten wurde, war in Brasilien. Damals hatte ich von Südamerika nur äußerst vage Vorstellungen. Tatsächlich wäre ich wohl überall hingegangen.

Fragen Sie mich lieber, warum ich Amerikanist geblieben bin. Zunächst, wie mir scheint, aufgrund des unauslöschlichen Eindrucks, den der Kontakt mit der Neuen Welt mir machte, wo alles in unvergleichlich größerem Maßstab auftritt, verglichen mit dem der Alten Welt. Hinzu kommt die Bestürzung, unter deren Nachwirkung ich noch immer stehe, wie man sie angesichts einer jungfräulichen und grandiosen Natur empfindet, während ich zuvor nichts anderes gesehen hatte als eine Natur in bescheidenen Proportionen, an der selbst die scheinbar »wildesten« Aspekte die geduldige, sich über Jahrhunderte und sogar Jahrtausende erstreckende Arbeit des Menschen verrieten …

Schließlich – und das ist wahrscheinlich der Hauptgrund – verlangt, wie mir scheint, die Erforschung keines anderen Kontinents mehr Einbildungskraft. Amerika wurde im Wesentlichen von aus Asien stammenden Völkern besiedelt, die die im Gebiet der heutigen Beringstraße liegenden, damals erhabenen Landstriche überquerten. Aber wann? Die genauesten Schätzungen weichen um fünfzig Jahrtausende voneinander ab. Und von diesen in verschiedenen Epochen wiederholten Überquerungen ist keinerlei Spur geblieben. Aufgrund der Höhenvariationen des Meeresspiegels haben sich die Routen wahrscheinlich entweder oben in den Ketten der Küstengebirge oder unter Wasser verloren. Und das ist nicht alles: Amerika bietet das verblüffende Schauspiel, dass hochentwickelte Kulturen eng benachbart sind mit Kulturen, die sich auf einem sehr niedrigen technischen und ökonomischen Stand befinden. Außerdem waren diese Hochkulturen immer nur von kurzer Dauer: Jede entstand, entwickelte sich und verschwand im Zeitraum weniger Jahrhunderte; und diejenigen, die beim Eintreffen der Spanier bereits untergegangen waren, waren wahrscheinlich noch viel differenzierter und verfeinerter als die, denen die Spanier bereits im Zuge ihres Niedergangs begegneten und die sie dennoch faszinierten.

In Wirklichkeit wissen wir trotz der Vielzahl von Studien

dazu noch immer nicht, verstehen wir noch immer nicht, was Amerika einmal war. So wie für die Entdecker des 15. und 16. Jahrhunderts bleibt dieser Kontinent ein anderer Planet. Beinahe jedes Jahr beschert uns eine Entdeckung, die alles, was man bisher für gesichert hielt, wieder infrage stellt. Die Amerikanistik ähnelt in ihrem Zustand ein wenig jenen Wissenschaften des 19. Jahrhunderts, die reich waren an Hoffnungen auf zum Greifen nahe Entdeckungen. Und das macht sie so anziehend.

Aber warum hat Talcott Parsons' Einladung Sie nach dem doppelten Misserfolg am Collège de France denn nicht bewogen, wieder abzureisen?

Eine Sache ist es, sich für die Neue Welt vor 1492 zu begeistern, eine andere, sich von seinen Wurzeln zu lösen, um in der Neuen Welt von heute zu leben. Die Einladung nach Harvard hätte mich umso mehr veranlassen können, die letztere Wahl zu treffen, als ich, bevor ich ablehnte, Gaston Berger, den damaligen Leiter des Hochschulwesens, um Rat gefragt habe. Er sagte mir: »Nehmen Sie ohne Zögern an.« Doch ich war glücklich mit meiner kleinen Bohème-Existenz, mir war es lieber, jeden Samstag auf den Flohmarkt gehen zu können, als in Cambridge, Massachusetts leben zu müssen.

Und was den Flohmarkt betrifft, so will ich mit einer Anekdote schließen. Pierre Mendès-France, den ich in den Vereinigten Staaten kennengelernt hatte, bat mich eines Tages, ihn hinzuführen. Er wiegte sich in der Hoffnung, dort alte Dokumente über seine Familie finden zu können, aus der Zeit, als sie noch auf den Antillen ansässig war. Unnötig zu sagen, dass wir mit leeren Händen heimkamen …

Kapitel 5
DIE MYSTERIEN DER ZAHL 8

Im Jahr 1955 haben Sie *Traurige Tropen* veröffentlicht. Was hat Sie gereizt, sich an die Niederschrift eines solchen Werkes zu machen?

Anfangs ein Vorschlag von Jean Malaurie, den ich nicht kannte und der die Buchreihe *Terre humaine* gründete. Auf die Idee, von meinen Reisen zu berichten, war ich nie gekommen.

Dennoch, in der Phase, die ich gerade durchlebte, und davon überzeugt, dass eine Universitätslaufbahn mir nicht offen stünde, verlockte mich das Projekt, einmal ohne Vorbedacht zu schreiben und alles mitzuteilen, was mir durch den Kopf ging.

Schließlich hatte ich mit der Zeit einen gewissen Abstand gewonnen. Es handelte sich nicht mehr darum, eine Art Expeditionstagebuch zu transkribieren. Ich musste meine früheren Abenteuer erneut überdenken; ich musste sie reflektieren und philosophisch erfassen, eine Bilanz ziehen.

***Traurige Tropen* ist ein Buch, das Sie, glaube ich, ziemlich schnell geschrieben haben.**

In vier Monaten. Ich empfand Gewissensbisse, weil ich nicht an meinem zweiten Band über die komplexen Strukturen der Verwandtschaft arbeitete, den ich noch schreiben zu können glaubte. Mir schien, dass ich meine Arbeit nur durch ein Zwischenspiel unterbrach, das so kurz wie möglich ausfallen sollte. Beinahe hätte ich mich an der Wissenschaft versündigt. Das merkt man dem Buch an, wenigstens in der ersten Auflage, die voller grober Fehler steckte. Ich machte mir nicht einmal die Mühe, die Orthographie der portugiesischen Wörter zu berichtigen: Ich schrieb sie hin, so wie ich sie im Ohr hatte. Die erste Auflage ist ein Monstrum.

Ein Monstrum, das doch eine recht freundliche Aufnahme gefunden hat. Es gab Artikel von Leiris, Maurice Blanchot ...

Und von Georges Bataille, von Raymond Aron. Ja, es wurde wohlwollend aufgenommen, verkaufte sich aber nur langsam. Wussten Sie, dass die Académie Goncourt – das Buch ist am Vorabend der Preisverkündung erschienen – ein Kommuniqué veröffentlicht hat, in dem sie bedauerte, *Traurige Tropen* nicht auszeichnen zu können, weil das Buch kein Roman war?

Ich habe Briefe bekommen, von denen einer mich besonders bewegt hat: Er stammte von Pierre Mac Orlan, einem Autor, den ich in meiner Jugend verehrt habe. Ich war mir bewusst, dass ich *Traurige Tropen* in Gedenken an Mac Orlan geschrieben hatte. Er hat mein Buch wahrscheinlich deshalb geliebt, weil er darin zweifellos Dinge fand, die von ihm stammten.

Eine sehr wohlwollende Aufnahme also in literarischen Zirkeln. Aber wie reagierten die Ethnologen?

Dort war die Aufnahme zurückhaltend. Von dem Tage an, da Rivet *Traurige Tropen* aufschlug, blieb mir seine Tür verschlossen. Er war von hitzigem Temperament und muss die erste Zeile: »Ich verabscheue Reisen und Forschungsreisende« gelesen, innegehalten und den Schluss gezogen haben, dass ich ein Verräter sei. Ich habe ihn erst in seinen letzten Lebenstagen wiedergesehen. Er war in der Klinik und rief mich an sein Krankenbett, um Frieden zu schließen.

Aber dieses Buch war gleichwohl ein ethnologisches?

Ganze Seiten aus *La Vie familiale et sociale des Indiens Nambikwara* sind wortwörtlich darin übernommen.

»Ich verabscheue Reisen
und Forschungsreisende.«

War es in Ihren Augen eine Art Synthese dessen, was Sie gemacht hatten?

Eine Synthese dessen, was ich zu diesem Zeitpunkt gemacht hatte, ja. Und auch alles dessen, woran ich glaubte und wovon ich träumte.

***

Wie war die intellektuelle Atmosphäre in Frankreich zwischen Ihrer Rückkehr im Jahr 1948 und dem Erscheinen von *Traurige Tropen*? Es triumphierte doch der Existenzialismus ...

Ja, aber von alledem war ich weit entfernt. Ich las die Bücher, doch ich kannte die Autoren kaum. Ich bin Sartre nur zwei oder drei Mal begegnet, und zwar durch Zufall, abgesehen von einem Essen bei Jean Pouillon.

Aber Merleau-Ponty doch schon.

Seine Wahl ans Collège de France folgte unmittelbar auf meine Niederlagen. Diese Koinzidenz hat uns einander nähergebracht. Wie Sie wissen, geht eine Wahl ans Collège in verschiedenen Schritten vor sich: Die Professoren votieren für die Schaffung eines Lehrstuhls, wählen dann den Titular aus und stellen aus formalen Gründen einen anderen, zweitrangigen Kandidaten auf. Daraufhin muss sich die für das Institut de France zuständige Académie äußern und billigt im Regelfall schlicht und einfach die vom Collège aufgestellte Berufungsordnung. Dann wird alles der Entscheidung des Ministers überlassen. Im Fall von Merleau-Ponty kehrte die Académie des Sciences morales die Reihenfolge des Collège um und setzte Gaston Berger an die erste Stelle. Merleau-Ponty wusste über diese Subtilitäten nicht Bescheid. Mir selbst hatte man sie erklärt, als ich Kandidat war, ich konnte ihm also behilflich sein, sich ein angemessenes Verhalten zurechtzulegen. Tatsächlich haben diese unerwarteten Ereignisse ihm genützt, denn das Ministerium hat sich, gemäß der Tradition im Fall des Konflikts zwischen Collège und Institut de France, zugunsten des Ersteren zu entscheiden beeilt, während eine Ernennung sonst lange auf sich warten lässt.

Sie sind sehr gute Freunde geworden.

Ja, wir sahen uns häufig mit unseren Frauen. Und wir besuchten auch häufig die Lacans, die Leiris' …

Sprach er mit Ihnen über seine Aktivitäten?

Von Philosophie war wenig die Rede, doch es war Merleau-Ponty, der die Idee ins Auge fasste, mich erneut als Kandidat für das Collège zu präsentieren, und zwar schon 1954.

Ich erinnere mich sehr gut daran, weil ich ihm geantwortete habe: »Ich bin gerade dabei, ein Buch zu schreiben [*Traurige Tropen*], und wenn Sie selbst und die Professoren am Collège es gelesen haben, werden Sie keinen Gedanken mehr an den Versuch verschwenden, mich wählen zu lassen.« Ich habe mich allzu sehr »aufgeknöpft«, wie Métraux zu sagen pflegte.

Dennoch hat er 1959 Ihre Kandidatur präsentiert.

Er hat sie nicht nur präsentiert, sondern drei Monate seines Lebens dafür geopfert, dessen Faden doch so bald reißen sollte. Er wusste gut, dass es Hindernisse zu überwinden gab. Das alte Faral-Lager zählte noch immer Anhänger. Merleau-Ponty hat sich sehr angestrengt. Er hat Besuche gemacht, Briefe geschrieben, sodass seinem eigenen Vorschlag kein anderer zur Schaffung eines Lehrstuhls entgegengehalten wurde.

Die Wahl ist ohne Schwierigkeiten vonstatten gegangen?

Es gab Gegenstimmen; manche deshalb, weil ich der einzige Kandidat war. Wähler haben es immer gern, wenn man ihnen eine gewisse Freiheit der Wahl lässt.

Hat der Eintritt ins Collège Ihre Arbeitsbedingungen sehr verändert?

Gewiss. Ich habe vergessen, Ihnen zu sagen, dass ich im Laufe der Phase, die von 1953 bis zu dieser Wahl reicht, eine Nebentätigkeit ausgeübt habe. Ich war Generalsekretär des

Conseil international des sciences sociales [Internationaler sozialwissenschaftlicher Rat], einer der Schirmherrschaft der UNESCO unterstellten Nichtregierungsorganisation. Das verschlang natürlich Zeit.

Was hatten Sie da zu tun?

Ich bemühte mich, den Eindruck zu vermitteln, dass ein Verband ohne Zielsetzung und Funktion dennoch eine Daseinsberechtigung hatte.

Ohne Zielsetzung, ohne Funktion, aber doch mit Geld?

Ja, einige Mittel, die durch einen Schein von Aktivität gerechtfertigt werden mussten.

Sie empfingen Professoren, Forscher …

Ich habe viele Leute empfangen. Vor allem mussten internationale Zusammenkünfte organisiert und Diskussionsthemen erfunden werden.

Ist das der Rahmen, in dem Sie 1952 Ihren Text mit dem Titel *Rasse und Geschichte*[16] vorgelegt haben?

Rasse und Geschichte ist eine kleine Arbeit, die von der UNESCO in Auftrag gegeben worden war, bevor ich in den Conseil international des sciences sociales aufgenommen wurde. Ich muss sie 1951 geschrieben haben, weil sie 1952 erschien, bevor ich meine Funktion im Conseil übernahm. Dieser Auftrag wurde mir durch die Vermittlung von Métraux, der damals bei der UNESCO war, erteilt.

Wie ist Ihre Antrittsvorlesung am Collège de France vor sich gegangen? Sie haben sie am 5. Januar 1960 gehalten.

Besser, als ich nach einer derart belasteten Vergangenheit erwarten durfte. Meine Vorlesung enthielt Passagen, die nur von den Eingeweihten entziffert werden konnten. So die seltsamen Erwägungen über die Zahl 8, denen ich mich gleich zu Anfang widmete. Merleau-Ponty hatte es nicht gern, daran erinnert zu werden, dass wir beide im selben Jahr geboren waren – 1908. Er fand, ich wirke älter als er, und das war richtig. An mir sah er sich selbst altern. Trotz der Großzügigkeit, die er mir gegenüber bewies, erwehrte er sich nur mit Mühe der Befürchtung, ein Kuckucksei ausgebrütet zu haben. Er hielt mich der ungereimtesten Einfälle für fähig.

Und indem ich über alle denkbaren Beziehungen meines Lehrstuhls zur Zahl 8 orakelte, ließ ich ihn in der Erwartung – und in der Furcht – schweben, ob ich nicht doch noch zu unserem gemeinsamen Geburtsjahr zurückfinden würde, weil ich ihm ja den Lehrstuhl zu verdanken hatte. Das war eine unschuldige Neckerei. Und da ich gegen Ende der Vorlesung bedauerte, dass der Lehrstuhl so spät eingerichtet worden war (unter dem Vorwand, man habe ihn eigentlich schon im 16. Jahrhundert einem der ersten Brasilienreisenden antragen können), erinnerte ich manche meiner neuen Kollegen daran, dass diese Vorlesung, der sie jetzt Beifall spendeten, bereits zehn Jahre zuvor hätte gehalten werden können.

War das wirklich der erste anthropologische Lehrstuhl am Collège de France?

Man kann nicht sagen: der erste, weil es früher ja schon Marcel Mauss gegeben hatte. Sein Fach hieß Soziologie, war in Wirklichkeit aber Anthropologie.

Wie wurde Ihre Antrittsvorlesung aufgenommen?

Merleau-Ponty passte scharf auf die Reaktionen derjenigen auf, die mir besonders feindlich gesonnen waren. Nachher sagte er mir, wir hätten das Spiel gewonnen.

Im Collège sind Sie Braudel wiederbegegnet.

Den ich seit Brasilien nicht mehr gesehen hatte.

Und Benveniste …

… der Mitglied des Prüfungsausschusses für meine *thèse* gewesen war. Und Dumézil, der mir Zugang zur École des hautes études verschafft hatte.

Die erste Zusammenkunft der Professoren, an der der gewählte Neuling teilnimmt, ist für ihn immer ein Problem. Man führt ihn ein, jeder erhebt sich von seinem Sitz, man heißt ihn willkommen, bittet ihn Platz zu nehmen, und er sucht mit angstgeweiteten Augen nach einem leeren Stuhl an jenem Tisch, an dem fünfzig Personen sitzen können. Merleau-Ponty hatte mich ins Bild gesetzt und mit einer Skizze des Saales ausgestattet, sodass ich mich ohne Zögern bis zu der Stelle vorwagte, an der er saß und bereits einen Stuhl für mich frei gehalten hatte. Ich fand mich zwischen ihm und Benveniste wieder.

Haben sich Ihre Beziehungen zu Braudel enger gestaltet als in Brasilien?

Er war von seiner Arbeit und anderen Verpflichtungen sehr in Anspruch genommen. Ich kann nicht sagen, dass wir uns über die Sitzungen im Collège hinaus häufig gesehen hätten, abgesehen davon, dass er den Vorsitz in der Sechsten Sektion der École des hautes études innehatte, der ich ebenfalls angehörte.

Verstanden Sie sich gut miteinander?

Braudel war gut, sensibel und großherzig. Bei entscheidenden Anlässen konnte man sich ganz auf ihn verlassen. Gleichzeitig dominierte er gern und ließ sich das Vergnügen nicht nehmen, seine Besucher freundlich zu necken. Sein Tonfall konnte einen manchmal aus der Fassung bringen. Wenn er wollte, konnte er aber auch bezaubernd sein. Er war dann unwiderstehlich.

Könnten Sie einen Punkt präzisieren: Braudel ist Präsident der Sechsten Sektion der École des hautes études gewesen. Und Sie waren in der Fünften. Wie haben Sie sich da treffen können?

Ich gehörte beiden Sektionen an. In der Tat nahm ich an der Sechsten teil, bevor ich in die andere überwechselte, mit einem unbestimmten Status, den ich nicht mehr genauer darlegen kann. Auf jeden Fall hatte mich Lucien Febvre gebeten, dort Seminare zu veranstalten, ab 1949, meine ich.

Als Sie in die Fünfte Sektion gewählt wurden, sind Sie da in der Sechsten geblieben?

Ja, denn die Verwaltungsvorschriften waren damals noch sehr locker. Der Präsident der Sechsten machte eigentlich, was er wollte. Das Ganze war eine aufgeklärte Monarchie.

Und Sie haben auch nach Ihrer Wahl ins Collège de France in beiden Sektionen weitergearbeitet?

Ich habe mehrere Jahre in der Fünften weiter unterrichtet, etwas länger sogar in der Sechsten, die dann zur École des hautes études en sciences sociales wurde, wo ich bis zur Emeritierung blieb, ohne jedoch zu unterrichten. Ich blieb dort als Direktor des Laboratoire d'anthropologie sociale, das gleichzeitig zum CNRS, zum Collège de France und zur École des hautes études gehört.

Sie haben dieses Laboratoire, das in der Folge eine beträchtliche Erweiterung erfahren hat, gleich beim Eintritt ins Collège gegründet?

Zu Beginn waren wir in einem Anbau des Musée Guimet in der Avenue d'Iéna untergebracht, in dem alten Herrenhaus von Émile Guimet. Mit drei oder vier Mitarbeitern verfügte ich über einen Raum, der früher das Badezimmer gewesen war: Aus den Fayence-verkleideten Wänden ragten noch Rohrstümpfe, und ich hatte unter den Füßen, was nach der Leerung der Badewanne übrigblieb. Man konnte sich in diesem vollgestopften Loch kaum drehen und wenden. Besucher empfing ich auf dem Treppenabsatz, den wir mit zwei alten, kaputten Gartenstühlen möbliert hatten.

Warum haben Sie sich in einem Anbau des Musée Guimet wiedergefunden?

Das Museum hatte dieses Stadthaus der Fünften Sektion zur Verfügung gestellt, um darin ein Centre d'études religieuses einrichten zu können, das noch heute existiert, und die Sektion wollte in zwei Räumen mein in der Entstehung begriffenes Laboratoire unterbringen. Den größeren der beiden hatten wir vollständig mit den *Human Relations Area Files* gefüllt, einem monströsen Dokumentarwerk, das in fünfundzwanzig Exemplaren von der Yale University auf Rechnung der Regierung der Vereinigten Staaten produziert worden war. Die UNESCO hatte ein Exemplar erworben und es Frankreich vermacht, unter der Bedingung, es allen europäischen Forschern zugänglich zu machen. Nach verschiedenen Zwistigkeiten wurde es uns überlassen.

Zu diesem Zeitpunkt beginnt für Sie eine zweite Tätigkeit: eine Gruppe von Mitarbeitern, ein Institut leiten …

Ich habe neben meiner wissenschaftlichen oder geistigen Arbeit im eigentlichen Sinne immer eine Verwaltungstätigkeit ausgeübt. Während meiner Studentenjahre war ich, wie Sie sich erinnern werden, Sekretär politischer Gruppen, später eines Abgeordneten, wiederum später Generalsekretär der École libre des hautes études in New York, daraufhin Kulturattaché der Botschaft. Schließlich nahm ich im Musée de l'Homme Verwaltungsfunktionen wahr, ebenso im Conseil international des sciences sociales.

»Ich habe meine persönliche Arbeit immer als Einzelgänger aufgefasst und ausgeübt.«

Wollten Sie dieses Institut gründen, weil die anthropologische Arbeit in Ihren Augen die Fähigkeiten eines Einzelnen übersteigt?

Nein, ich habe meine persönliche Arbeit immer als Einzelgänger aufgefasst und ausgeübt. Aber ich hatte die Chance, hier dank der Räume und der Gelder, die ich bekommen konnte, einigen jungen Forschern Arbeitsmittel zur Verfügung zu stellen. Was mich betrifft – und wenn man die Hilfe einer Sekretärin, den Kauf von Büchern, die Verfügbarkeit eines Fotokopierers ausnimmt –, so ist die Leitung des Instituts eher eine Last gewesen, die ich jedoch gern auf mich genommen habe.

Wer waren Ihre Mitarbeiter an diesem Institut?

Von Anfang an waren Isac Chiva und Jean Pouillon dabei. In deren Gefolge dann Lucien Sebag, Pierre Clastres, Robert Jaulin, Françoise und Michel Izard … Manche arbeiteten schon bei meiner Berufung ans Musée de l'Homme mit mir zusammen, so etwa Lucien Bernot, der dann Professor am Collège wurde.

Lucien Febvre hatte mich mit der Aufgabe betraut, mit von der UNESCO bereitgestellten Mitteln eine monographische Untersuchung über ein französisches Dorf zu machen – meines Wissens die erste aus ethnologischer Sicht. Ich wählte dafür Lucien Bernot. Daraus ging ein Buch mit dem Titel *Nouville, un village français* hervor, das in der Reihe *Travaux et Mémoires de l'Institut d'Ethnologie* erschien. Unter den gleichen Bedingungen führte Chiva eine ähnliche Untersuchung in Korsika durch. Das war für uns beide der Beginn einer langen Zusammenarbeit; sie währte bis zu meiner Emeritierung. Das Laboratoire und ich stehen in seiner Schuld.

Kurz nach der Gründung des Laboratoire haben Sie eine Zeitschrift ins Leben gerufen, *L'Homme*.

Es missfiel mir, dass es in Frankreich kein Äquivalent zum *American Anthropologist* in den Vereinigten Staaten oder zu *Man* in England gab. Deshalb habe ich dafür Sorge getragen, dass *L'Homme* (ein Titel, der anfangs von einer Modezeitschrift für Männer angefochten wurde, die das Urheberrecht und Titelschutz dafür beanspruchte; es musste ein Anwalt hinzugezogen werden) zum Organ der französischen Ethnologie und nicht einer besonderen Gruppe wurde. Wir wandten uns auf der Stelle an Kollegen ohne Bindung zum Laboratoire, die ins Redaktionskomitee eintreten sollten.

Sie haben insbesondere Benveniste und Pierre Gourou aufgefordert.

Es schien mir wesentlich, bestimmte originäre Züge der französischen Forschung zu dokumentieren, insbesondere die Verbindung zwischen Ethnologie und Humangeographie, wie sie sich in der Tradition von Vidal de la Blache ausdrückte. *Les Paysans du Delta tonkinois,* eine Arbeit, die Pierre Gourou berühmt machte, ist ebenso sehr das Buch eines Ethnologen wie das eines Geographen oder Historikers. Was Benveniste betraf, so war die Einladung, die wir an ihn richteten, eine Huldigung an die Linguistik, vornehmlich an die strukturale Linguistik, die er in Frankreich repräsentierte und von der, in meinem Denken, die strukturale Anthropologie nicht getrennt werden kann. Überdies hatte Benveniste viel über Verwandtschaftsprobleme im indoeuropäischen Bereich nachgedacht, und ich fühlte mich ihm nahe, obschon ich die Fakten nicht auf dieselbe Weise interpretierte. Mit Benveniste und Gourou bildeten wir indes eine Gruppe, die einen allzu starken Beigeschmack von »Club Collège de France« hatte. Wenn *L'Homme* die französische Ethnologie repräsentieren wollte, dann musste noch weiter ausgegriffen werden. Also haben wir uns an André Leroi-Gourhan, an Georges-Henri Rivière und an André-Georges Haudricourt gewandt.

Leroi-Gourhan war damals noch nicht am Collège de France.

Er ist 1969 eingetreten, als Nachfolger von Dumézil, der emeritiert wurde.

Warum haben Sie nicht einen Historiker hinzugezogen?

Die Sache war verwickelter. Im Jahr 1960 lagen Geschichtswissenschaft und Ethnologie, die sich inzwischen sehr nahe gekommen sind, noch, wenn ich so sagen darf, miteinander im Wettstreit um die Aufmerksamkeit des Publikums. Ich bin nicht sicher, ob die Historiker begeistert gewesen wären, sich mit einer Zeitschrift zu verbünden, deren Banner nicht das ihre war. Die Dinge haben sich gewandelt, seit es üblich geworden ist, von historischer Anthropologie zu sprechen.

Was André Haudricourt betrifft, so haben Sie wahrscheinlich sein kleines Erinnerungsbuch gelesen, das gerade erschienen ist. Er spricht da über Leroi-Gourhan und Sie und vergegenwärtigt Ihr »Entgegenkommen« ihnen beiden gegenüber. Er fügt hinzu: »Was Lévi-Strauss betrifft, so machte seine philosophische Kultur ihn mir weniger zugänglich. Er hat mir die Einwände nicht verziehen, die ich ihm zusammen mit Georges Granai in Bezug auf die Verbindungen zwischen den linguistischen und den anderen Strukturen gemacht habe …«[17]

Ich habe auf diese Einwände in der *Strukturalen Anthropologie* geantwortet, Haudricourt aber weiterhin stets hohe Wertschätzung entgegengebracht. Er ist ein subtiler und originärer Geist, der es verstanden hat, in seiner Forschung Linguistik, Technikgeschichte und Botanik miteinander zu verknüpfen. Ihm sind höchst eindringliche Einsichten zu verdanken.

Auch André Leroi-Gourhan spricht in einem Buch mit Gesprächen und Interviews von seinem Verhältnis zu Ihnen. Er sagt: »Lévi-Strauss und ich – wir sind ein bisschen wie Antipoden, aber Antipoden, die sich schließlich zusammengefunden haben. Noch vor zwanzig Jahren hatten wir das Gefühl, verschieden zu sein und miteinander unvereinbaren Welten anzugehören: Das hat Jahre angehalten. Allmählich habe ich besser begriffen, was er wollte, und er seinerseits ebenfalls. Und wir vertragen uns freundschaftlich, nachdem wir uns argwöhnisch belauert hatten. Ich verbringe meine Zeit wahrscheinlich in einer Vergangenheit, an deren Stelle das Studium der gegenwärtigen Primitiven hätte treten können, wenn es sie noch gäbe. Es ist nicht ausgeschlossen, dass ich den Weg in der Zeit durchmessen habe, den Claude Lévi-Strauss im Raum eingeschlagen hat. In meinem Falle handelt es sich wahrscheinlich nicht um eine Zuflucht, weil es bei mir seit dem Alter von zwölf Jahren schon immer so gewesen ist.«[18] Sind Sie damit einverstanden?

Im Großen und Ganzen ja. Vor einigen Monaten haben seine Schüler ihm zu Ehren ein Kolloquium organisiert und mich gebeten, bei diesem Anlass einige Worte zu sagen. Ich habe die Paradoxie betont, dass Leroi-Gourhan und ich über die Jahre hinweg eher miteinander verkehrten, als dass wir uns wirklich kannten, während doch zahllose Gemeinsamkeiten zwischen unseren Wahrnehmungs- und Denkweisen bestanden. Ich habe einige unserer Texte direkt miteinander verglichen, es war verblüffend. Unsere Forschung hat, beim einen wie beim anderen, stets darin bestanden, Invarianten herauszuarbeiten.

Sie haben also das Gefühl, dass er in der Zeit gemacht hat, was Sie im Raum gemacht haben?

Er hat es für sehr entlegene Zeiten auch im Raum getan. Und sogar in der Perspektive, die Sie da skizzieren, mache ich Analogien ausfindig. Die Idee nämlich, die er im Laufe seines ganzen Werkes entfaltet hat, dass die Entwicklung der Werkzeuge, der technischen Gerätschaften im Allgemeinen einen unpersönlichen Charakter zeigt – dass sie verschiedene Gesellschaftsformen durchlaufen hat, wie ohne von ihnen Kenntnis zu nehmen –, hat große Ähnlichkeit mit dem, was ich meinerseits von den Mythen sagte. Unglücklicherweise gab es in der französischen Anthropologie ein von unseren Vorgängern ererbtes Klima: ein Klima wechselseitigen Argwohns. Jeder hütete eifersüchtig, was er als seine angestammte Domäne betrachtete. Lange Zeit hat Leroi-Gourhan mir misstraut …

»Für mich war der Beruf des Ethnologen wahrscheinlich eine Zuflucht vor einer Zivilisation, vor einem Jahrhundert, in dem man sich unbehaglich fühlt.«

Er war Prähistoriker, ein Großteil seiner Arbeit aber gilt der Ethnologie.

Er ist immer der Meinung gewesen, dass die beiden Bereiche sich nicht trennen ließen. Aber wenn ein freieres Klima zwischen Leroi-Gourhan, Louis Dumont, mir selbst und einigen anderen geherrscht hätte, die auf verschiedenen

Terrains Projekte verfolgten, die einander sehr nahestanden, hätte die französische Ethnologie an Bedeutung und Einfluss viel gewinnen können – obwohl wir in dieser Hinsicht wenig Grund zur Klage haben. Sollen unsere Nachfolger ihre Lektion lernen.

Was halten Sie von jenem Satz, in dem er anzudeuten scheint, dass die Ethnologie für Sie eine Zuflucht war?

Für mehrere Ethnologen und nicht nur für mich war der Beruf des Ethnologen wahrscheinlich eine Zuflucht vor einer Zivilisation, vor einem Jahrhundert, in dem man sich unbehaglich fühlt. Das gilt allerdings nicht für alle. Margaret Mead beispielsweise fühlte sich solidarisch mit ihrer Gesellschaft und mit ihrer Zeit. Sie wollte ihren Zeitgenossen dienen. Wenn ich aus politischen Gründen manchmal eine ähnliche Auffassung vertreten habe, dann war das ein bloßes Lippenbekenntnis.

Die Ethnologie kann also, Ihnen zufolge, keinen Dienst leisten?

Ich sage nicht, dass sie keinen Dienst leisten kann. Aber gerade das ist es nicht, was ich von ihr verlange und worin sie mich befriedigt.

Diese Zeitschrift, *L'Homme,* die Sie 1961 gegründet haben, beschäftigen Sie sich noch mit ihr?

Ich mische mich nicht mehr ein. Vergessen Sie nicht, dass bereits ein oder zwei Generationen nach der meinen die Wachablösung vollzogen haben. Wenn *L'Homme* das Organ der französischen Ethnologie bleiben soll, dann müssen Jüngere die Verantwortung dafür übernehmen. Ich habe sie aus den Händen gegeben; von Zeit zu Zeit publiziere ich jedoch noch Artikel und Rezensionen darin. Mit Talent und Hingabe sichert Jean Pouillon die Kontinuität.

Kapitel 6
DER STRUKTURALISMUS IN PARIS

Im Jahr 1958, ein Jahr vor Ihrer Wahl ans Collège de France, haben Sie *Strukturale Anthropologie*[19] veröffentlicht, einen Sammelband mit Ihren seit 1945 erschienenen Aufsätzen.

Ich hatte das seit Langem erwogen, und bevor ich *Traurige Tropen* schrieb, habe ich das Buch oder eher das Buchprojekt Gallimard angetragen. Brice Parain, der mich empfing, hat es abgelehnt. Er sagt mir: »Ihr Denken ist noch nicht reif.« Nach *Traurige Tropen* hat Gaston Gallimard mit Engelszungen auf mich eingeredet, um mich als Autor wiederzugewinnen. Aber Plon hatte mich unter Vertrag genommen, und ich bin da geblieben.

Wissen Sie, dass Brice Parain einige Jahre später auch Michel Foucaults *Wahnsinn und Gesellschaft* ablehnen sollte?

Das wusste ich nicht. Wie tröstlich.

Der Titel Ihres Buches flatterte wie ein Banner. War das ein Manifest Ihrer Methode?

Mir schien, dass der Titel sich von selbst verstand. Ich hatte mich in dem Strukturalismus wiedererkannt, den die Linguisten praktizierten. Vergessen Sie freilich nicht, dass der

Strukturalismus damals noch nicht das war, was die Mode daraus gemacht hat. Ich wollte damit einfach sagen, dass ich mich in derselben intellektuellen Provinz ansiedelte wie Saussure, Nikolai Trubetzkoy, Jakobson und Benveniste; jedenfalls war das mein Ehrgeiz.

Es ist jedenfalls ein Titel, der Erfolg gehabt hat.

Im Guten wie im Schlechten!

Bedauern Sie es, diesen Titel gewählt zu haben?

Ganz und gar nicht. Der Zulauf jedoch, den der Strukturalismus erlebt hat, schloss eine Vielzahl unangenehmer Folgeerscheinungen ein. Der Begriff ist verflacht worden, man hat ihn in illegitimen, manchmal sogar grotesken Versionen verwendet. Ich kann nichts dafür.

Wie haben Sie die Aufsätze ausgewählt, die in diesem Sammelband auftauchen? Sie haben viele beiseitegelassen, namentlich einen, der 1951 in *Les Temps Modernes* erschienen war, unter dem Titel »Der gemarterte Weihnachtsmann«.

Ich habe Aufsätze versammelt, die auf demselben Reflexionsniveau standen, zwischen denen eine gewisse Homogenität herrschte. Der, den Sie gerade erwähnt haben, schien mir ein wenig leichtgewichtig, eher journalistisch, er hätte einen Bruch mit dem Tonfall des Werkes mit sich gebracht. Dennoch verleugne ich ihn nicht.

Sie sagen häufig, dass Sie nicht gern polemisieren; aber es gibt in der *Strukturalen Anthropologie* einen Text[20], der von Anfang bis Ende polemisch ist.

Ich war damals viel jünger und eher dazu aufgelegt, zurückzuschlagen. Die Einwände und Angriffe empfand ich sehr lebhaft. Mit zunehmendem Alter stumpft diese Leidenschaft ab. Andererseits sind mir so viele Bücher und Artikel gewidmet worden – häufig unfreundlich –, dass die polemische Entgegnung, wenn ich der Versuchung dazu nachgäbe, wohl meine ganze Zeit in Anspruch nähme. Ich könnte nichts anderes mehr tun.

Lesen Sie die Kritiken, die man gegen Sie vorträgt?

Durch Zufall, denn die Autoren, die in polemischer Absicht über mein Thema schreiben – besonders die Engländer und Amerikaner –, sehen im Allgemeinen davon ab, mir ihre Bücher zu schicken. Von deren Existenz erfahre ich meist durch die Fachzeitschriften, die sie erwähnen oder zwei oder drei Jahre später Rezensionen darüber bringen. Sie zu lesen und zu diskutieren hieße, alten Kohl aufzuwärmen.

Welches Gefühl haben Sie, wenn Sie einen Artikel über sich lesen?

Wenn er feindselig ist, irritiert mich das, weil ich mir sage, dass faktische Fehler berichtigt, Missverständnisse ausgeräumt werden müssten. Dennoch bin ich dem Autor weniger wegen seiner Äußerungen böse als wegen der Versuchung, in die er mich führt, meine Arbeit zu unterbrechen, um ihm zu entgegnen. Und nach einem Augenblick der Erregung beruhige ich mich dann, weil ich weiß, dass ich ihn doch nicht überzeugen kann. Angesichts manifester Unwahrheiten oder deutlichem bösen Willen fühle ich mich manchmal noch verpflichtet, Einhalt zu gebieten. Aber wozu dient das schon? Führt es zu etwas? Ich glaube es immer weniger.

Ist dieser in der *Strukturalen Anthropologie* auftauchende Text gegen Georges Gurvitch, Maxime Rodinson und Jean-François Revel eigens für die Veröffentlichung des Bandes geschrieben worden?

Ich hatte Gurvitch an der École libre des hautes études in New York kennengelernt, der auch er angehörte. Anfangs verstanden wir uns gut. Er hatte mir das Kapitel über die französische Soziologie in einem Sammelband mit dem Titel *La Sociologie au XXe siècle*[21] anvertraut.

Und in diesem Kapitel äußerten Sie sich über ihn?

Freilich. Ich unternahm große Anstrengungen, ihn zu verstehen, und er sagte mir, es sei noch nie etwas Besseres über ihn geschrieben worden.

Er beherrschte die Soziologie der Zeit?

Weniger, als er annahm.

Aber er hatte viel Macht.

Er wurde Professor an der Sorbonne. Und er besaß ein ängstliches Temperament, eine krankhafte Empfindlichkeit, die Ursache bisweilen heftiger und allgemein gefürchteter Reaktionen war. Er konnte hartnäckig hassen. Umso mehr, als er überzeugt war, er habe das soziologische Denken von Grund auf erneuert. Der Beitrag von Gurvitch ist nicht belanglos, doch seine Einbildungskraft vergrößerte ihn beträchtlich.

Und er hat diesen Aufsatz[22] gegen Sie geschrieben, auf den Sie in Kapitel 16 der *Strukturalen Anthropologie* antworten.

Der Angriff war gänzlich unvorhersehbar. Für mich deutete alles darauf hin, dass wir verständnisvolle, ja sogar freundschaftliche Beziehungen zueinander hatten. Doch ich hätte ein Warnzeichen besser beachten sollen: Als er mich bat, eine Einführung zu den ausgewählten Werken von Marcel Mauss zu schreiben, die in einer von ihm herausgegebenen Reihe erscheinen sollten, war er plötzlich auf Abstand bedacht. Mein Text hatte ihm sichtlich nicht gefallen. Nach der Lektüre hat er auf den Druckfahnen ein kurzes Postskriptum hinzugefügt, aus dem seine Missbilligung hervorging. Von da an nahmen die Dinge ihren Lauf.[23]

Wie hat er auf Ihre Replik von 1958 reagiert?

Wir haben uns nicht mehr wiedergesehen.

Im selben Text antworten Sie auf ein Buch von Jean-François Revel, *Pourquoi des philosophes?*[24] Der Umstand, dass er Ihnen schon 1957 ein ganzes Kapitel gewidmet hat, zeigt doch, dass Ihre Bekanntheit groß war und weitere Kreise zu erreichen begann als die der Spezialistenzirkel.

Das ist eher nach der *Strukturalen Anthropologie* der Fall gewesen. Nicht dass das Buch das Publikum erreicht hätte, aber es ist von den Philosophen, den Soziologen, den Historikern bemerkt und kommentiert worden …

***

***Das Ende des Totemismus*[25] und *Das wilde Denken*[26], die beiden folgenden Bücher, markieren im Jahr 1962 einen neuen Ausgangspunkt Ihrer Forschung.**

Diesen Ausgangspunkt muss man, glaube ich, früher ansetzen, als ich nämlich in die Fünfte Sektion der École des hautes études gewählt wurde. Diese Sektion ist den Religionswissenschaften vorbehalten. Bis dahin hatte ich mich vor allem mit Heiratsregeln und Verwandtschaftssystemen beschäftigt. Von einem Tag zum anderen musste ich meinen Gegenstand wechseln. In diesem Sinne haben Sie recht. Die beiden Bücher von 1962 sind für mich deshalb wichtig, weil ich darin die zweite, bei Weitem längste Etappe meiner Laufbahn eröffne, die der Untersuchung religiöser Vorstellungen gewidmet ist. In gewisser Weise ein Vorspiel zu den *Mythologica.*

»Ich musste die Ethnologie von einer ganzen Reihe von Illusionen entrümpeln.«

In beiden Fällen handelt es sich um negative Texte, um – wenn ich so sagen darf – eine Säuberungsarbeit.

Negativ ist nicht das richtige Wort. Ich nenne sie lieber kritisch im kantischen Sinne. Ich musste die Ethnologie von einer ganzen Reihe von Illusionen entrümpeln, die das Studium religiöser Fakten in den schriftlosen Gesellschaften verdunkelten. Überdies musste ich versuchen, die Problematik zu bestimmen, die in den kommenden Jahren zu meiner eigenen werden sollte.

Mit *Das wilde Denken* kommt der »Strukturalismus« in Mode.

Das ist für mich ein sekundäres Phänomen, dessen Reichweite ich übrigens nie ermessen habe. Hätte ich mich bemüht, diese Mode auszubeuten, so wäre mir wahrscheinlich ein bedeutsamerer Rang im zeitgenössischen Denken eingeräumt worden; freilich um den Preis von Verbindlichkeiten, für die ich nicht geschaffen bin.

Aber Sie haben das Spiel mitgespielt! Sie haben viele Interviews gegeben. Sie haben keine Ihnen angebotene Gelegenheit ausgeschlagen, sich auszudrücken.

Das mag für die ersten Jahre richtig sein. Doch bald habe ich mich in meine Muschel zurückgezogen.

In den sechziger und siebziger Jahren war von »dem« Strukturalismus als einem globalen Phänomen die Rede, und man deklinierte ständig eine Liste von Namen: Lévi-Strauss, Foucault, Lacan, Roland Barthes …

Das ärgert mich immer wieder, denn diese Vermischung entbehrt jeder Grundlage. Ich sehe nicht, welche Gemeinsamkeiten zwischen den von Ihnen zitierten Namen bestehen. Oder ich sehe sie doch: Das sind Vorwände. Ich fühle mich einer anderen intellektuellen Familie zugehörig: derjenigen, die sich in Benveniste oder in Dumézil verkörpert hat. Auch Jean-Pierre Vernant und denen, die mit ihm zusammenarbeiten, fühle ich mich nahe. Foucault hat völlig recht gehabt, diese Gleichsetzung abzulehnen.

Wie waren Ihre Beziehungen zu Foucault?

Man sah sich von Weitem bei den Zusammenkünften des Collège de France, und François Jacob hat uns einmal zusammen zum Essen gebeten. Das ist alles. Wohlgemerkt, ich habe seine Bücher gelesen, die er mir freundlicherweise zugeschickt hat.

Sein Werk berührt mich durch seine schriftstellerischen Qualitäten – ich erinnere mich seiner Antrittsvorlesung am Collège de France, die literarisch wunderschön und leidenschaftlich war. Dagegen empfinde ich ein gewisses Widerstreben angesichts seiner ständigen vorgefassten Neigung, in allen Tonlagen zu wiederholen: Achtung, die Dinge sind nicht so, wie ihr glaubt, im Gegenteil. Kurz, zu behaupten, das, was schwarz ist, sei weiß, und das, was weiß ist, schwarz. Das belehrt mich über die Ansichten des Autors, macht mich jedoch im Übrigen nicht schlauer – ein fotografisches Negativ und Positiv enthalten jeweils die gleiche Informationsmenge.

Ich kann mich auch nur schwer des Eindrucks erwehren – ich will nicht erst versuchen, das zu belegen, weil ich es gar nicht nachgeprüft habe –, dass Foucault sich manche Freiheiten mit der Chronologie herausnimmt. So als ob er das, was er beweisen wollte, bereits im Voraus wusste und dann nach etwas suchte, worauf er seine These stützen konnte. Aus der Sicht eines Geisteswissenschaftlers stört mich das. Vielleicht täusche ich mich. Aber das ist ein Punkt, zu dem sich einzig professionelle Historiker äußern können.

Das vorausgesetzt, hat er eine positive Rolle gespielt, indem er einer ganzen Generation wieder Vertrauen in die Philosophie einflößte. Er hat seine Schüler davon überzeugt, dass eine am Existenzialismus krankende Philosophie wieder festen Boden unter den Füßen zu gewinnen vermochte, unter der Bedingung, dass sie sich eines methodischen Studiums konkreter Gegenstände befleißigte.

Sie fanden hier also etwas wieder, das Sie selbst zu unternehmen beabsichtigten?

Sicherlich nicht. Ich habe nie den Ehrgeiz gehabt, Grundlagen für das philosophische Denken zu schaffen. Es ist richtig, dass in meiner persönlichen Geschichte die Gründe, die mich von der Philosophie weg hin zur Ethnologie führten, gerade darin lagen, dass man, wenn man den Menschen verstehen wollte, vermeiden musste, sich in der Introspektion zu verschließen, sich damit zu begnügen, eine einzige Gesellschaft – die unsrige – zu erfassen, oder ein paar Jahrhunderte der Geschichte der westlichen Welt zu überfliegen. Mir schwebte vor, dass man sich die verschiedenartigsten und von den unseren weit entfernten kulturellen Formen vor Augen führen sollte. Das war nun allerdings ganz und gar nicht das Verfahren von Foucault, der sich ausschließlich für unsere Kultur interessierte, selbst wo er ihre Vergangenheit beschwor.

Und welche Beziehungen haben Sie zu Barthes gehabt? Vor einigen Jahren ist ein kleiner Text von Ihnen erneut veröffentlicht worden, den Sie ihm aus Anlass seines Buches *S/Z* geschickt hatten.

Ein Text, den ich als eine Art Witz geschrieben habe. *S/Z* hatte mir missfallen. Die Kommentare von Barthes ähnelten mir allzu sehr denen von Professor Libellule in *A la manière de …* Jean Racine, von Charles Müller und Paul Reboux[27]. Also habe ich ihm diese paar Seiten im Stil von »ich habe hinzugefügt« geschickt, mit einer Prise Ironie und, um mit heiler Haut davonzukommen, anstelle der Komplimente, die zu machen ich mich nicht in der Lage fühlte. Er hat das ernst genommen. Man hat mich gebeten, diesen Text wieder abdrucken zu dürfen. Warum nicht? Ich habe zugestimmt.[28]

Haben Sie andere Bücher von Barthes gelesen?

Natürlich. Aber ich habe mich ihm nie nahe gefühlt, und seine spätere Entwicklung hat mich in diesem Gefühl bestätigt. Der späte Barthes hat das Gegenteil von dem unternommen, was der frühere gemacht hat, und zwar etwas, davon bin ich überzeugt, das ihm durchaus wesensfremd war.

Lacan dagegen haben Sie sehr gut gekannt.

Wir waren einige Jahre lang eng befreundet. Mit den Merleau-Pontys fuhren wir zum Essen nach Guitrancourt, wo er ein Haus hatte. Als meine Frau und ich ein Landhaus kaufen wollten, hatte sich Lacan gerade eine Citroën DS zugelegt, die er einfahren wollte. Wir brachen zu viert zu Expeditionen auf, das war sehr lustig. Man musste Lacan erleben, wie er in einem schäbigen Kleinstadthotel abstieg und majestätisch den Befehl gab, man möge ihm auf der Stelle ein Bad einlaufen lassen.

Wir sprachen selten über Psychoanalyse oder Philosophie, häufig über Kunst und Literatur. Er war umfassend gebildet, er kaufte Gemälde und Kunstwerke; das nahm beträchtlichen Raum in unseren Unterhaltungen ein.

Als Sie Ihre Vorlesungen in der Fünften Sektion der École des hautes études aufnahmen, begann er seinerseits mit seinem berühmten »Seminar«. Ist es Ihnen gelungen, daran teilzunehmen?

Erst später und nur einmal, beim ersten Seminar, das in der Rue d'Ulm stattfand. Als man ihn der École normale supérieure verwies, bin ich, obwohl überzeugt, dass er selbst die alleinige Schuld trug, bei Braudel vorstellig geworden, damit die École des hautes études sich seiner annahm.

Was halten Sie von seinen Schriften?

Man müsste sie verstehen. Und ich habe immer den Eindruck gehabt, dass für seine glühenden Anhänger »verstehen« etwas anderes bedeutete als für mich. Ich hätte seine Arbeiten fünf oder sechs Mal lesen müssen. Merleau-Ponty und ich sprachen bisweilen darüber, wobei wir es bei dem Schluss bewenden ließen, dass uns dafür die Zeit fehlte.

Dennoch haben Sie ihn zitiert …

Ein einziges Mal, glaube ich, vor allem aus Freundschaft.

»Was halten Sie von Lacans Schriften? – Man müsste sie verstehen.«

Trotz dieser Ihrer Freundschaft sind Sie verärgert gewesen, dass man seinen Namen und den Ihren in der Konstellation »Strukturalismus« verknüpfte.

Ich gebe es zu; aber er war zu dieser Zeit eine Art Guru geworden, und unsere Beziehungen hatten sich sehr gelockert.

Élisabeth Roudinesco behauptet in ihrer *Histoire de la psychanalyse*[29], dass Lacan über seine mangelnde Eingliederung in den Universitätsbetrieb sehr unglücklich gewesen sei, insbesondere darüber, kein Mitglied des Collège de France zu sein.

Wir haben dieses Thema nie erörtert, aber das ist möglich.

Haben Sie nie vorgehabt, ihn dem Collège de France als Kandidaten zu präsentieren?

Ich bin nicht einmal auf die Idee gekommen. Und er hat, wie ich gerade sagte, mir gegenüber nicht die mindeste Anspielung gemacht, auch nicht, in meinem Beisein, gegenüber Merleau-Ponty.

Kapitel 7
AM COLLÈGE DE FRANCE

Das Collège de France ist eine überaus prestigeträchtige Institution, der Gipfel einer Universitätslaufbahn. Dennoch haben Sie mir eines Tages gesagt, dass Sie Ihre gesamte Karriere außerhalb der traditionellen Universität gemacht haben.

Es ist eine prestigeträchtige Institution, allerdings steht es seit seiner Gründung durch François I. außerhalb der Universität. Zuvor hatte ich in Brasilien, in den Vereinigten Staaten gelehrt; dann in Frankreich an der École des hautes études. Niemals an der Universität.

Welche Vorteile haben Sie in der Arbeit außerhalb der traditionellen Universität gefunden?

Eine größere Freiheit und in gewisser Hinsicht auch ein Zugeständnis an einen undisziplinierten Geist. Die genau umschriebenen und regelmäßigen Verpflichtungen schrecken mich ab: ein Programm einhalten, Examina abnehmen und benoten, an Prüfungsausschüssen für Doktorarbeiten teilnehmen (was ich gelegentlich nicht vermeiden kann). Ein Professor am Collège de France ist keiner anderen Verpflichtung unterworfen als der, jedes Jahr ein neues Thema zu behandeln. Und das war mir völlig recht.

Das war eine ergiebige Freiheit, denn Ihre Vorlesungen

haben sich häufig in Bücher verwandelt[30], wie Sie das im Vorwort von *Eingelöste Versprechen* in Erinnerung rufen.

Schon bei meinem Eintritt ins Collège haben sich Unterricht und Bücher miteinander verknüpft. In modifizierter Form, versteht sich, aber die Vorlesungen am Collège haben mir als Prüfstand gedient.

Sie haben dort von 1960 bis 1982 gelehrt. Welche Ereignisse haben diese lange Zeit interpunktiert?

Das herausragende Ereignis ist zweifellos die Eingliederung des Laboratoire d'anthropologie sociale in die Räumlichkeiten des Collège gewesen.

Ich erinnere mich, bei meinen ersten Besuchen als Kandidat im Jahr 1959 vom Inhaber des Lehrstuhls für Geologie empfangen worden zu sein. Sein Institut nahm im obersten Stockwerk einen Flügel des Gebäudes ein, der gegen Ende des 18. Jahrhunderts von Jean-François Chalgrin erbaut worden war. Vom Büro des Professors und den Speichern abgesehen, bestand es im Wesentlichen aus zwei majestätischen Räumen, in denen einige wenige Personen an großen Eichentischen arbeiteten. An den Wänden entlang, deren Ecken mit Pilastern geschmückt waren, sah man Mahagonimöbel in Brusthöhe, die, in schmucklosem Stil gehalten, wegen ihrer Formgebung und ihren Proportionen bewundernswert waren. In der Restaurationszeit mochten sie das *non plus ultra* dessen dargestellt haben, was man heute Büromobiliar nennt. Ich erfuhr, dass sie die mineralogischen Sammlungen von König Ludwig XVIII. bargen.

Der Lehrstuhlinhaber war offenbar Monarchist. Wahrscheinlich hatte es ihm aus diesem Grunde gefallen, dass sein Institut einen Hauch früherer Zeiten bewahrte. Eine

Büste von Heinrich IV. in natürlicher Größe, aus schwarzem Marmor, stand ihm im Hintergrund eines weitläufigen Büros gegenüber. Die Fenster führten auf das Blattwerk hundertjähriger Bäume hinaus.

Mir krampfte sich das Herz zusammen. Nirgendwo sonst, dachte ich, hätte ich meine Tage lieber verbracht als an diesem geräumigen, stillen und abgeschiedenen Ort, der so unangetastet geblieben war, dass man sich ihn als Stätte gemeinschaftlicher Arbeit mitten im 19. Jahrhundert vorstellen konnte. Für mich war es eben das, das Collège de France, an das ich berufen zu werden bestrebt war: das Haus von Claude Bernard, Ernest Renan …

Das Schicksal wollte es, dass wenig später der Lehrstuhl für Geologie des Mittelmeerraumes frei werden sollte. Die Vollversammlung der Professoren kam zu dem Entschluss, ihn durch einen Astronomielehrstuhl zu ersetzen. Aber obwohl im obersten Stockwerk und unter dem Dach gelegen, war das geologische Institut dem Himmel doch nicht nahe genug, um jenen Astronomen eine angemessene Unterkunft zu bieten. Marcel Bataillon, damals Geschäftsführer des Collège, kam auf den Gedanken, uns dort unterzubringen, und die Professorenversammlung gab ihre Zustimmung. Das Wunder, auf das ich nie zu hoffen gewagt hätte, als ich zum ersten Mal zu diesem Traumort vordrang, wurde also Wirklichkeit.

Als wir die avenue d'Iéna und das Herrenhaus von Émile Guimet verließen, wo wir provisorisch untergebracht gewesen waren, und von den Räumen Besitz ergreifen wollten, wurden die kostbaren Mahagonimöbel und die mineralogischen Sammlungen nach Meudon in das dem Collège von Marcelin Berthelot vermachte Landgut ausgelagert. Man brachte unsere Bibliothek in einem der beiden Säle unter, in dem anderen das Centre documentaire d'Ethnologie comparée (so der Name, den wir den Millionen von aus Yale stammenden Karteikarten der *Files* gegeben haben). Leider musste man die Räume ein wenig aufteilen, vor allem in der Mansardenetage, um einzelne Arbeitszellen zu schaffen. Im Gemeinschaftsraum wäre die Arbeit durch den Lärm der Schreibmaschinen und der Unterhaltungen unmöglich gemacht worden. Wenigstens wollte ich das Büro des Professors mit seinen alten Bücherschränken und seinen eichenfurnierten Holzvertäfelungen unversehrt erhalten: Handwerkskunst, die den Kostenvoranschlag ein wenig erschwerte. Die Renovierung des Ganzen war übrigens nicht überflüssig: Seit achtzig Jahren war nicht mehr gestrichen worden.

Das Laboratoire d'anthropologie sociale ist während der gesamten Zeit Ihrer Lehrtätigkeit am »alten« Collège geblieben.

Ja. Aber wir stießen sehr rasch auf Schwierigkeiten. Technisches und wissenschaftliches Personal zusammengenommen, waren wir mehr als dreißig Mitarbeiter. Weil die verfügbaren Büros nicht ausreichten, musste die Hälfte der mit dem Institut verbundenen Forscher zu Hause arbeiten oder die Abreise eines derjenigen, die besser dran waren und einen Forschungsauftrag ausführten, abwarten, um einige Monate lang seinen Schreibtisch benutzen zu können. Der Bestand der Bibliothek wuchs; man wusste nicht mehr wohin mit den Büchern. Als Abonnenten bekamen wir weiterhin kiloweise Karteikarten aus Yale. Sie in die übereinandergestellten Zettelkästen einzuordnen, die sich bereits mannshoch auftürmten, hätte die Widerstandsfähigkeit der Fußbodenbretter bedroht. Die ungeöffneten Pakete häuften sich in allen Ecken. Nun ist aber die Kartei der *Files*, über die manche ein wenig dümmlich hergezogen sind, vor allem eine Bibliothek: Tausende von Büchern und Artikeln waren da Seite für Seite und sogar Zeile für Zeile indexiert und tauchten *in extenso* fotokopiert auf. Der Zugang zu diesem bibliographischen Schatz, den wir allen zur Verfügung stellen sollten, wurde zunehmend eingeschränkt.

Damals ereignete sich ein weiteres Wunder. Im Jahr 1977 wies der Staatspräsident dem Collège einen Teil der ehemaligen Gebäude der École polytechnique auf dem Montagne Sainte-Geneviève zu. Das Collège entschloss sich, dort einige humanwissenschaftliche Institute zusammenzufassen, darunter auch das unsere. Zum Ausgleich erhielten wir eine doppelt so große Fläche. Es bedurfte einer siebenjährigen Anstrengung, um die finanziellen Mittel zu beschaffen und die Arbeiten ausführen zu lassen, aber bevor ich 1982 meinen Abschied nahm, konnte ich noch über die Einrichtung von Räumlichkeiten wachen, die ebenfalls mit historischem Prestige geschmückt waren, und dafür Sorge tragen, dass die Eisenarchitektur und die Dekoration des ehrwürdigen Arago-Amphitheaters erhalten blieben, das dazu ausersehen war, unsere Bibliothek aufzunehmen, und um das sich unsere Büros gruppieren sollten.

Françoise Héritier-Augé, die Inhaberin des Lehrstuhles für das vergleichende Studium afrikanischer Gesellschaften, zog im Frühjahr 1985 ein, umgeben von einer noch größeren Gruppe von Mitarbeitern, in der sie mich auch weiterhin als Mitglied sehen wollte. Das Laboratoire d'anthropologie sociale, 1960 gegründet, begann also sein drittes Leben.

Sie haben die Verantwortung für das Laboratoire d'anthropologie sociale nach Ihrem Abschied als Professor nicht behalten?

Nein. Ich bin im Gegenteil sehr darauf bedacht, nur ein Mitglied unter anderen zu sein, das sogar – jetzt emeritiert –

noch zurückhaltender agiert als seine noch aktiven Kollegen. Ich habe, als ich jung war, nur allzu viele Alte gesehen, die darauf versessen waren, sich selbst zu überleben, und mir versprochen, dass das bei mir nicht der Fall sein sollte. Doch wenn man mich darum bittet, verweigere ich einen Rat nicht.

Wie hat Ihr Institut – weil es damals wirklich »Ihr« Institut war – die Ereignisse vom Mai 1968 überstanden?

Das Collège de France wurde wachgerüttelt, obwohl sich nichts wirklich Ernstes ereignete. Die Situation war speziell. Seiner Satzung nach ähnelt das Collège de France eher einer Akademie als einer Universitätsinstitution: Es besteht aus einer Gruppe von fünfzig Professoren, die sich selbst verwalten. Es existierte anscheinend sogar eine spezifische Tracht, die, wenigstens soweit ich weiß, zwar nie getragen wurde, aber immerhin den Unterschied hervorhob: Anstelle der Universitätstoga benutzt, ähnelte sie der der Mitglieder des Institut de France, abgesehen davon, dass die Stickereien violett waren.

Dennoch, die Arbeitsbedingungen haben sich entwickelt, vor allem für die Naturwissenschaftler, die, wenn sie Mitarbeiter brauchten, sie zum größten Teil im Umkreis des CNRS und in anderen Organisationen außerhalb des Collège gefunden haben. Die Naturwissenschaftler haben Institute gegründet und sich mit großen Mitarbeiterstäben umgeben. In den sechziger Jahren besoldete und unterhielt das Collège, zusätzlich zu seinen Professoren, gut tausend Mitarbeiter verschiedener Ränge, die als integraler Bestandteil der Anstalt anerkannt werden wollten, die Mitspracherecht haben und an der Verwaltung mitbeteiligt sein wollten. Ihre Forderung hatte einen Sinn im Rahmen jedes einzelnen Instituts. Gegen das Collège als Ganzes gerichtet, änderte sie das Wesen der Institution völlig.

Hat sich das Problem in Ihrer Arbeitsgruppe ebenfalls gestellt?

Am Laboratoire d'anthropologie sociale herrschte ein linker und vor allem ein MLF-Geist [Mouvement de libération des femmes]: Die Frauen waren dort zahlreicher vertreten als die Männer. Als ich das erste Knirschen wahrnahm, habe ich mich unter Vorwänden nach Hause zurückgezogen und sie sich selbst überlassen. Es gab etwa eine Woche interner Agitation; dann hat man nach mir gesucht.

In seinen *Mémoires* zitiert Raymond Aron einen Brief, den Sie im Oktober 1968 an ihn gerichtet haben. Darin kommentieren Sie die Situation der Universität und äußern sich beiläufig auch über Ihr Institut und seine Funktionsweise »ohne Differenzierung nach Dienstgrad oder Funktion«.[31]

Das hat uns geholfen, die Krise zu überwinden. Zu Beginn war das Institut klein, und es schien mir nicht sinnvoll, Leitungs- und Verwaltungsorgane zu schaffen. Wir trafen uns periodisch zur Institutsversammlung. Daran nahm jeder völlig gleichberechtigt teil, sogar die Putzfrau. Wir waren eine direkte Demokratie. Was gab es also zu fordern? Das System hat bis zu meinem Ausscheiden zur allgemeinen Zufriedenheit funktioniert. Es würde wohl auch noch weiter funktionieren, wenn das CNRS nicht viel kompliziertere Verwaltungsvorschriften aufgestellt hätte.

Sind Sie während der Agitationsphase von 1968 als Forscher infrage gestellt worden?

Zu keinem Zeitpunkt.

Und bei den militanten Feministinnen?

Da gab es eine oder zwei leicht aufgeregte Damen, die gebeten wurden, das Institut zu verlassen. Übrigens mit allgemeiner Zustimmung.

»Nachdem der erste Moment der Neugier vorbei war, hat der Mai 1968 mich abgestoßen.«

Wie standen in dieser Zeit die Dinge zwischen Ihnen und den anderen Professoren des Collège?

Die Positionen innerhalb des Collège wurden durch einen Einstellungsunterschied zwischen denen, die man die »Naturwissenschaftler« nannte, und den anderen kompliziert. Ein Biologe, ein Physiker kann ohne Institut nicht arbeiten. Für einen »literarischen« Institutsleiter wie mich war das nicht der Fall – hätte es von heute auf morgen zu existieren aufgehört, hätte das an meiner Arbeit nichts oder doch nur sehr wenig geändert. Ich vertrat also eine Auffassung, die der meiner naturwissenschaftlichen Kollegen entgegengesetzt war. Sie suchten nach einer Lösung, die sowohl für sie selbst als auch für ihre Mitarbeiter akzeptabel war. Ich plädierte für die Trennung: einerseits das Collège, wie es sein sollte, nämlich eine auf fünfzig Professoren beschränkte Gemeinschaft, auf der anderen Seite die Institute, deren Mitglieder sich organisieren konnten, wie sie wollten. Um diese Institute brauchte sich das Collège im eigentlichen Sinne nicht zu kümmern, abgesehen von den Mitteln, die es ihnen zur Verfügung stellte, wenn Professoren sie leiteten, und von den Bedingungen ihrer Unterbringung, wenn das Collège sie beherbergte.

Wie haben Sie, in einem allgemeineren Sinne, den Mai 1968 erlebt?

Ich bin in der besetzten Sorbonne umherspaziert. Mit einem ethnographischen Blick. Zusammen mit Freunden habe ich überdies an einigen Arbeitssitzungen teilgenommen. Bei mir hat es eine oder zwei Zusammenkünfte gegeben.

Aber Sie haben im Laufe der Ereignisse keine Position bezogen?

Nein. Nachdem der erste Moment der Neugier vorbei war, nachdem man der Späße müde war, hat der Mai 1968 mich abgestoßen.

Warum?

Weil ich es weder billige, dass man Bäume ausreißt, um damit Barrikaden zu bauen (Bäume sind Leben, davor hat man Achtung zu haben), dass man öffentliche Orte, die Gemeingut sind und der Verantwortung aller unterliegen, in Mülleimer verwandelt und dass man Universitäts- oder andere Gebäude mit Graffiti bemalt, noch dass die geistige Arbeit und die Verwaltung der Institute durch Wortgefechte gelähmt werden.

Dennoch war es eine Zeit des Überschäumens, der Innovation, der Imagination ... Diese Seite hätte Sie doch anziehen müssen.

Es tut mir leid, Sie enttäuschen zu müssen. Für mich war der Mai 1968 nur eine weitere Stufe nach unten auf der Treppe des seit Langem voranschreitenden Verfalls des Universitätslebens. Bereits im Gymnasium sagte ich mir, dass meine Generation, mich selbst eingeschlossen, keinem Vergleich mit der von Bergson, Marcel Proust oder Durkheim im selben Alter standhielt. Ich glaube nicht, dass der Mai 1968 die Universität zerstört hat, sondern eher, dass der Mai 1968 stattgefunden hat, weil die Universität sich selbst zerstörte.

War diese Feindseligkeit gegenüber dem Mai 1968 nicht ein totaler Bruch mit Ihrem Engagement in der Jugend?

Wenn ich nach den Spuren eines solchen Bruches suchen sollte, so finde ich sie bereits viel früher, auf den letzten Seiten von *Traurige Tropen.* Ich erinnere mich, darum bemüht gewesen zu sein, eine Verbindung zu meiner ideologischen und politischen Vergangenheit aufrechtzuerhalten. Wenn ich diese Seiten wiederlese, scheint es mir, dass sie einen falschen Klang haben. Der Bruch war seit Langem vollzogen.

Ich habe eben von einem Brief gesprochen, den Sie an Raymond Aron gerichtet haben. Wann haben Sie ihn kennengelernt?

Ich erinnere mich nicht mehr. Sicherlich nach dem Krieg. Vorher hatte ich ihn möglicherweise bei Brunschvicg gesehen, der sonntagmorgens Sprechstunde hatte. Ich bin ein oder zwei Mal hingegangen.

Der Umstand, dass Sie ihm geschrieben haben, zeugt von einer gewissen Geistesverwandtschaft.

Unsere Beziehung beruhte auf gegenseitiger Sympathie, aber ich kann nicht sagen, dass wir wirklich freundschaftlich verbunden gewesen wären. Wir haben mehrfach miteinander korrespondiert. Ich müsste noch einige Briefe von ihm haben.

»Sartre war eine Ausnahmeerscheinung, mit einem sehr großen literarischen Talent gesegnet.«

Sie kennen die berühmte Formel: »Lieber mit Sartre irren als mit Aron recht haben.« Waren Sie eher auf der Seite derer, die es vorzogen, »mit Aron recht zu haben«?

Kein Zweifel.

Beim Tode von Raymond Aron haben Sie erklärt, er sei ein »rechtschaffener Geist« gewesen.[32] Sind Sie seinen Analysen gefolgt?

Ich habe seine Artikel nicht regelmäßig gelesen, aber immer wenn mir einer vor Augen kam, war ich beeindruckt von der Klarheit seines Geistes, von der Scharfsinnigkeit seiner Urteile.

In eben jenem Gespräch haben Sie ihn Sartre gegenübergestellt, dessen Geist Sie im Gegenteil als »falsch« bezeichnet haben.

Ja, sicher, aber Sartre war genial, ein Wort, das ich auf Aron nicht anwenden würde. Sartre war eine Ausnahmeerscheinung, mit einem sehr großen literarischen Talent gesegnet und fähig, sich in den verschiedensten Genres hervorzutun. Nichtsdestoweniger demonstriert sein Fall auf leuchtende Weise, dass auch eine höhere Intelligenz ins Stottern gerät, wenn sie die Geschichte vorhersagen und, schlimmer noch, eine Rolle darin spielen will. Sie kann lediglich, wie Aron, versuchen, sie nachträglich zu verstehen. Die Tugenden derer, die Geschichte machen, sind von ganz anderer Natur.

Kapitel 8
DIE GRÜNE TRACHT

Im Jahr 1973 sind Sie in die Académie française gewählt worden. In Ihrer Antwort auf Alain Peyrefitte[33], als er selbst unter der *Coupole* willkommen geheißen wurde, erklärten Sie, die Idee, in die Académie aufgenommen zu werden, sei Ihnen »niemals in den Sinn« gekommen. Wie ist es dazu gekommen?

Seit einigen Jahren gab man mir gelegentlich Zeichen, die ich anfangs jedoch nicht ernst nahm. Der Erste, der mich darauf ansprach, war André Chamson. Ich kannte ihn seit Langem. In den Jahren 1928 bis 1930 war er Sekretär der radikalen Gruppe im Palais Bourbon. Déat, Sekretär der sozialistischen Gruppe, hatte das benachbarte Büro inne, das ich häufig aufsuchte. Der Familiensitz von Chamson in den Cevennen war nur drei oder vier Kilometer von dem meiner Eltern entfernt. Nach dem Waffenstillstand 1940 wanderten wir, wieder beide in die Cevennen entlassen, gemeinsam umher und diskutierten die Ereignisse. Diese Beziehung erneuerte sich nach dem Krieg in demselben Rahmen. Damals sprach Chamson mir gegenüber von der Académie. Es kam mir unwahrscheinlich vor, aber ich verbuchte das als zweckfreie Liebenswürdigkeit und schenkte dem keinerlei Aufmerksamkeit.

Dann betrat eine herausragende Persönlichkeit, die ich kaum kannte, die Bühne: Wladimir d'Ormesson, der mir ein oder zwei Mal schrieb. Erneut stellte ich mich taub.

Schließlich, nach dem Tod von Henry de Montherlant, organisierte Jean d'Ormesson, der der Académie noch nicht angehörte – dessen Talent mich jedoch bereits bezauberte und mit dem ich ein gutes nachbarschaftliches Verhältnis gehabt hatte (als ich mich bei der UNESCO mit dem Conseil international des Sciences sociales befasste, der parallel zum Conseil international de la Philosophie et des Sciences humaines tätig war, den er leitete und noch immer leitet) –, ein Treffen mit Maurice Druon. Beide sagten mir: Jetzt ist der Moment, jetzt muss es geschehen. Sie bestanden darauf, dass ich Maurice Genevoix besuchte, den damaligen Sekretär auf Lebenszeit, was ich dann auch tat. Der sagte mir dasselbe. Am Vorabend der Abreise nach Britisch-Kolumbien schickte ich mein Bewerbungsschreiben ab.

Sie waren der einzige Kandidat.

Ein anderer hat seine Bewerbung zurückgezogen.

Es ist also alles ganz problemlos verlaufen.

Ja, doch es war nicht gerade triumphal. Ich wurde zwar gleich beim ersten Wahlgang gewählt, aber nur mit einer Stimme Mehrheit.

Wie hat Ihr näheres Umfeld reagiert?

Sehr ablehnend. Zwar nicht meine Frau und meine Söhne, wohl aber meine Mitarbeiter, meine Freunde, die das nicht verstanden. Sie hatten das Gefühl, dass ich sie verriet. Sie machten sich von der Académie eine geradezu mythische Vorstellung. Sie dachten, ich würde sie verlassen, in ein anderes Universum entschweben.

Ich vermute, das geschah auch aus Abneigung gegen diese Institution selbst ...

Ja, und das fand ich ein wenig kindisch. Da ich sie sehr schätzte, habe ich mich rechtfertigen wollen. An sie richtete sich dann auch der Anfang meiner Antrittsrede, in der ich die Riten der Indianer mit denen unserer eigenen Gesellschaft verglich. Aron, der der Zeremonie beiwohnte, sagte mir: »Ihre Rede war gut, aber Sie haben zu viel darüber hinaus gemacht, weil alle etwas aus diesem Bereich erwartet haben.« Was er nicht bemerkt hatte, war, dass diese Äußerungen sich nicht an die Académie, auch nicht ans Publikum, sondern an meine Kollegen und Mitarbeiter richteten. Ich sagte ihnen: Wenn man sein Leben damit verbringt, die Riten entlegener Populationen zu untersuchen, dann gibt es keinen Grund, den Riten der Gesellschaft, in der man geboren ist und lebt, nicht dieselbe Aufmerksamkeit zu widmen. Da ich zu Ethnologen sprach, musste ich meine Argumentation untermauern.

Man hätte Ihnen folgenden Einwand entgegenbringen können: Man kann die Institutionen würdigen, ihre Funktionsweise beobachten, sie untersuchen, ohne ihnen deshalb als Mitglied angehören zu wollen.

Zweifellos. Aber es wäre Heuchelei, nicht anzuerkennen, dass, wenn man Sie beruft, dies deswegen geschieht, weil man der Meinung ist, dass Sie zur Aufrechterhaltung der Institution nützlich sein können, zumindest zu einem bescheidenen Teil. Ob Sie das nun gewollt haben oder nicht, Sie tragen eine bestimmte Verantwortung und können nicht mehr bloßer Zuschauer sein.

Es handelte sich um den Sitz von Montherlant. Er hatte einen so hohen Rang eingenommen – und nimmt ihn nach seinem Tode weiterhin ein –, dass es für die Académie schwierig war, einen Nachfolger gleichen Schlages zu finden. Also hat sie den Bruch vorgezogen. Noch nie hatte ein Ethnologe einen Sitz in der Académie gehabt? Die Originalität der Wahl würde mehr beeindrucken als die Person des Begünstigten. Es war eine einfallsreiche Lösung.

Von *Die jungen Mädchen* abgesehen, hatte ich wenig Erfahrung im Umgang mit dem Werk von Montherlant. Es oblag mir, die Laudatio auf ihn zu halten. Ich habe alle seine Bücher gelesen und mir Notizen gemacht und dabei für den Autor von *Die Junggesellen* und *Die Wüstenrose* aufrichtige Bewunderung entwickelt, ebenso für den Denker Montherlant, was man auch immer darüber gesagt hat. Nichts konnte mich also stören, weder die Person meines Vorgängers noch meine Präsenz in einer Institution, die dreieinhalb Jahrhunderte alt ist und als solche Respekt einflößt.

In der kleinen Rede, die Sie bei der Überreichung des Degens der Académie française an Fernand Braudel gehalten haben, haben Sie, um die Académie zu loben, auf die Tatsache hingewiesen, dass sie auf eine lange Geschichte zurückblickt. Geschah das, weil Sie in Gegenwart von Fernand Braudel sprachen, oder fasziniert Sie diese Unvergänglichkeit wirklich?

Man darf weder die Riten noch ihre Beständigkeit unterschätzen. Eine Gesellschaft kann sich nicht aufrechterhalten, wenn sie nicht bedingungslos Werten anhängt, die, um bedingungslos zu sein, eine empfindsame Seite haben müssen, die sie vor der Unterminierung durch den Verstand schützt. In Oxford, in Cambridge und ganz allgemein in England habe ich eine Gesellschaft vorgefunden, die dem Ritual noch den ihm gebührenden Platz einzuräumen weiß. Die Académie ist in Frankreich einer der letzten Orte, wo das Ritual Bestand hat. Ich habe es für meine Pflicht als Bürger und Ethnologe gehalten, dazu beizutragen, sie am Leben zu erhalten.

Bei Ihrer Aufnahme in die Académie fiel Roger Caillois die Aufgabe zu, die traditionelle Rede zu halten. Im gesamten Verlauf seiner Ausführungen windet er Ihnen Lorbeerkränze, nur gegen Ende verschießt er einige spitze Pfeile. Das ist eher seltsam …

Das ist eine lange Geschichte. Ich hatte bereits zur Zeit meiner Brasilienaufenthalte viel von Caillois gehört, weil Jean Marx – der den Service des œuvres françaises à l'étranger am Quai d'Orsay leitete, das, was man heute die Direction générale des relations culturelles nennt, und dessen Kollege in der Fünften Sektion der École des hautes études ich später werden sollte, wo er über keltische Religionen dozierte – so für ihn schwärmte. Sein Name klang bei ihm so vollmundig, dass ich anfangs glaubte, er schreibe sich so ähnlich wie »Khaillouah« …

Ich habe Caillois zum ersten Mal in New York getroffen, als ich Kulturattaché war. Ich habe ihn empfangen, und er hat einen Vortrag im Kulturinstitut gehalten, der mir missfallen hat. Er richtete sich insbesondere gegen die Surrealisten, mit denen ich befreundet war, und pries die »Rückkehr zur Ordnung« an, zur intellektuellen und moralischen Ordnung.

Ich hatte Caillois nicht mehr wiedergesehen, bis er dann einen unglaublichen Artikel gegen mein Büchlein *Rasse und Geschichte* veröffentlichte, das ich, wie Sie sich erinnern werden, auf Wunsch der UNESCO verfasst hatte. Das hat mich sehr wütend gemacht, und ich habe ihm darauf in heftigem Ton geantwortet – damals glaubte ich noch, man müsse erwidern –, und zwar in einem Aufsatz mit dem Titel »Diogenes schläft«[34] in *Les Temps Modernes.*

Welche Argumente hat er Ihnen entgegengehalten?

Er hielt mir die absolute Überlegenheit der westlichen Zivilisation entgegen und brandmarkte meinen Relativismus. Sie sehen schon das Genre! Meine Antwort war recht schneidend. Als ich nun aber für die Académie kandidierte (in die er zwei Jahre vor mir aufgenommen worden war), erfuhr ich, dass er mich unterstützte. Das hat mich berührt; als meine Wahl feststand, habe ich ihn gebeten, die Aufnahmelaudatio für mich zu halten, und ihm gesagt: Die einzige Art und Weise, wie ich Ihnen danken kann, ist die, Ihnen das letzte Wort zu lassen. Erst hat er sich geziert, dann hat er eingewilligt. Ich dachte nun, dass wir eine unangenehme Vergangenheit begraben hätten. Doch weit gefehlt: Caillois griff seine alten Vorwürfe wieder auf und hielt eine in ihrem letzten Teil beißende Rede, wie Sie bereits angemerkt haben (die ursprüngliche Fassung war noch viel bissiger). Wie dem auch sei, wir haben bis zu seinem verfrühten Tod ein herzliches Verhältnis zueinander gehabt.

Caillois war ein Mensch von großer Kultur, ein auf ungewohnte, auf – wie er sagte – »diagonale« Zusammenstellungen versessener Geist. Er hatte die Vorlesungen von Marcel Mauss besucht und sich davon beeinflussen lassen. Eigentlich hätten wir uns verstehen müssen. Doch er hat die Forschung zugunsten des Stils fahren lassen. Er wollte seine Spekulationen auf literarischem und poetischem Gebiet bündeln – die Form interessierte ihn mehr als die Substanz. Dass man sich bemühte, diese Substanz mit Strenge und in objektiver Manier zu erörtern, ertrug er nicht. Mit einer merkwürdigen Paradoxie verkehrte er, wenn auch stets in konservativem Geiste, den Wortlaut seiner alten Auseinandersetzung mit den Surrealisten ins Gegenteil.

Nehmen Sie an den Sitzungen der Académie teil?

Ziemlich regelmäßig.

Was passiert da?

Man diskutiert innere Angelegenheiten und geht dann zum Wörterbuch über, was einem ein wenig den Eindruck vermittelt, man sei wieder in der Schule. Ein Wort präzise zu definieren, ist eine vorzügliche geistige Übung. Man ermisst, in welchem Maße man im Alltagsleben bloß ungefähren oder irrigen Gebrauch von der Sprache macht. Nicht selten kommt es vor, dass man Fachausdrücke entdeckt, deren Bedeutung man nicht kannte. Ich habe es immer, wenn ich mit Handwerkern spreche, bedauert, schwerfällige und ungeschickte Umschreibungen benutzen zu müssen, während sie über genaue Bezeichnungen für jedes Werkzeug, jedes Element und jeden Handgriff verfügen. Es erscheint mir heilsam, deren Gebrauch festzuhalten und zu verbreiten, so wie es mir, in einem anderen Zusammenhang, heilsam erscheint, Anleihen aus dem Englischen oder Amerikanischen zu vermeiden (nicht dass ich mich dem prinzipiell widersetzte), wenn es gute alte französische Wörter gibt, die genau dasselbe aussagen und dem Vergessen anheimgefallen sind. Ich werde häufig zu ethnographischen Ausdrücken konsultiert. Glauben Sie mir bitte, dass es einiges Nachdenken erfordert, in drei Zeilen ein Wort wie »Bumerang« zu definieren, ohne dieselben Fehler zu begehen wie all die Wörterbücher.

Die Sprache ist das Arbeitswerkzeug derer, die schreiben, ein kompliziertes und schwer zu handhabendes Werkzeug. Es gehört sich, dass man ihre Quellen und Zwänge kennt, und auf diesem Gebiet hat man nie ausgelernt. Die Erstellung eines Wörterbuches ähnelt den Dehnübungen eines Sportlers, den Tonleiterübungen eines Musikers. Sie ist wahrscheinlich ebenso notwendig für diejenigen, die sich ihr verschreiben, wie für alle, die ihr Resultat gebrauchen. Jedenfalls ist das meine Meinung dazu.

Man sagt, dass Sie es waren, der 1984 die Erklärung der Académie française gegen die Vorschläge der Kommission verfasst hat, die von Yvette Roudy, der damaligen Ministerin für die Rechte der Frau, eingesetzt worden war, um für bestimmte Wörter weibliche Endungen einzuführen.

Ich habe dabei die Feder geführt. Die von der Roudy-Kommission aufgeworfenen Fragen waren durchaus nicht belanglos. Es ging um die Zukunft der Sprache.

»Die Sprache ist das Arbeitswerkzeug derer, die schreiben, ein kompliziertes und schwer zu handhabendes Werkzeug.«

Die Sprache zu verändern geht gegen Ihre Prinzipien?

Aus einer bloßen modischen Laune heraus: ja. Die Académie stellt mit gutem Grund Gesetze auf, wenn sie den Wortgebrauch beobachtet und eventuell sanktioniert (ein Verb, das ich nicht in dem abweichenden Sinne benutze, den man ihm heute gibt: Sanktionieren heißt billigen, nicht bestrafen. Ich widersetze mich nicht der Tendenz, weibliche Wortendungen zu übernehmen, wenn sie in die Sprache eingewandert sind und weder dem Geist der Sprache noch den Regeln der Wortbildung zuwiderlaufen. Was mir unzulässig erscheint, ist, dass man, um einer Interessengruppe zu gefallen, Wörter per Dekret verkündet, vor allem dann, wenn man eine so grobe Verwechslung begeht wie die von Geschlechtern und grammatischen Genera. Dumézil hat darüber in *Le Nouvel Observateur* einen brillanten Artikel geschrieben, der es verdient, der Nachwelt überliefert zu werden.[35]

In diesem Fall könnte man Ihnen entgegenhalten, dass dasselbe für das gilt, was man das *Franglais* nennt. Weil sich im Sprachgebrauch »week-end« eingebürgert und durchgesetzt hat, warum sollte man dann »fin de semaine« [Wochenende] sagen?

Damit bin ich nicht einverstanden, man muss da schon unterscheiden. Wie ich bereits sagte, importieren wir englische Wörter, während doch französische Wörter existieren, die wir bloß vergessen haben. Man braucht sie nur wieder zu benutzen. Die französischen Ethnologen hielten sich für verpflichtet, zur Bezeichnung von Kindern derselben Eltern ohne Rücksicht auf das Geschlecht das englische *sibling* zu verwenden. Ich habe ihnen zu verstehen gegeben, dass eben das die genaue Bedeutung von *germain* im Französischen ist (*cousins germains* sind Cousins, die einander so nahe stehen, dass man sie Brüdern oder Schwestern gleichstellt). Fortan schrieben nur die Zurückgebliebenen noch *sibling*.

In anderen Fällen gibt es kein französisches Wort oder man müsste es entstellen, um es auf eine Sache anwenden zu können, die wir in Frankreich nicht kennen und importiert haben. Übernehmen wir den fremdsprachigen Ausdruck also so, wie er ist, oder frankisieren wir ihn. Auf diese Weise hat sich die Sprache immer bereichert. Das Französische ist voll von Lehnwörtern, sogar von solchen, die ich im Mund von Indianern in Zentralbrasilien wiedergefunden habe!

Umgekehrt muss dem Verderb der Syntax durch das Englische der Kampf angesagt werden. Allzu viele Doktorarbeiten, sogar Habilitationsschriften sind mir durch die Hände gegangen, mit angelsächsischer Wissenschaftsliteratur vollgestopft, deren Autoren nur das Verb *être* [sein] kannten und sich gänzlich im Passiv ausdrückten.

Sie sprechen fließend Englisch, weil Sie ja in New York gelebt haben. Haben Sie viele andere Sprachen gelernt?

Nein. Ich habe keinerlei Begabung für Sprachen. Ich schreibe Artikel in einem inkorrekten Englisch, ich kann einen Vortrag auf Englisch halten, aber mit einem fürchterlichen Akzent.

Hat Sie dieser Mangel an Sprachgewandtheit nicht gestört?

Doch, sehr.

Haben Sie nie, wie Dumézil, den eisernen Willen gehabt, Sprachen zu lernen? Eine unersättliche Leidenschaft für Fremdsprachen?

Bei Dumézil war das nicht nur eine Leidenschaft oder ein Wille, es war eine Gabe. Wenn Dumézil erzählt, es genüge, einen Text mit seiner danebenstehenden Linearübersetzung zu lesen, und nach rund hundert Seiten könne man die betreffende Sprache, dann bleibt mir der Mund vor Verblüffung offenstehen.

Als Sie in Brasilien waren, haben Sie da versucht, Portugiesisch zu lernen?

Sicher, aber es war nicht notwendig, weil damals jeder halbwegs kultivierte Brasilianer Französisch sprach. Auf Expeditionen redete ich mit den Bauern des Landesinneren portugiesisch: ein rustikales Portugiesisch, beinahe Kauderwelsch.

Und das Japanische? Heute interessieren Sie sich besonders für Japan.

Ich habe im Laufe der letzten zehn Jahre viele Anstrengungen unternommen. Doch ich bin zu alt. Was zum einen Ohr rein geht, geht zum anderen wieder raus.

»Ich bin völlig einig mit Mme de Staël:
›Reisen ist, was man auch sagen mag,
eines der traurigsten Vergnügen der Welt.‹«

Sie lieben Reisen?

Ich habe viel reisen müssen, aber ich liebe nicht das Reisen an sich. Ich bin völlig einig mit Mme de Staël, wenn sie in *Corinna oder Italien* schreibt: »Reisen ist, was man auch sagen mag, eines der traurigsten Vergnügen der Welt.«

Die Formel »Ich verabscheue Reisen« zu Beginn von *Traurige Tropen* war also nicht lediglich eine Laune …

Es war eine kleine Provokation, sicher. Gleichwohl haben mich Reisen, abgesehen von meiner Jugend (damals fuhr man aber wirklich noch »andernorts«), eigentlich nie begeistert. Seit zehn Jahren habe ich wieder begonnen, Reisen zu unternehmen, um Lücken zu schließen. Was davon bleibt …

Wohin sind Sie gefahren?

Nach Mexiko, nach Kalifornien, Israel, Italien, Korea, vier Mal nach Japan, und ich bin im Begriff, erneut hinzufahren.

Was machen Sie, wenn Sie in einem Land wie Japan ankommen?

Mich mit einem, zwei oder drei Vorträgen meiner Verpflichtungen entledigen, dann das Land besichtigen, und zwar auf einer Route, die ich selbst mitgeplant habe. Ich bin viel herumgekommen.

Was zieht Sie dort an?

Eine sehr alte Zivilisation, die erstaunliche Symmetriebeziehungen zur unsrigen hat, freilich gegenläufige Symmetriebeziehungen. Vergessen Sie nicht, dass Japan den östlichen Rand des eurasischen Kontinents bildet, so wie Frankreich den westlichen verkörpert. Die beiden Länder scheinen sich den Rücken zuzukehren, an den beiden Enden eines gewaltigen, seit Jahrtausenden besiedelten Territoriums, wo die Menschen, die Ideen unaufhörlich zirkulieren. Es gefällt mir, darin die Extremzustände einer Reihe von Transformationen zu ermitteln.

Für das moderne Japan interessieren Sie sich nicht?

Ich interessiere mich dafür, sicher, ich könnte jedenfalls gar nicht davon abstrahieren. Aber dieses Interesse erwacht nur dann, wenn ich die Gegenwart mit der entlegensten Vergangenheit verbinden kann.

Sie haben keinen soziologischen Blick?

Eher einen ethnologischen oder sogar archäologischen. Das missfiel meinen wahrscheinlich stark politisierten Studierenden, in deren Gesellschaft ich Korea bereiste. Untereinander sagten sie, wie man mir zugetragen hat: »Dieser Lévi-Strauss interessiert sich nur für Dinge, die nicht mehr existieren.« Und das war in gewisser Weise durchaus richtig.

Auch die Natur ist sehr wichtig. Die Natur Japans, ein Land, das zu drei Vierteln unbewohnt ist, wie man allzu oft vergisst, bietet Schauspiele von wunderbarer Schönheit. Mit der japanischen Natur ist es wie mit allem anderen – sie bietet dem Blick ein Tableau der Unregelmäßigkeiten dar. In Europa und Amerika indes sind die Elemente der Komposition, ich will sagen: die Pflanzen, selbst unregelmäßig – denken Sie an Baudelaire: »das ungleichförmige Gewächs«. In Japan resultiert die Verschiedenartigkeit der Landschaft aus der Kombination regelmäßiger Pflanzen: Kryptomerien, Bambus, Teesträucher, Reisstauden. Sowohl den Formen als auch den Farben nach zeigt sie ein Schauspiel, das dichter und von beständiger Pracht ist.

In Japan habe ich mich ebenso sehr für die Bäume und Pflanzen wie für die Monumente und Sitten und Gebräuche interessiert. Ist das übrigens nicht auch der Geist der alten japanischen Kulte, für die die Bäume und die Pflanzen, ja sogar die Felsen lebende Wesen sind? Einer der Gründe für die Faszination, die Japan auf mich ausübt, hängt wohl damit zusammen, dass man dort eine literarisch, künstlerisch und technisch hochentwickelte Kultur in direkter Anlehnung an eine archaische Vergangenheit vorfindet, in der der Ethnologe wieder vertrautes Gebiet betritt.

Kapitel 9
»MAN MERKT NICHT, WIE DIE ZEIT VERGEHT.«

Von 1964 bis 1971 haben Sie die vier Bände der *Mythologica* herausgebracht ...

Das war eine Periode, in der ich jeden Morgen zwischen fünf und sechs Uhr aufgestanden bin, in der ich nicht gewusst habe, was ein »week-end« ist. Ich habe wahrhaftig gearbeitet ...

Das Ergebnis ist gigantisch: mehrere hundert Seiten pro Band, nahezu zweitausend insgesamt.

Ich erinnere mich vor allem an die Mühe, die diese Bücher mir bereitet haben. Sie ist noch gigantischer als das Produkt.

Wenn Sie ein Buch beenden, dann müssen Sie doch eine gewisse Freude verspüren, eine wirkliche Befriedigung.

Eine Befriedigung, damit zum Abschluss gekommen zu sein. Aber ich kann nicht sagen, dass ich mit Freude schreibe. Eher mit Angst und sogar Abscheu. Bevor ich beginne, verbringe ich ganze Tage vor einem leeren Blatt, ohne den Anfangssatz zu finden.

Und wenn das Buch erscheint?

Dann ist es tot, fertig, zu einem Fremdkörper geworden.

Das Buch geht durch mich hindurch, ich bin der Ort, an dem sich während einiger Monate oder Jahre bestimmte Dinge entwickeln und abbilden, und dann lösen sie sich von mir, als ob es sich um eine Ausscheidung handelte.

Welches Ihrer Bücher haben Sie am liebsten?

Nicht einmal das vermag ich Ihnen zu sagen. Weil ich, wenn ich sie wieder hervornehme, den Eindruck habe, dass ein anderer als ich sie geschrieben hat. Es sind nicht meine Kinder.

»Ich bedaure sehr, kein literarisches Werk geschrieben zu haben. Ich wäre gern Dramatiker gewesen.«

Gibt es ein Buch, das Sie gern geschrieben hätten oder das Sie bedauern, nicht geschrieben zu haben?

Ich bedaure sehr, kein literarisches Werk geschrieben zu haben.

Einen Roman oder ein Theaterstück?

Ich wäre gern Dramatiker gewesen. Keine literarische Gattung scheint mir derart viel Strenge zu erfordern. Jede Replik, jedes Wort muss zur Handlung beitragen. Es darf keinerlei Pause geben.

Haben Sie es versucht?

Wenn Sie von einem vagen Versuch absehen, auf den ich in *Traurige Tropen* anspiele, nein. Allerdings war das ein philosophisches Drama. Ein gutes Boulevardstück scheint mir der Gipfel der Gattung zu sein.

Dagegen hatten Sie einen Roman begonnen …

Und nach dreißig Seiten wieder aufgegeben, weil er zu schlecht war.

Wie stand es damit?

Er sollte *Traurige Tropen* heißen und war von Joseph Conrad inspiriert. Die Geschichte hatte ich aus der Zeitung: eine auf irgendeiner Pazifikinsel begangene Gaunerei, mit einem Grammofon, das die Eingeborenen glauben machen soll, ihre Götter würden wieder zur Erde herabkehren. Die Drahtzieher waren Flüchtlinge, aus politischen oder unterschiedlichen anderen Gründen. Zwischen ihnen sollten sich Dramen abspielen.

Und davon ist nur der Titel geblieben?

Der Titel und die kursiv geschriebenen Seiten, auf denen ich einen Sonnenuntergang vorstelle. Das war der Anfang des Romans.

Wären Sie gern Joseph Conrad gewesen?

Zumindest hätte ich gern seine Bücher geschrieben!

***

Im Jahr 1983 haben Sie *Der Blick aus der Ferne* veröffentlicht. Das ist eine Aufsatzsammlung, die genauso gegliedert ist wie die beiden vorangegangenen Bände der *Strukturalen Anthropologie.* Warum haben Sie sie nicht *Strukturale Anthropologie III* genannt?

Weil das Wort Strukturalismus inzwischen so entwertet, Opfer so vieler Übergriffe geworden ist, dass man nicht mehr weiß, was es bedeuten soll. Ich weiß es zwar auch weiterhin, aber ich bin nicht sicher, dass das auch für die Leser gilt, insbesondere für die französischen Leser. Das Wort hat alle Substanz eingebüßt.

Im Vorwort dieser Sammlung schrieben Sie: »Der Strukturalismus ist aus der Mode gekommen.« Ein Anflug von Nostalgie?

Sicherlich nicht. Ich traf eine Feststellung: Die gebildete Welt in Frankreich ist heißhungrig. Eine Zeit lang hat sie sich am Strukturalismus geweidet. Man malte sich aus, dass er eine Botschaft vermittelte. Diese Mode ist vorbei. Eine Mode dauert fünf bis zehn Jahre ... Diesen Gang nehmen die Dinge jedenfalls in Paris. Ich empfinde weder Nostalgie noch Bedauern.

Das Abebben des Strukturalismus ist von einer Rückkehr zu den traditionellsten Formen der Philosophie begleitet gewesen ...

Die Phänomene stehen miteinander in Verbindung.

Diese Rückkehr müssen Sie doch bedauern.

Warum sollte ich sie bedauern?

Weil Sie Ihre Arbeit gerade gegen diese traditionalistische Philosophie gerichtet haben.

Das ist richtig, aber ich fühle mich für das Wohl meiner Zeitgenossen nicht verantwortlich.

Sie denken: Sei's drum, wenn sie dummes Zeug lesen?

Ich würde nicht sagen »sei's drum«, sondern: »umso besser, wenn sie damit zufrieden sind, diese Bücher zu lesen«.

Manche Kommentatoren haben für das Ende der strukturalistischen Mode ein genaues Datum festgelegt: den Mai 1968. Sie kennen den Leitspruch: »Die Strukturen gehen nicht auf die Straße.«

Eines ist sicher: Der Mai 1968 hat deutlich gezeigt, dass viele Entwicklungen der vorausgegangenen Jahre auf Missverständnissen beruhten. Ich meine damit, dass das Interesse, das die gebildete Öffentlichkeit am Strukturalismus nahm, am Problem vorbeiführte. Einfach deshalb, weil der Strukturalismus einen Typus von Forschungen verkörperte – und auch weiterhin verkörpert –, die von den größten Sorgen unserer Zeitgenossen weit entfernt sind.

Sie sind der Meinung, dass die Stille des Instituts mehr Gewicht hat als das Getöse der Zeitungen?

Ganz genau.

Ihr letztes Buch – in gewisser Hinsicht eine Fortsetzung der *Mythologica* –, 1985 unter dem Titel *Die eifersüchtige Töpferin* erschienen, ist sehr viel leichter zugänglich als die älteren, von *Traurige Tropen* einmal abgesehen. Ha-

ben Sie damit ein pädagogisches Buch schreiben wollen, weil Sie ein Schwinden Ihres Einflusses befürchteten?

Zunächst einmal ist dieses Buch nicht aus pädagogischer Sorge entstanden; außerdem kümmere ich mich wenig um meinen Einfluss.

Es ist dennoch ein einfacheres Buch als die älteren.

Ja und nein. Ich beginne mit dem Nein. Als das Buch auf den Markt kam, haben viele Leute mir gesagt: »Ihr Buch ist sehr interessant, aber doch so schwierig!« Ich habe daraus geschlossen, dass sie meine anderen nicht einmal aufgeschlagen hatten. Sie haben das hier zu lesen versucht, weil sie es äußerlich für weniger einschüchternd hielten. Dennoch hat es sie entmutigt.

Für denjenigen, der die anderen aufgeschlagen hatte, liest sich dieses hier problemlos.

Sie haben recht. Weil es ein ziemlich altes Projekt ist, das ich in Reserve gehalten hatte. Ich spiele in den *Mythologica* mehrfach darauf an. Ich habe es aus einer gewissen Distanz geschrieben. Ich war nicht mehr mit einer überwältigenden Masse von Material konfrontiert. Die *Mythologica* illustrieren das beinahe von Tag zu Tag nachvollziehbare Fortschreiten einer Entdeckungsarbeit. Ich plagte mich in einem jungfräulichen Wald, der für mich eine unbekannte Welt war. Ich bahnte mir mühsam einen Weg durch kaum zugängliche Dickichte und Massive. Als ich *Die eifersüchtige Töpferin* schrieb, wusste ich, dass ich aus dem Wald herausgekommen war – ich konnte die Dinge aus größerem Abstand betrachten, sie perspektivisch wahrnehmen.

Andererseits hatte ich nach all den in den *Mythologica*

detailliert geführten Beweisen keinerlei Bedürfnis mehr, ihre einzelnen Etappen erneut zu schildern. Es genügte, an die gewonnenen Ergebnisse zu erinnern, sie gewissermaßen auf den Tisch zu legen. Ich will Ihnen nicht verheimlichen, dass mir in diesem Fall das Schreiben eines Buches einmal Spaß gemacht hat.

»Hat mich, in meinem gesamten Werk unaufhörlich eine Art Donquichotterie angetrieben?«

Man stößt in diesem Buch auf kurzweilige Abschweifungen, auf kleine Fantasien ... Ich denke an die Passage, in der Sie Eugène Labiche und Sophokles nebeneinanderstellen.

Diese Idee hatte ich seit Langem. Vielleicht liegt darin sogar der ferne Ursprung des Buches. Überdies habe ich an Labiche (dessen Stücke heute so schlecht inszeniert werden) immer höchstes Vergnügen gefunden. Als Kind war er meine Zuflucht während der wöchentlichen Familienzusammenkünfte bei meiner Großmutter väterlicherseits. Ich setzte mich allein in eine Ecke des Salons, mit einem Band seiner *Gesammelten Werke*, und lachte still vor mich hin.

In dem Maße, wie das Greisenalter heranrückt, steigen Bruchstücke der Vergangenheit wieder an die Oberfläche oder, anders ausgedrückt, die Kreise schließen sich. Die *Mythologica* haben mich wieder zu Wagner zurückgeführt, in dessen Kult ich aufgewachsen bin und von dem ich mich als Jugendlicher gelöst zu haben glaubte. *Die eifersüchtige Töp-*

ferin verweist mich auf meine Lektüren als Kind. Wenn mir die Zeit bleibt, werde ich zweifellos auch noch *Don Quijote* wiederbegegnen, der meine große Leidenschaft als Zehnjähriger war (um die Eingeladenen zu unterhalten, schlug man einem von ihnen vor, das Buch an einer beliebigen Stelle zu öffnen und einen Satz daraus vorzulesen; ich fuhr mit dem Text fort, ohne zu zögern, denn ich kannte meine gekürzte Fassung auswendig – ich sehe noch den Umschlag aus rosafarbenem, leicht satiniertem Papier vor mir). Oder hat mich, wie manche meinen, in meinem gesamten Werk unaufhörlich eine Art Donquichotterie angetrieben?

Was verstehen Sie darunter?

Nicht die Definition der Wörterbücher: eine Manie, Unrecht wiedergutzumachen, sich zum Helden und Rächer der Unterdrückten zu machen und so weiter. Der Donquichottismus ist, scheint mir, im Wesentlichen ein quälendes Verlangen, hinter der Gegenwart der Vergangenheit wiederzubegegnen. Wenn sich eines Tages zufällig ein Sonderling um ein besseres Verständnis meiner Person bemühen sollte, liefere ich ihm hiermit den Schlüssel dazu.

Zu dem Zeitpunkt, als *Die eifersüchtige Töpferin* erschien, haben Sie mir gesagt: Ich bereite ein weiteres Buch vor, und das wird das letzte sein. Arbeiten Sie immer noch daran?

Ich habe das Material vor mir, doch ich arbeite kaum daran. Es soll das werden, was man im Englischen ein *sister book* des vorherigen nennt. Es bezieht sich auf ein mythologisches Problem, das parallel zu dem in *Die eifersüchtige Töpferin* behandelten steht, obwohl die Mythen und Regionen Amerikas darin ganz andere sind.

Welche Regionen werden das sein?

Das Gebiet Washington-Oregon. Sagen wir: die Nordküste des Pazifischen Ozeans.

Das Problem ist, dass ich nicht genau weiß, von welchem Ende aus ich diesen Komplex entwirren soll, und vor allem, ob es wirklich nötig ist, den vielen anderen noch eine weitere mythologische Beweisführung hinzuzufügen.

Welchen Titel wird dieses Buch tragen, das Sie da schreiben?

Einer der Gründe, die mich hindern, es zu schreiben, ist der, dass ich noch keinen Titel gefunden habe. Denn es ist nun einmal der Titel, der dem Buch seinen Tonfall verleiht.

Sie haben viele Bücher geschrieben, die kommentiert, diskutiert, kritisiert worden sind. Welchen Eindruck haben Sie, wenn Sie zurückblicken?

Den Eindruck, dass das alles mir fremd ist. Noch gestern hat man mir von einem mythologischen Problem erzählt, irgendwo in Südamerika. Ich habe mich erinnert, einen ähnlichen Gesichtspunkt bedacht zu haben. Wo, hat man mich gefragt; ich wusste es nicht mehr.

Und Ihre Karriere? Sie sind Ehrendoktor einer großen Zahl von Universitäten in der ganzen Welt, Sie haben die Goldmedaille des CNRS erhalten, Sie sind Mitglied der Académie française ... Sie sind ein mit Ehrungen überhäufter Mann.

Ich kann nicht sagen, dass ich sie sammle, oder dass ich ihnen viel Bedeutung beimesse. Es ist schon vorgekommen, dass ich eine mir angetragene Ehrendoktorwürde abgelehnt habe. Sie war zwar besonders schmeichelhaft, musste aber an Ort und Stelle in Empfang genommen werden; und zu diesem Zeitpunkt hatte ich keine Lust, mich vom Fleck zu rühren.

»Das Arbeitsleben ist nicht lustiger als das andere, aber wenigstens merkt man nicht, wie die Zeit vergeht.«

Was für Sie zählt, sind also weder die Ehrungen noch die Bekanntheit, sondern der Umstand, dass Sie überzeugende Beweisführungen geliefert haben …

Ich mache mir da keine Illusionen. Sie sind weit davon entfernt, jedermann zu überzeugen, und sie werden auch nicht in Ewigkeit überzeugend sein. Ich werde Ihnen antworten, so wie Dumézil das gewöhnlich tat: In zwanzig, in dreißig Jahren wird das alles überholt erscheinen.

Aber Sie haben recht, ich habe das Gefühl, dass eine bestimmte Anzahl von Problemen nur dann abgehandelt werden kann – und zwar besser, als ich es getan habe –, wenn man sich mit dem auseinandersetzt, was ich geschrieben habe, und sei es nur, um es zu zerreißen. Dass meine Bücher eine Phase der ethnologischen Reflexion geprägt haben und man sie künftig in Rechnung stellen muss.

Die Aussicht, überholt, ja vergessen zu sein, schreckt Sie nicht?

Das wäre kindisch. Jahrhunderte der Geistesgeschichte beweisen, dass dies das allgemeine Schicksal ist.

Aber so viel Arbeit geleistet zu haben …

Warum habe ich so viel gearbeitet? Wenn ich arbeite, dann erlebe ich Augenblicke der Angst, aber wenn ich nicht arbeite, dann empfinde ich trübe Langeweile, und mein Gewissen quält mich. Das Arbeitsleben ist nicht lustiger als das andere, aber wenigstens merkt man nicht, wie die Zeit vergeht.

Zweiter Teil

DIE GESETZE DES GEISTES

Kapitel 10
DIE WIDRIGKEITEN DER EHE

Vor der Begegnung mit Jakobson waren Sie »Strukturalist, ohne es zu wissen«, wie Sie das früher gelegentlich ausgedrückt haben, und Sie haben seine Methoden unverzüglich auf Ihre Arbeit über die Verwandtschaft anwenden können.

So einfach ist das nicht gewesen. Ich habe nicht seine Ideen angewendet; ich bin gewahr geworden, dass das, was er von der Sprache sagte, dem entsprach, was ich, wenn auch verworren, auf dem Gebiet der Verwandtschaftssysteme, der Eheregeln und des Lebens-in-Gesellschaft ganz allgemein mehr ahnte als sah.

Damals begannen Sie, die *Die elementaren Strukturen der Verwandtschaft* zu schreiben. In gewisser Hinsicht ist das eine erweiterte Anwendung von Marcel Mauss' *Die Gabe* auf die Probleme der Ehe, einer Arbeit, die Sie von der strukturellen Methode aus neu interpretiert haben, für die die Linguistik Ihnen ein organisiertes Modell geliefert hatte …

Wenn Sie so wollen. Vergessen Sie aber nicht Marcel Granet. Es war sein Aufsatz »Catégories matrimoniales et relations de proximité dans la Chine ancienne«, der mein Interesse für Verwandtschaftssysteme geweckt hat. Ich habe ihn gelesen, als ich am Gymnasium in Montpellier tätig war, in den wenigen Wochen vor meiner Abberufung, und diese Lektüre hat mich begeistert. Granet befasste sich mit sehr komplizierten Systemen und bemühte sich, sie auseinanderzunehmen, so wie man einen Mechanismus auseinandernimmt, um zu verstehen, woraus sie bestanden und wie sie funktionierten. In seiner Arbeit entdeckte ich eine auf soziale Gegebenheiten angewandte objektive Reflexion. Und gleichzeitig war ich verärgert darüber, dass Granet sich, um die komplexen Systeme zu verstehen, dazu hinreißen ließ, noch kompliziertere Lösungen zu entwerfen. In meinen Augen musste hinter dem Komplexen das Einfache stehen. Aber mein gesamtes Nachdenken über die Verwandtschaftssysteme hat dort seinen Ansatz, ebenso über die Probleme, die mir die Materialien stellten, die ich bei der Feldarbeit in Brasilien gesammelt hatte.

***Die elementaren Strukturen der Verwandtschaft* sind ein gewaltiges Buch, das mehrere sehr allgemeine Kapitel enthält, etwa das, in dem Sie die »archaische Illusion« in der Anthropologie angreifen.**

Das war eine Überlegung, die gerade im Entstehen war und die dem jeweiligen Stand des Unterrichts entsprach, den ich an der École libre des hautes études von New York erteilte. Ich schrieb nach und nach. Diese Präliminarien waren für mich wohl unerlässlich, um meine Ideen in den Griff zu bekommen. Heute bin ich nicht mehr so überzeugt, dass sie von der allgemeinen Ökonomie des Buches her erforderlich waren.

Dennoch bildet das erste Kapitel, in dem Sie den Gegensatz von Natur und Kultur beschreiben – wie er durch das Inzestverbot markiert wird –, die Grundlage Ihrer ganzen Reflexion in diesem Werk.

Es war der Ausgangspunkt. Seither haben sich die Dinge weiterentwickelt.

Im Übrigen sind Sie in Ihrem Vorwort zur zweiten Auflage von 1967 auf diesen Punkt zurückgekommen.

Seit der Niederschrift dieser Kapitel – seit etwa 1943 / 1944 – ist die Ethologie aufgeblüht und hat eine Menge neuer Fakten beigesteuert. Man kannte damals bei den Tieren nichts, was sich mit der Inzestvermeidung vergleichen ließ, weil man seit Aristoteles fast ausschließlich über Haustiere diskutierte.

Nun scheint freilich die Beobachtung wild lebender Tiere – der großen Affen, aber auch anderer Arten – die Feststellung zu belegen, dass Verbindungen von Blutsverwandten bei ihnen selten sind, wenn sie nicht sogar durch bestimmte Regulierungsmechanismen verhindert werden. Spezialisten dieses Forschungszweiges und Ethnologen in ihrem Gefolge haben daraus eilends gefolgert, dass die Wurzeln des Inzestverbotes in der Natur liegen. Für die einen ist die Zentralthese der *Strukturen* damit hinfällig; für andere müsste sie, sogar über die menschlichen Gesellschaften hinaus, auf bestimmte Tiergesellschaften ausgedehnt werden: so auf die Meerkatzen, langschwänzige Affen aus Afrika, bei denen die besten »Ehen« – ich will sagen: die für den Fortbestand der Art förderlichsten Verbindungen – diejenigen zwischen Cousins sind (übrigens ebenso bei den Wachteln) und mit Weibchen, die die jungen Männchen mit ihren Nachbarn tauschen …

Das alles, ich gebe es zu, macht mich ziemlich skeptisch; nicht hinsichtlich der beobachteten Fakten, sondern ihrer nur zu häufig anthropomorphistisch getönten Interpretation. Dass eine allgemeine Tendenz existiert, die Jungtiere aus der Gruppe auszustoßen, sobald sie die Pubertät erreicht haben – und zwar mal die Männchen, mal die Weibchen, das hängt von der betreffenden Art ab –, lässt sich auf verschiedene Weisen erklären, von denen der Wettstreit um die Nahrung wohl die wahrscheinlichste ist. Nichts ermächtigt zu der Annahme, dass die Ausstoßung und Verstreuung der Jungtiere sich aus einem angeblichen »Inzestverbot« im tierischen Bereich ableitet. Die schädlichen Auswirkungen der Verbindung von Blutsverwandten – vor allem wenn die Transfers sich in benachbarten Gruppen vollziehen – wären jedenfalls zu schwach, um es zu erklären.

Sie halten also heute noch an der Grundidee Ihres Buches fest, nämlich der, dass das Inzestverbot zeigt, dass der Bereich der Kultur das Universum der Regel ist?

Wenn das Inzestverbot eine Grundlage in der Natur hätte, dann verstünde man nur schwer, auf welche Weise die menschlichen Gesellschaften sich davon in Bann schlagen lassen und manische Sorge darauf verwandt haben, es zu verordnen. Man könnte eine ganze Auswahl von Sprichwörtern und Redensarten zusammenstellen, die die Häufigkeit inzestuöser Begierden in den schriftlosen Gesellschaften offenbaren. Und um das ein wenig zu erweitern: Stellt man denn die endogame Neigung der traditionellen europäischen Gesellschaften genügend in Rechnung? Wissen Sie, dass sogar im Frankreich des 19. Jahrhunderts der Anteil der in einem Umkreis von fünf Kilometern geschlossenen Ehen auf dem Lande über achtzig Prozent hinausgehen konnte? Frédéric Mistral zitiert ein wunderbares provençalisches Sprichwort, das die Anhänger jener Theorie der natürlichen Grundlage des Inzestverbotes in Erwägung ziehen sollten: »Verheirate dich in deinem Dorf, und wenn du kannst, in deiner Straße, und wenn du kannst, in deinem Hause.«

Was den angeblichen Mangel an sexuellem Verlangen bei Individuen betrifft, die ihre frühe Kindheit unter ein und demselben Dach verbracht haben, ebenso die beiden Beispiele, die als Beweis dafür angeführt und seit Jahren wiederholt werden (und überdies nichts beweisen) – das der Kibbuzim in Israel und eines aus Taiwan –: Sie kollidieren mit anderen Gegenbeispielen. Vor allem sieht man nicht, dass dieser Mangel an sexuellem Verlangen aus einer vorgängigen Umorientierung des sexuellen Interesses außerhalb des Familienkreises resultieren kann. Durkheim, den ich hier zitieren möchte, hatte das sehr genau begriffen: »Die inzestuösen Beziehungen und die familiären Bindungen erscheinen nur deshalb irreduzibel, weil wir diese letzteren Bindungen in eben dem Sinne konzipiert haben, dass sie jene ersteren unerbittlich ausschließen.« Und nicht nur wir, sondern die überwältigende Mehrheit der Gesellschaften.

»Mir scheint, dass das soziale Leben und die es umschließende empirische Realität in den Bereich des Zufälligen gehören.«

Wenn Sie das Buch heute neu zu schreiben hätten, was wäre dann Ihr Ausgangspunkt?

Vor allem würde ich mich hüten, es zu schreiben. Mit zunehmendem Alter bin ich zu vorsichtig geworden, als dass ich noch weit ausgreifende Synthesen riskierte. Ich glaube, es würde mir genügen zu sagen, dass, welche Bedeutung die aus dem Tierleben und aus der Gruppenpsychologie gewonnenen Beobachtungen auch haben mögen, die soziologischen Erwägungen hinreichend beweiskräftig sind, so beweiskräftig, dass wir keiner anderen Hypothesen bedürfen.

Für ein erstes Buch war es ein besonders ehrgeiziges Unternehmen.

Viel zu ehrgeizig, Sie haben recht.

Es ist 1949 erschienen und wird noch heute diskutiert.

Es ist von Anfang an angefochten worden und wird es noch immer. Die Tatsache aber, dass es in jeder Diskussion über diese Probleme eine gleichsam obligatorische Referenz darstellt, ist für mich sehr tröstlich.

Claude Lefort hatte Ihnen 1952 vorgeworfen, Sie präsentierten ein mathematisches Modell als realer denn die empirische Wirklichkeit.

Ich habe nie behauptet, dass man die Totalität menschlicher Erfahrungen auf mathematische Modelle reduzieren kann. Niemals bin ich auf die Idee gekommen – die mir sogar exzentrisch vorkäme –, dass die Gesamtheit des sozialen Lebens sich einer strukturalen Analyse unterwerfen lässt. Mir scheint im Gegenteil, dass das soziale Leben und die es umschließende empirische Realität in den Bereich des Zufälligen gehören (der Grund, aus dem ich mich vor der Geschichte verneige, die uns mit einer nicht reduzierbaren Kontingenz konfrontiert). Ich glaube einfach, dass sich in dieser gewaltigen empirischen Suppe, wenn Sie mir den Ausdruck einmal durchgehen lassen, in der die Unordnung herrscht, hier und da Inseln von Organisation bilden. Meine persönliche Geschichte und meine wissenschaftlichen Wahlentscheidungen haben darauf hingewirkt, dass ich mich mehr für sie als für das Übrige interessiere. Ich leugne deshalb freilich nicht die Existenz anderer Aspekte und das legitime Interesse, das andere daran nehmen mögen. Ich für meinen Teil habe mich entschieden, mich auf Bereiche – sogar sehr kleine Bereiche – zu konzentrieren, in deren Rahmen es möglich ist, ein wenig sachliche Strenge walten zu lassen, obschon ich weiß, dass das privilegierte Fälle sind. Ich weiß auch, dass diese Verfahrensweise, die ich praktiziere, die Totalität der Phänomene nicht erschöpft, ebenso wenig wie ein logisch-mathematisches Modell, das beispielsweise zur Erklärung einer meteorologischen Konstellation entwickelt worden ist, etwas über die von einem Sonnenuntergang ausgelöste ästhetische Empfindung aussagt. Wenn man diese Empfindung beschreiben und analysieren will, dann muss man sich ihr unter einem anderen Blickwinkel nähern und sich andere Weisen des Verständnisses erschließen.

Die Einwände von Claude Lefort aus dem Jahre 1952 sind ziemlich aufschlussreich, und zwar deshalb, weil sie eine ganze Reihe von Vorwürfen eröffneten, die folgen sollten, die Sie, möchte ich sagen, sogar verfolgen sollten, nämlich in Bezug auf Ihren »Formalismus«, »Theoretizismus«, »Abstraktionismus« ...

Meine Antwort wäre dieselbe.

Der Einwand von Rodney Needham war ein ganz anderer; er sagte, dass das aus der Analyse rekonstruierte Modell und die durch die Analyse abgeleitete Regel in der Realität nicht immer angewendet werden.

Ich würde sogar noch weiter gehen. Das Modell wird selten als solches angewendet. Es geht darum, zu wissen, was man zur Untersuchung auswählt. Das kann die Art und Weise sein, wie die Dinge sich konkret ereignen. Oder das, was sich im Geist der Leute ereignet, die, ohne getreue Beachtung ihrer Prinzipien, sagen, welches die rechte Art ist, sich zu verhalten. Diesen zweiten Aspekt habe ich in den *Strukturen* untersucht: nicht was die Leute tun, sondern was sie glauben oder behaupten, das getan werden muss.

Pierre Bourdieu stützt sich seinerseits auf seine ethnologischen Untersuchungen über Kabylien …

Die sehr bemerkenswert sind …

… um Ihren Begriff der Ehe-»Regeln« zu verwerfen und ihn durch »Strategien« zu ersetzen.

Das überrascht mich nicht, weil die Interessenschwerpunkte sich mit der Zeit verschieben. Man setzt den Akzent bald auf die durch Regeln bestimmten Aspekte des sozialen Lebens, bald auf die, in denen sich eine gewisse Spontaneität zu bekunden scheint. Es gibt tatsächlich Regeln, und es gibt tatsächlich Strategien. Die Strategien können die Regeln in Bedrängnis bringen, es kommt auch gelegentlich vor, dass in einer bestimmten Gesellschaft und in einer bestimmten Epoche die Strategien, über die die Individuen verfügen, ihrerseits keinerlei Normen gehorchen, und so weiter. Die Hauptsache ist, ausfindig zu machen, welche Beobachtungsweise beim gegenwärtigen Erkenntnisstand und im Hinblick auf ein bestimmtes Forschungsvorhaben die ergiebigste ist. Das kann die eine oder die andere, das können auch beide zugleich sein.

Wenn sie sich auf einem allgemeineren Gebiet bewegen, beweisen die vorgeschriebenen Wahlentscheidungen zwischen »diesem« und »jenem« vor allem, glaube ich, dass die angeblichen »Sozialwissenschaften« oder »Humanwissenschaften« von Wissenschaften nur den Namen haben. In den wirklichen Wissenschaften schließen die Beobachtungsebenen einander nicht aus; sie ergänzen und vervollständigen einander. Wir haben diesen Reifezustand noch nicht erreicht.

Die *Strukturen* erhoben gleichwohl lautstark einen wissenschaftlichen Anspruch.

Weil sie eine Anstrengung darstellten, eine Materie zu erhellen, in der Verwirrung herrschte. Bei jeder Gesellschaft, bei jedem Brauch verlor man sich in einer Vielzahl einzelner Erklärungen, die ich auf einige wenige Prinzipien zurückzuführen versucht habe. Das ist zwar keine Wissenschaft, lässt sich aber wenigstens von ihrem Geist beeinflussen.

Bei der Niederschrift des Buches hatten Sie dennoch den Eindruck, eine wissenschaftliche Beweisführung anzutreten?

Ich glaube nicht, dass unsere Human- und Sozialwissenschaften jemals Anspruch auf den Status wirklicher Wissenschaften erheben können. Ich habe mich allenfalls bemüht, einen kleinen Schritt in diese Richtung zu tun. Bei uns sind die Variablen zu zahlreich, ist der Beobachter auf unentwirrbare Weise in seine Beobachtungsobjekte verwickelt; und schließlich können die intellektuellen Mittel, über die er verfügt, weil sie derselben Komplexitätsebene angehören wie die untersuchten Phänomene, sie niemals transzendieren.

In den *Strukturen* haben Sie eine große Zahl von Verwandtschaftssystemen auf drei mögliche Lösungen zu-

rückgeführt, die sich ihrerseits wieder auf zwei Formen des Frauentausches gründen. Und Sie fügten hinzu, dass man im Sinne dieses Schemas idealerweise eine Tafel möglicher Verwandtschaftssysteme konstruieren könne, deren Zahl begrenzt sei. Halten Sie an dieser Analyse heute noch fest?

Im Großen und Ganzen ja, obwohl ich anerkenne, dass seither in der ethnologischen Literatur zahlreiche Systeme aufgetaucht sind, die man nicht kannte oder die zur Zeit meiner Niederschrift noch unzureichend bekannt waren. Diese Systeme stellen häufig Zwischenlösungen dar. Und das würde dazu führen, auf das Basisschema zwar nicht zu verzichten, es aber zu verkomplizieren und zu nuancieren.

Nehmen Sie das Beispiel der sogenannten »arabischen« Ehe, das heißt jener Ehe, die der Tochter des Vaterbruders als möglichem Ehepartner den Vorzug gibt, also der endogamen Ehe, bei der es keinen Tausch zwischen den Lineages gibt. Der Tausch vollzieht sich, wenn möglich, innerhalb ein und derselben Lineage: Man heiratet unter Kollateralen. Gleichwohl bleibt dieser Ehetypus überall da, wo man über Statistiken verfügt, in der Minderzahl, und selbst wenn man ihn auf sehr lockere Weise definiert (das heißt ohne die Unterscheidung zwischen entfernten und nahen Cousinen), geht er nicht über die Hälfte der erfassten Verbindungen hinaus, während die anderen dem exogamen Typ angehören – so als ob die Familien, anstatt ihre Frauen zu tauschen, untereinander das Recht austauschten, einige zu behalten, und zwar gegen die Verpflichtung, einige andere herzugeben. In jüngster Zeit haben junge und brillante Forscher gezeigt, dass die Dinge noch verwickelter sind. Eine Tendenz der Lineages, immer engere Beziehungen zu knüpfen, stellt ein Äquivalent zu dem wieder her, was ich damals verallgemeinerten Tausch genannt hatte, sodass die

Verwandtschaftsbeziehungen zwischen Ehepartnern, die, oberflächlich gesehen, dem Parallel-Typus angehören, auch Beziehungen von Kreuzcousins sind. Komplizierter noch als die Systeme, die ich damals ins Auge gefasst hatte, gehört dieses hier dennoch in den Kontext derselben Problematik.

Man kann die Systeme also auf einer idealen Tafel mit einer finiten Zahl aufgenommener Typen klassifizieren?

Bei den Gesellschaften mit elementaren Strukturen unzweifelhaft ja. Bei den Gesellschaften mit komplexen Strukturen stellen sich andere Probleme. Françoise Héritier-Augé hat einen großen Schritt in eine Richtung getan, den ich damals nur andeuten konnte. In diesen Gesellschaften, in denen es keine vorgeschriebene oder bevorzugte Ehe gibt, sondern nur verbotene Grade (wie das in vereinfachter Form auch in unserer eigenen Gesellschaft der Fall ist), können diese Verbote sehr zahlreich sein und zu genealogischen Berechnungen Anlass geben, die uns außergewöhnlich kompliziert erscheinen. Dank der Informatik hat man nun aber gezeigt, dass es so aussieht, als ob diese Verbote die Negativbilder positiver Vorschriften wären: Die beiden Typen von Systemen, das elementare und das komplexe, sind jeweils in die Sprache des anderen übersetzbar. Man kann sie also auf eine Einheit zurückführen; die Grundstruktur ist die gleiche.

In Ihrem Buch sprechen Sie von Frauen als ausgetauschten »Zeichen« und haben damit den Zorn der Feministinnen auf sich gezogen.

Sie haben mich schlecht verstanden oder schlecht gelesen, denn ich hebe hervor, dass es keine menschliche Gesellschaft gibt, die in ihren Frauen nicht ebenso sehr Werte wie

Zeichen sieht. Der Streit ist sinnlos, ebenso gut könnte man sagen, dass die Frauen die Männer tauschen; es genügte, das Zeichen + durch das Zeichen – zu ersetzen und umgekehrt, die Struktur des Systems würde dadurch nicht verändert. Wenn ich die andere Formel gebraucht habe, so deshalb, weil sie dem entspricht, was nahezu die Gesamtheit der menschlichen Gesellschaften denkt und sagt.

Es ist übrigens eindrucksvoll zu sehen, dass Simone de Beauvoir in ihrer Rezension von 1949, als sie selbst gerade *Das andere Geschlecht* veröffentlicht hatte, in diesem Punkt mit Ihnen absolut keinen Streit suchte.

Die Feministinnen könnten sich sogar auf die Art und Weise berufen, wie ich die Mythen analysiert habe, die die Ungleichheit der Geschlechter behandeln, ein zentrales Thema in *Vom Honig zur Asche* und in *Der Ursprung der Tischsitten.* In dem ersten der beiden Bücher – ich glaube im ersten Kapitel des dritten Teiles – stelle ich die Hypothese auf, dass egalitäre Gesellschaften, wenn sie ein Geschlecht dem anderen auf mystische Weise unterordnen, damit bereits eine Skizze realer, für sie aber noch unvorstellbarer oder unpraktikabler Lösungen entwerfen, die, wie die Sklaverei, darin bestehen, Menschen der Herrschaft anderer Menschen zu unterwerfen.[1]

In den *Strukturen* haben Sie in der Tat darauf bestanden, dass die Frauen nicht nur Zeichen sind, aber Sie sprachen dennoch vom ehelichen Tausch und verglichen ihn mit dem linguistischen oder ökonomischen Tausch.

Die Frauen sind keine Zeichen; in den betreffenden Gesellschaften jedoch fallen die Eheregeln in den Rahmen einer Problematik des Tausches: Zwischen biologischen Familien wird die Kommunikation durch die Zirkulation der Frauen gewährleistet.

Gegen Ende des Buches fassten Sie den Plan ins Auge, eine verallgemeinerte Theorie des Tausches und der Zeichen aufzustellen.

Eine weitreichende Perspektive, die ich lediglich zu weiterem Nachdenken empfahl.

Haben die Entwicklungen der biologischen Wissenschaften diesen Traum bestärkt?

Auf anschauliche Weise. Alles, was die Linguisten uns über die Sprache beigebracht haben und was ihre ausschließliche Eigenart zu sein scheint, existiert, wie wir gewahr wurden, auch im Innersten der lebendigen Materie selbst; der genetische und der verbale Code bieten dieselben charakteristischen Merkmale und funktionieren auf dieselbe Weise.

In bestimmter Hinsicht aber tragen diese Entdeckungen zur Tilgung des Gegensatzes Natur/Kultur bei.

Die Opposition behält ihren methodologischen Wert. Sie bildet unseren Schutzwall gegen die lebhaften Angriffe eines dürftigen und simplizistischen Geistes, etwa der Soziobiologie, die die kulturellen Phänomene auf an der Zoologie orientierte und ihr nachkopierte Modelle zurückführen möchte.

Wenn die Unterscheidung zwischen Natur und Kultur sich eines Tages abschwächte, dann vollzöge die Annäherung sich wohl nicht an dem, was man heute das *interface* von menschlichen und tierischen Phänomenen nennt, das heißt da, wo bestimmte menschliche Merkmale, etwa die

Aggressivität, Zügen zu ähneln scheinen, die sich im Verhalten anderer Gattungen ebenfalls beobachten lassen. Wenn sich die Annäherung vollzieht, dann am anderen Ende: zwischen dem, was es in den Mechanismen des Lebens an mehr Elementarem und mehr Fundamentalem, und dem, was es bei den menschlichen Phänomenen an Komplexerem gibt. Soll die Grenze aufgehoben werden, so wird das hinter der Bühne geschehen, auf der sich gegenwärtig die Auseinandersetzungen zwischen Verfechtern der Kultur und Verfechtern der Natur abspielen.

Im letzten Kapitel der *Strukturen* riefen Sie die Psychoanalyse in Erinnerung und namentlich *Totem und Tabu.* Sie gebrauchen den Ausdruck des Scheiterns. Das ist Ihre erste Polemik gegen die Psychoanalyse.

Ist das eine Polemik? Mit *Totem und Tabu* hat Sigmund Freud einen Mythos konstruiert, übrigens einen sehr schönen Mythos. Wie alle Mythen sagt freilich auch dieser uns nicht, wie die Dinge sich wirklich abgespielt haben. Er sagt, wie die Menschen sich vorstellen müssen, dass die Dinge sich abgespielt haben, um Widersprüche überwinden zu können.

Nahezu vierzig Jahre später sind Sie, am Ende von *Die eifersüchtige Töpferin,* auf diese Auseinandersetzung mit der Psychoanalyse zurückgekommen. Übrigens in durchaus schwerwiegenden Begriffen, wenn sie auch auf gefällige Weise vorgetragen werden.

Ich messe diesem unterhaltsamen Spaß nicht mehr Bedeutung zu, als er verdient. Die in *Die eifersüchtige Töpferin* untersuchten Mythen, vor allem die der Jíbaro, haben ja gerade den Reiz, dass sie die psychoanalytischen Theorien vorwegnehmen. Es musste vermieden werden, dass die Psychoanalytiker sich ihrer zur eigenen Legitimation bemächtigten. In Wirklichkeit ist das Gegenteil der Fall. Als Untertitel von *Totem und Tabu* hatte Freud gewählt: *Einige Übereinstimmungen im Seelenleben der Wilden und der Neurotiker*. Ich habe gezeigt, dass, wenn Übereinstimmungen existieren, sie eher zwischen dem Seelenleben der Wilden, um mit Freud zu sprechen, und dem der Psychoanalytiker bestehen.

Wann haben Sie Freud gelesen?

Sehr früh. Ich hatte einen Schulkameraden, dessen Vater, ein Psychiater, einer der Ersten war, die sich in Frankreich für Freud interessierten. Er arbeitete mit Marie Bonaparte zusammen und bewog mich dazu, die *Vorlesungen zur Einführung in die Psychoanalyse* und *Die Traumdeutung* zu lesen.

»Das Denken von Freud hat eine entscheidende Rolle in meiner geistigen Entwicklung gespielt.«

Sie haben die Psychoanalyse häufig heftig kritisiert …

Etliche meiner Freunde und Bekannten haben darin Zuflucht gesucht. Meine eigene Beziehung dazu hat einige Zweifel an der Therapie aufkommen lassen. Vor allem wollte ich der Versuchung widerstehen, die so viele Ethnologen, Soziologen oder Historiker verspüren: Wenn ihre Interpretationen zu kurz greifen, finden sie es bequem, anstatt sich erneut an die Arbeit zu machen, die Lücken, die sie vor sich sehen, mit diesen Allzweckerklärungen zu füllen, von denen die Psychoanalyse einen üppigen Vorrat besitzt.

Dennoch hat das Denken von Freud eine entscheidende Rolle in meiner geistigen Entwicklung gespielt, so wie das von Marx. Es lehrte mich, dass selbst die scheinbar unlogischsten Phänomene einer rationalen Analyse unterzogen werden können. Angesichts der Ideologien (kollektiver anstatt individueller Phänomene, die aber ihrem Wesen nach ebenfalls irrational sind) schien das Vorgehen von Marx mir vergleichbar: hinter den Erscheinungen eine aus logischer Sicht kohärente Grundlage zu finden, welche moralischen Urteile man auch darauf beziehen mag.

Sie sind Marx länger treu geblieben als Freud. Am Ende von *Das wilde Denken* proklamieren Sie 1962 erneut Ihre Bindung an Marx.

Nicht aus politischer, sondern unzweifelhaft aus philosophischer Sicht. Marx war der Erste, der in den Sozialwissenschaften systematisch die Modell-Methode benutzte. Das ganze *Kapital* beispielsweise ist ein im Laboratorium konstruiertes Modell, das sein Autor funktionieren lässt, um anschließend die postulierten Resultate mit den beobachteten Ergebnissen zu konfrontieren. Bei Marx fand ich auch jene grundlegende Idee, dass man das, was in den Köpfen der Menschen vor sich geht, nicht verstehen kann, ohne es auf die Bedingungen ihrer praktischen Existenz zu beziehen. Genau das habe ich in den *Mythologica* zu zeigen versucht.

In einem Artikel aus dem Jahr 1956 kündigt Jean Pouillon[2] ein Buch von Ihnen an: *Ethnologie und Marxismus.* Dieses Buch hat nie das Licht des Tages erblickt, aber

kann man daraus ableiten, dass Sie immer Marxist gewesen sind?

Ich habe häufig von Büchern geträumt, die ich nie geschrieben habe. Von »meinem Marxismus« kann man wohl nicht reden; vom gesamten Marx behalte ich nur einige wenige Lektionen. Vor allem die, dass das Bewusstsein sich selbst belügt. Und dann habe ich, wie ich Ihnen bereits sagte, über Marx zunächst Hegel und über Hegel wiederum Kant entdeckt. Sie fragen nach den Einflüssen, die auf mich gewirkt haben ... Im Grunde bin ich ein ganz gewöhnlicher Kantianer und gleichzeitig wahrscheinlich ein geborener Strukturalist – meine Mutter hat mir erzählt, dass ich, noch unfähig, zu laufen, und weit davon entfernt, lesen zu können, eines Tages aus der Tiefe meines Kinderwagens gekräht hätte, dass die ersten drei Buchstaben der Schilder von Fleischer und Bäcker »bou« bedeuten müssten [*boucher* und *boulanger*], weil sie in beiden Fällen die gleichen wären ... In diesem Alter suchte ich also bereits nach Invarianten.

Welche Prinzipien haben Sie von Kant übernommen?

Dass der Geist Zwängen unterliegt, dass er die Zwänge einem für immer unzugänglichen Realen auferlegt und dass er das Reale nur vermittels der Zwänge erfasst.

In diesem Sinne haben Sie in einer berühmten Passage von *Das wilde Denken* behauptet, dass die Ethnologie vor allem eine »Psychologie« ist. Diese Formel mochte paradox erscheinen.

Sie mag paradox erscheinen, wenn man die Ethnologie auf eine Sammlung von Gegenständen reduziert, deren Zweck es ist, im Museum ausgestellt zu werden. Doch von dem Augenblick an, da man in diesen Gegenständen ein gewissermaßen verdichtetes Denken sieht, bekommt die von Ihnen zitierte Formel einen anderen Sinn. Was wir in einer Entfernung von Tausenden von Kilometern oder in nächster Nähe suchen, sind Hilfsmittel zum Verständnis, wie der menschliche Geist funktioniert. Wir betreiben also eine Art Psychologie. Und was für Gegenstände Geltung hat, hat es erst recht, wenn man Glaubensinhalte, Bräuche und Institutionen ins Auge fasst.

Kapitel 11
SINNLICHE EIGENSCHAFTEN

***Das wilde Denken* ist von Ihren Büchern wahrscheinlich dasjenige, das die Sehweisen, über die Zirkel ethnologischer Spezialisten hinaus, am meisten verändert hat. Die Rehabilitierung des primitiven Denkens durch Sie ist zu einem Paradestück aller Anthologien des zeitgenössischen Denkens geworden.**

Ich wollte zeigen, dass sich zwischen dem Denken der sogenannten primitiven Völker und dem unsrigen kein Graben auftut. Als man in unseren eigenen Gesellschaften Bräuche und Glaubensinhalte, die fremd waren und den gesunden Menschenverstand irritierten, aufzuzeichnen begann, erklärte man sie als Spurenelemente oder Überreste von Formen archaischen Denkens. Für mich hatte es im Gegenteil den Anschein, dass diese Denkformen bei uns noch immer gegenwärtig, lebendig sind. Wir lassen ihnen häufig freien Lauf. Sie koexistieren mit anderen Denkformen, die sich auf die Wissenschaft berufen; sie sind mit gleichem Recht zeitgemäß.

Das war beispielsweise Ihr häufig zitierter Vergleich zwischen dem Basteln, der Bricolage, einerseits und der Verfahrensweise des mythischen Denkens andererseits.

Ich habe das Basteln als Beispiel für mit einer spezifischen Originalität ausgestattete Denkweisen gewählt, denen wir keine Beachtung schenken oder die wir nicht in Betracht ziehen, weil sie uns sinnlos oder sekundär erscheinen, während sie doch wesentliche Mechanismen der Tätigkeit des Geistes offenbaren und uns auf die gleiche Stufe mit intellektuellen Operationen stellen, die meilenweit von dem entfernt sind, was wir für modernes Denken halten. Im spekulativen Bereich geht das mythische Denken auf dieselbe Weise vor wie das Basteln im praktischen. Es verfügt über einen Schatz von Bildern, der durch Beobachtung der natürlichen Welt angehäuft wurde: Tiere, Pflanzen mit ihren Verbreitungsgebieten, ihren Unterscheidungsmerkmalen und ihren Nutzungsweisen in einer bestimmten Kultur. Es kombiniert diese Elemente, um eine Bedeutung zu konstruieren, so wie der Bastler, mit einer Aufgabe konfrontiert, die Materialien, die er zur Hand hat, benutzt, um ihnen, wenn ich so sagen darf, eine andere Bedeutung zu geben als die, die sie bei ihrer ursprünglichen Bestimmung hatten.

»Ich wollte zeigen, dass sich zwischen dem Denken der sogenannten primitiven Völker und dem unsrigen kein Graben auftut.«

Aber dieses Buch hatte eine größere epistemologische Reichweite …

Es war ein Versuch, die in der westlichen Philosophie klassisch gewordene Opposition von Sensiblem und Intelligiblem zu überwinden. Wenn die moderne Wissenschaft sich hat konstituieren können, dann um den Preis eines Bruches zwischen diesen beiden Sphären, zwischen dem, was man im 17. Jahrhundert sekundäre Eigenschaften nannte – das heißt den Gegebenheiten der sinnlichen Wahrnehmung: Farben, Gerüche, Geschmackswerte, Geräusche, ertastbare Texturen –, und den primären, den Sinnen nicht tributpflichtigen Eigenschaften, die die wahre Realität bildeten. Nun hat es für mich jedoch den Anschein, dass das Denken der sogenannten »wilden« Völker, das sich dieser Unterscheidung nicht fügte, seine gesamte Reflexion im Kontext der sinnlichen Eigenschaften vollzog und dennoch in der Lage war, auf diesem einen und einzigen Fundament eine Sicht der Welt zu begründen, die weder der Kohärenz noch der Logik entbehrte. Und die überdies leistungsfähiger war, als man gewöhnlich annahm.

Das, was Sie die »Wissenschaft des Konkreten« genannt haben …

Eine Verfahrensweise, die mir grundverschieden von der Wissenschaft erschien, wenn sie ihr auch vergleichbar blieb. Ein Gesichtspunkt, der, wie es für mich den Anschein hatte, von verschiedenen Tendenzen bestärkt wurde, die ich im zeitgenössischen naturwissenschaftlichen Denken wahrnahm. Ich habe leider in naturwissenschaftlichen Belangen keinerlei Sachkompetenz. Aber die traditionellen Wissenschaften von der Natur – Zoologie, Botanik, Geologie – haben mich stets fasziniert, wie ein Gelobtes Land, in das einzutreten mir nicht vergönnt sein würde. In den Vereinigten Staaten habe ich angefangen – und tue es seither weiter –, mit beharrlichem Eifer Zeitschriften wie *Scientific American*, *Science*, *Nature* zu lesen – ich füge heute *La Recherche* hinzu. Ich verstehe nicht alles, weit gefehlt. Aber das gab meinem Nachdenken Nahrung, und ich war beeindruckt zu sehen, dass die Naturwissenschaft, nachdem sie die sekundären Eigenschaften lange geächtet und dem Bereich des Sinnlichen den Rücken gekehrt hatte, sich jetzt anschickte, sie wieder zu integrieren. Sie befragt sich, was ein Geruch, ein Geschmack ist, über die Formen der Blumen und ihre Entwicklung, über die melodische Struktur des Gesanges der Vögel ... Häufig findet sie so zur objektiven Grundlage volkstümlicher Glaubensinhalte und sogar abergläubischer Vorstellungen zurück.

Im Gegensatz zu der These, die Foucault in *Die Ordnung der Dinge* aufgestellt hat – nämlich der These eines radikalen Bruches zwischen den »Epistemen« –, beobachte ich in der zeitgenössischen Naturwissenschaft eine Anstrengung, sich wieder mit den archaischen Etappen ihrer Entwicklung vertraut zu machen, um uraltes Wissen in ihre Deutung der Welt zu integrieren.

Zur Untersuchung dieser Wissenschaft des Konkreten, die das »wilde Denken« charakterisiert, haben Sie Ihrerseits eine beeindruckende Fülle von konkreten Kenntnissen angehäuft: über Pflanzen, Tiere, das Klima ...

Von dem Augenblick an, da ich *Das Ende des Totemismus* und *Das wilde Denken* zu schreiben begann, und bis zum Abschluss der *Mythologica* habe ich von Botanik-, von Zoologiebüchern umgeben gelebt ... Diese Neugier hat übrigens ihre Wurzel in meiner Kindheit.

Im vorliegenden Falle haben Sie das Stadium der einfachen Neugier aber weit hinter sich gelassen.

Das ist richtig. Ich musste mich auf allen diesen Gebieten sachkundig machen. Als Erinnerungsstück bewahre ich in meinem Büro einen volkstümlich »Kalbskopf« genannten Himmelsglobus auf, den ich von irgendeinem offiziellen

Verband geschenkt bekommen habe, an den ich mich zur Klärung meiner Zweifel gewandt hatte. Das ist ein Instrument, das die Astronomen nicht mehr benutzen, das mir jedoch gute Dienste geleistet hat bei der Bestimmung der Konstellationen, von denen in den Mythen die Rede ist. Die naturwissenschaftlichen Kenntnisse, die ich mir erwerben musste, gehen nicht über die hinaus, die man vor zwei Jahrhunderten besaß. Ich zog sie aus der *Enzyklopädie* von Denis Diderot und Jean-Baptiste d'Alembert, aus *Brehms Tierleben*, manchmal sogar aus Plinius' *Naturalis historia* …

Wenn man bedenkt, dass manche Kritiker Ihnen vorgehalten haben, Sie vernachlässigten das Konkrete!

Im Gegenteil, ich widme konkreten kleinen Einzelheiten eine nahezu manische Aufmerksamkeit.

Es ist diese Aufmerksamkeit für das Konkrete, die Sie wahrscheinlich besonders sensibel für die Rolle der »ästhetischen Einbildungskraft« im Spiel der totemistischen Institutionen gemacht hat.

Ja, weil einer der wesentlichen Unterschiede zwischen der Art und Weise, wie wir reflektieren, und der, wie es diese Völker tun, in unserem Bedürfnis nach Zerlegung besteht. Wir haben das von Descartes gelernt: die Schwierigkeit in so viele Teile aufzugliedern, wie zur leichtesten Lösung erforderlich sind. Das Denken der sogenannten primitiven Völker lehnt diese Zerstückelung ab. Eine Erklärung ist nur unter der Bedingung totaler Geltung von Wert. Wenn wir nach der Lösung eines besonderen Problems suchen, wenden wir uns an diese oder jene Naturwissenschaft oder an Recht, Moral, Religion, Kunst … Für die Völker, die von den Ethnologen untersucht werden, sind alle diese Bereiche miteinander verbunden. Und selbst jeder Ausdruck des Gemeinschaftslebens ist das, was Mauss eine »totale soziale Tatsache« nannte. Er bringt alle diese Aspekte gleichzeitig ins Spiel.

In *Das wilde Denken* ist das Vokabular der Linguistik allgegenwärtig, mehr noch als in *Die elementaren Strukturen der Verwandtschaft.*

Die Linguistik liefert wertvolle Begriffe, so den der binären Opposition, den des markierten oder nicht-markierten Terms ... Aber mehr noch geht es um das Vokabular des relationalen Denkens. Man hat das Wesen und die Bedeutung meiner Anleihen bei der Linguistik schlecht verstanden. Abgesehen von ihrem allgemeinen Einfluss – der, wie ich einräume, gewaltig ist –, reduzieren sie sich auf die Rolle der unbewussten Aktivität des Geistes bei der Hervorbringung logischer Strukturen, wie sie Boas hervorgehoben hat, der ebenso sehr Anthropologe wie Linguist war; und schließlich auf jenes fundamentale Prinzip, dass die konstitutiven Elemente keine ihnen selbst innewohnende Bedeutung haben, sie resultiert aus ihrer Position. Das gilt für die Sprache, und es gilt genauso für andere soziale Gegebenheiten. Ich glaube nicht, dass ich der Linguistik mehr abverlangt habe, und Jakobson war bei unseren Unterhaltungen der Erste, der anerkannte, dass ich von seinen Begriffen auf einem anderen Gebiet einen durchaus originären Gebrauch machte.

Der Begriff der »Transformation« nimmt in Ihren Analysen in *Das wilde Denken* einen zentralen Platz ein, wie er das auch später in den *Mythologica* tut. Bei wem haben Sie ihn entlehnt? Bei den Logikern?

Weder bei den Logikern noch bei den Linguisten. Ich habe ihn aus einem Werk, das für mich eine ausschlaggebende Rolle gespielt hat und das ich während des Krieges in den Vereinigten Staaten gelesen habe: dem zweibändigen Werk *Über Wachstum und Form* von D'Arcy Wentworth Thompson, dessen Erstausgabe im Jahr 1917 erschienen ist. Der Autor, schottischer Herkunft (ich habe in *Der nackte Mensch* versehentlich »Engländer« geschrieben), deutete als Transformationen die sichtbaren Unterschiede zwischen den Arten oder den tierischen oder pflanzlichen Organen im Rahmen derselben Gattung. Das war eine Erleuchtung, umso mehr, als ich bald bemerken sollte, dass sie im Banne einer langen Tradition stand – vor Thompson gab es die Botanik Goethes und vor Goethe Albrecht Dürer mit seinen *Vier Büchern von menschlicher Proportion.*

Nun ist allerdings der Begriff der Transformation mit der strukturalen Analyse aufs Engste verknüpft; ja, sämtliche Irrtümer, alle missbräuchlichen Verwendungen, die es mit oder an dem Begriff der Struktur gegeben hat, rühren daher, nicht begriffen zu haben, dass es unmöglich ist, sich die Struktur getrennt vom Begriff der Transformation vorzustellen. Die Struktur reduziert sich nicht auf das System: Sie ist ein Ganzes, zusammengesetzt aus Elementen und den sie verbindenden Beziehungen. Damit man von Struktur sprechen kann, müssen zwischen den Elementen und den Verhältnissen mehrerer Gesamtkomplexe invariante Beziehungen in Erscheinung treten, und zwar so, dass man mittels einer Transformation vom einen zum anderen Komplex übergehen kann.

Auf einem anderen Wege, den die Historiker der Ideengeschichte sicher besser zurückverfolgen können, ist der Transformationsbegriff in die Linguistik eingeführt worden, wahrscheinlich ebenfalls von Goethe ausgehend und von Wilhelm von Humboldt und Baudouin de Courtenay weitervermittelt. Sobald man sich über die Verschiedenheit, auf welchem Gebiet auch immer, anhand der verschiedenen Weisen, Elemente miteinander zu kombinieren, klar zu werden versucht, drängt sich der Rekurs auf den Begriff der Transformation auf.

Operiere ich mit einem einzigen Prinzip, dem Tausch der Frauen in den Untergruppen der Gesellschaft, um alle Eheregeln durchsichtig zu machen, so müssen diese nach Zeit und Ort voneinander verschiedenen Regeln sich auf die Phasen ein und derselben Transformation zurückführen lassen. Ebenso wenn der Linguist das Verzeichnis der Phoneme aufstellt, die der Stimmapparat zu bilden in der Lage ist, und die Zwänge erkundet, denen sich jede Sprache beugen muss, um eben diesem gemeinsamen Fundus die Elemente ihres besonderen phonologischen Systems zu entnehmen. Schon der Begriff des Phonems selbst setzt voraus, dass die divergierenden Lauteigenschaften, wie sie die Phonetik aufzeichnet, optionelle oder kontextuelle Transformationen einer invarianten Realität auf einer tieferen Stufe sind.

Der unerlässliche Rekurs von Linguistik und Anthropologie auf einen Begriff, der (mit Dürer) aus der Ästhetik und (mit Goethe und Thompson) aus den Naturwissenschaften abgeleitet ist und dessen Ursprünge bis ins 16. Jahrhundert zurückreichen, lieferte mir einen zusätzlichen Beweis dafür, dass, wie ich eben sagte, die wissenschaftliche Reflexion in ihrem Fortgang nicht mit ihrer Vergangenheit bricht, sondern sie sich gelegentlich mit Erfolg wieder aneignet.

Interessieren Sie sich heute weiterhin für die Entwicklungen der Linguistik?

Die Linguistik ist derart hochdifferenziert und kompliziert geworden, dass ich mich nicht mehr in der Lage fühle, ihrer

Entwicklung zu folgen. Diejenige, die Jakobson praktizierte, versetzte mich in Spannung wie ein Kriminalroman. Sein rednerisches Talent und sein Gespür für Dramatik hatten daran zweifellos einen gewissen Anteil. Benveniste verfügte über ein ganz anderes Temperament. Und bei der Lektüre dieser beiden Großmeister des Strukturalismus hatte man – und hat man immer noch – das Gefühl, an einem großen Abenteuer des Geistes teilzunehmen. Das, was heute gemacht wird, erscheint mir vergleichsweise von abstoßender Trockenheit.

»Die Linguistik, die Jakobson praktizierte, versetzte mich in Spannung wie ein Kriminalroman.«

Interessieren Sie sich etwa nicht für die »generative Grammatik« von Noam Chomsky?

Ich ziehe die Bedeutung von Chomskys Beitrag durchaus nicht in Zweifel. Er spielt bei bestimmten Entwicklungen der angewandten Linguistik, etwa den Übersetzungsmaschinen, eine bedeutende Rolle. Gleichwohl betone ich, dass diese Mischung von empirischen Rezepten und scholastischer Argumentation meiner Denkweise fremd ist.

Dennoch könnte man sagen, dass Sie sich an einer »generativen Anthropologie« versucht haben oder dass Sie, jedenfalls in dem die Analyse von Mythen betreffenden Teil Ihrer Forschungsarbeit, eine Art »generative Mythologie« betrieben haben. Ich glaube sogar, dass Sie selbst einmal diesen Ausdruck gebrauchten.

Uns ist die Vorstellung vertraut, dass der Geist mit begrenzten Mitteln unzählige Kombinationen erzeugt. Gleichwohl beunruhigt mich die Emsigkeit, mit der Philosophen aus der Chomskyschen Linguistik metaphysische Konsequenzen ziehen. Artikulierte Sprache ist nur dem Menschen eigentümlich, einverstanden. Bringt er aber das Wunder fertig, mittels einer endlichen Zahl von Regeln eine unendliche Zahl von Aussagen zu bilden? Und lässt sich daraus ein Argument zugunsten des einzigartigen Ranges ableiten, den der Mensch angeblich in der Schöpfung einnimmt?

Von den Linguisten formuliert, ist die erste These legitim, wenngleich sie nur annähernd richtig ist: Der Reichtum der Kombinationen ist so groß, dass in der Praxis alles so aussieht, als ob sie wahr wäre. Dennoch bleibt gültig, dass ein finites Korpus von Regeln – das in einem bestimmten Augenblick ein finites Vokabular ins Spiel bringt, um Sätze zu erzeugen, deren Länge nicht begrenzt ist, deren Wahrscheinlichkeit sich jedoch bis zum völligen Verschwinden mindert, wenn die Länge zunimmt – nur einen finiten Diskurs hervorbringen kann; selbst wenn, wie beim Schachspiel, Millionen von Sprechern oder Spielern die Kombinationen niemals erschöpfen werden. Was die zweite These angeht, so erinnert dieser Sprung in die Metaphysik und in einen gewissen humanistischen Mystizismus an das, was viele Biologen machen, wenn sie die genetische Verschiedenartigkeit als Beweis für die moralische Verpflichtung anführen, jeden Einzelmenschen wegen seines unersetzlichen Wesens zu respektieren. Jeder Mensch war immer einzigartig, ist es und wird es immer sein, nun gut. Aber der Mensch unterscheidet sich in dieser Hinsicht nur insoweit von anderen Lebewesen, sogar den einfachsten, als er sich nicht gehalten fühlt, sie als Individuen zu respektieren, die doch ebenfalls einzigartig sind. Die Wissenschaft köchelt keine kleine Sondermoral für unseren Eigenbedarf.

Kapitel 12
DIE SIOUX, DIE PHILOSOPHEN UND DIE WISSENSCHAFT

***Das wilde Denken* ist dem Gedenken an Maurice Merleau-Ponty gewidmet ...**

Ein Zeugnis der Dankbarkeit. Wir haben darüber im Zusammenhang mit meiner Aufnahme ans Collège de France gesprochen.

Und das Werk schließt mit einem polemischen Kapitel gegen Sartre, etwa dreißig Seiten, die seit 1962 eine Menge Tinte haben fließen lassen.

Die *Kritik der dialektischen Vernunft* war 1960 erschienen, während ich noch an *Das wilde Denken* schrieb. Ich habe ein ganzes Jahr meines Seminars an der École des hautes études dem Studium von Sartres Buch gewidmet. Lucien Sebag hat mir dabei geholfen. Er las die *Kritik* gleichzeitig mit mir, und wir haben oft darüber gesprochen, beinahe in Dialogform. Die Perspektive, die Sartre einnahm, schien mir das Gegenteil derjenigen der Anthropologen zu sein, die in ihrer Disziplin eines der Mittel zum besseren Verständnis der Funktionsweise des menschlichen Geistes erblicken, während Sartre, wie mir schien, von der Anthropologie irritiert war und es vorzog, sie unter verschiedenen Vorwänden zu evakuieren.

Die Polemik zwischen Sartre und Ihnen ist ziemlich lebhaft gewesen.

Es hat keine wirkliche Polemik gegeben. Meines Wissens hat Sartre nie geantwortet, abgesehen von einem Interview, in dem er nur sagte, ich hätte gar nichts begriffen.

Ich glaube zu wissen, dass er mehrfach geantwortet hat: in der Zeitschrift *L'Arc*, wo er 1966 erklärte, dass Sie zum Misskredit, in den die Geschichte geraten ist, beigetragen hätten, und in einer ebenfalls aus dem Jahre 1966 stammenden Unterhaltung über die Anthropologie, wiederabgedruckt in *Situations IX*, wo er zwischen der Anthropologie der Ethnologen, für die der Mensch lediglich Objekt ist, und der philosophischen Anthropologie unterscheidet, die er selbst zu begründen versucht und in der der Mensch »Subjekt-Objekt« ist.

Sie wissen zu dieser Frage mehr als ich, und das zeigt ja sehr deutlich, dass ich nicht polemisiert habe!

Richtig ist, dass Sie den Angriff nicht erwidert haben.

Für mich war das nicht essenziell. Das Schlusskapitel von *Das wilde Denken* resultierte aus einer Begegnung, die sich dem bloßen Zufall der Erscheinungsdaten unserer Bücher verdankt.

Glauben Sie denn, dass man Ihr Buch lesen kann, ohne dieses Kapitel zu lesen?

Nicht ganz, denn ich habe darin auch meine Konzeption der drei historischen *durées* aufgestellt, die von der Braudels sehr verschieden ist.

Ihre Kritik an Sartre war sehr gewichtig. Wenn Sie in *Das Ende des Totemismus* sagen, dass die Philosophie Bergsons dem Denken der Sioux ähnelt, findet man das spaßig, weil Bergson nicht mehr sehr präsent ist …

Geben Sie zu, dass die Ähnlichkeit auffallend ist. Der Text von Bergson und die Aussage des Sioux-Weisen, die ich zitiere, sind beinahe identisch.

»Henri Bergson meditiert über metaphysische Probleme, wie das auch ein Indianer tun könnte und wie es die Sioux tatsächlich getan haben.«

Allerdings. Schwieriger wäre es wohl einzuräumen, dass das Denken Sartres als zeitgenössischer Mythos betrachten werden kann.

Ich stecke die beiden nicht in denselben Sack. Henri Bergson meditiert über metaphysische Probleme, wie das auch ein Indianer tun könnte und wie es die Sioux tatsächlich getan haben. Indem ich sie aufeinander beziehe, erweise ich dem Denken Bergsons Ehre, das, über Zeit und Raum hinweg, seine Wurzeln in die tiefste Schicht des menschlichen Denkens einsenkt, in die tiefste Schicht dessen, was es an Universalem haben kann.

Bei Sartre ist das Gegenteil der Fall. Sein Denken ist in einer Ideologie verwurzelt, die die seiner Epoche, seines geistigen Milieus ist. Auch dieses Denken in einen mythologischen Kontext zu stellen, der im vorliegenden Fall die

Französische Revolution wäre (denn in unserer Gesellschaft spielt die Revolution von 1789 tatsächlich die Rolle eines Gründungsmythos), relativiert das Denken Sartres, anstatt es zu universalisieren.

Eines der Probleme, die Sartre aufwarf, war in der Tat das der Französischen Revolution und ihrer geschichtsstiftenden Rolle. Erkennen Sie dennoch an, dass das ein bedeutsames Ereignis war?

Das Wort ist zu schwach. Die Revolution hat Ideen und Werte in Umlauf gebracht, die zunächst Europa und dann die ganze Welt fasziniert haben und Frankreich für mehr als ein Jahrhundert ein außergewöhnliches Prestige und eine glanzvolle Ausstrahlung verschafften. Gleichwohl kann man sich fragen, ob nicht die Katastrophen, die über das Abendland hereingebrochen sind, ihren Ursprung ebenfalls dort haben.

In welchem Sinne?

Weil man den Leuten in den Kopf gesetzt hat, die Gesellschaft in Kategorien des abstrakten Denkens zu fassen und zu beschreiben, während sie doch aus Gewohnheiten, aus Bräuchen besteht, und dass man, wenn man diese zwischen den Mühlsteinen des Verstandes zerreibt, auf eine lange Tradition gegründete Lebensweisen pulverisiert, dass man die Individuen auf einen Zustand austauschbarer und anonymer Atome reduziert. Die wirkliche Freiheit kann nur einen konkreten Inhalt haben; sie besteht aus dem Gleichgewicht lockerer Zusammengehörigkeitsgefühle, schwacher Solidarbindungen, kurz, eben dem, woran die theoretischen Ideen, die man als rational proklamiert, sich abmühen; und wenn sie an ihr Ziel gekommen sind, bleibt ihnen nur noch, sich gegenseitig zu zerstören. Wir beobachten heute das Ergebnis.

Worin sehen Sie, wenn man die Französische Revolution zum Gründungsereignis der zeitgenössischen Welt machen will, eine »mythologische« Äußerung?

Jedenfalls eine Äußerung, die noch immer in den Bereich jener Mythologie gehört, die man während des gesamten 19. Jahrhunderts zu konstruieren bemüht war und die man anlässlich der Zweihundertjahrfeier wiederzubeleben versucht.

Und deren Erbe Sartre ist?

In eben dem Maße, in dem er kein konkretes Bild der Ereignisse bietet. Er entwickelt ein abstraktes Schema der Geschichte, dergestalt, dass die Französische Revolution für die heutige Menschheit die Rolle eines Mythos spielen kann.

Sartre ist für Sie ein Mensch des 19. Jahrhunderts?

Bringen Sie mich nicht dazu, Sartre anzugreifen. Welche Klagen man auch gegen ihn erheben mag, er war ein Geist von einer Kraft, die Achtung und Respekt gebietet. Was das 19. Jahrhundert betrifft, so war es auf naturwissenschaftlichem, literarischem und künstlerischem Feld eines der bedeutendsten. Wer wäre auf diesen Gebieten nicht gerne ein Mensch des 19. Jahrhunderts?

Ihre Auseinandersetzung mit Sartre stand sinnbildlich für die Auseinandersetzung zwischen der Philosophie und den Humanwissenschaften, die einen schärferen Ton anschlug …

Ja. Jedenfalls hat man sie auf diese Weise interpretiert, obwohl das letzte Kapitel von *Das wilde Denken* von Philosophie durchtränkt war.

Bei den beiden Repliken von Sartre, die ich erwähnte, und bei einem früheren Text von Merleau-Ponty mit dem Titel »Philosophie et sociologie«, der 1960 in den Sammelband *Signes* aufgenommen wurde, hat man tatsächlich den Eindruck, dass die Autoren die Überlegenheit des Philosophen verteidigen wollten, die Sie gerade angefochten hatten.

Merleau-Ponty glaubte augenscheinlich an das philosophische Denken. Er wollte, wie ich Ihnen erzählt habe, sogar die »große Philosophie« wiederherstellen. Zwischen Sartre und ihm gab es aber einen Unterschied: Sartre machte die Philosophie zu einer geschlossenen Welt. Von den politischen Kämpfen abgesehen, ignorierte er entschlossen alles, was draußen geschah, insbesondere auf naturwissenschaftlichem Gebiet, dem Merleau-Ponty wiederum mit wacher Aufmerksamkeit begegnete. Er hatte eine Neugier, die Sartre fehlte.

Behält die Philosophie in Ihren Augen einen Rang in der Welt von heute?

Sicherlich, aber unter der Bedingung, dass sie ihre Reflexion auf die laufende wissenschaftliche Forschung und deren Ergebnisse stützt. Die »große Philosophie«, wie Merleau-Ponty sagte, war das Werk von Männern, die die bedeutendsten Gelehrten ihrer Zeit waren. Ihre philosophische Reflexion gründete sich auf ihre wissenschaftlichen Errungenschaften. Die beiden Funktionen sind heute voneinander abgekoppelt. Doch die Philosophen können sich nicht ungestraft absondern und isolieren von einer Wissenschaft, die nicht nur unsere Sicht des Lebens und der Welt ungeheuer erweitert und umgestaltet, sondern auch die Regeln der Funktionsweise des Denkens umgestürzt hat.

Kapitel 13
IM MÜLLEIMER DER GESCHICHTE

Die Polemik gegen Sartre war nicht nur eine Konfrontation der Humanwissenschaften mit der Philosophie – da Sie ihm vorwarfen, die Geschichte überprivilegiert zu haben, brachte sie auch das Problem des Verhältnisses von ethnologischer Reflexion und Geschichte auf. Das ist ein Problem, das in Ihrem Werk häufig wiederkehrt. Schon 1949 hatten Sie einen Aufsatz mit dem Titel »Geschichte und Ethnologie« veröffentlicht, der als Einleitung zur *Strukturalen Anthropologie* wieder aufgenommen wurde.

Was ich Sartre zum Vorwurf machte, war nicht die Privilegierung der Geschichte, sondern die Konstruktion einer Geschichtsphilosophie, die mir, wie ich vorhin sagte, in den Bereich des Mythos zu gehören schien. Was mich betrifft, so interessiert mich nichts mehr als die Geschichte, und zwar seit geraumer Zeit.

Den Aufsatz, von dem Sie sprechen, habe ich 1948 geschrieben. Ich erinnere mich nicht mehr, ob er von der *Revue de Métaphysique et de Morale* in Auftrag gegeben worden war oder ob ich ihn spontan verfasst hatte. Jedenfalls ging er aus einer Überlegung hervor, die von der Lektüre der Arbeiten Lucien Febvres angeregt worden war, mit der ich damals gerade begann.

Sie kannten ihn?

Unsere Beziehungen gehen bis zu dem Zeitpunkt zurück, als ich nach Frankreich heimkehrte, also 1948. Er hatte einen Artikel bemerkt, den ich in *Renaissance* veröffentlicht hatte – der Zeitschrift der École libre des hautes études von New York –, einen Artikel mit dem Titel »Die Zweiteilung der Darstellung in der Kunst Asiens und Amerikas«[3]. Sobald er die Sechste Sektion der École pratique des hautes études (die später zur École pratique des hautes études en sciences sociales werden sollte) gegründet hatte, forderte er mich auf, dort Vorträge zu halten.

»Was ich Sartre zum Vorwurf machte, war die Konstruktion einer Geschichtsphilosophie, die mir in den Bereich des Mythos zu gehören schien.«

In diesem 1949 erschienenen Aufsatz liest man markante Sätze wie: »Alles ist Geschichte«, oder: »Sehr wenig Geschichte ist besser als gar keine Geschichte« …

Ich war von Malinowskis Einstellung zur Geschichte schockiert, ebenso von der, die ich bei manchen amerikanischen Anthropologen beobachtete, mit denen ich damals verkehrte. Viele von ihnen waren davon überzeugt, dass man sich an die Feldforschung machen müsse, ohne das geringste Vorwissen von der betreffenden Population zu haben, ohne sich sein Urteil durch die Kenntnis ihrer Vergangenheit oder die Lektüre älterer Zeugnisse trüben zu lassen. Sie meinten, so eine Frische der Beobachtung erhalten zu können, und begriffen nicht, dass, was sie machten, sie bloß verarmen ließ. Dies alles verriet Naivität und Sophistik.

Braudel hat einige Jahre später einen ähnlichen Vorwurf gegen Sie erhoben. In seinen *Schriften zur Geschichte* führt er einen Satz aus Ihrem Aufsatz »Diogenes schläft« an: Eine einzige mit einem Zeitgenossen Platons verbrachte Stunde, so schrieben Sie da, trüge mehr zum Verständnis der Kohärenz oder der Inkohärenz der griechischen Zivilisation bei als sämtliche Arbeiten unserer Historiker. Und Braudel kommentierte: Ja, ganz richtig, aber nur deshalb, weil diese Reise durch die Lektüre aller dieser Arbeiten der Geschichtswissenschaft vorbereitet gewesen wäre.[4]

Ich habe da einen flüchtigen Einfall vorgebracht, den Braudel zu Recht kritisiert hat. Trotzdem würde ein im Athen des 5. Jahrhunderts gedrehter Film von fünf Minuten Länge die Anschauung, die uns die Historiker davon vermitteln, von Grund auf verändern. Ich habe gerade gesagt, dass die Beobachtung an Ort und Stelle zwar sachkundig und gut vorbereitet sein muss. Aber nichts kann sie ersetzen.

In dem Aufsatz von 1949 behaupten Sie überdies, dass Geschichte und Ethnologie denselben Forschungsgegenstand haben: das Verständnis des sozialen Lebens – in dem einen Fall, um dessen bewusste Ausdrucksformen erfassen zu können, und in dem anderen Fall seine unbewussten. Dieser Satz sollte in der Folge ausschweifend kommentiert …

… und von den Historikern der Annales-Schule verdammt werden. Sie haben nicht verstanden, dass ich als Ausgangspunkt meines Artikels Grenzfälle in Betracht zog: einerseits die ganz traditionelle Historiographie, die sich den Regierungen, den Eheschließungen, den Kriegen, den Verträgen widmet, und andererseits die Ethnologie mit den Mitteln der strukturalen Analyse. Nun ist es freilich richtig, dass die erstere vollständig auf schriftlichen Zeugnissen, also auf bewussten Ausdrucksformen, beruht und die zweite versucht, die hinter den beobachteten Praktiken die sie lenkenden unbewussten Mechanismen zu erhellen.

Diese Opposition schwächt sich im Werk von Lucien Febvre und derer, die sich auf ihn berufen, ab. Die Entwicklung verdankt sich jedoch zunächst den Lehren, die Febvre selbst aus der Durkheimschen Soziologie gezogen hat (von deren übertriebener Autorität er die Geschichtsschreibung befreien wollte), und später schuldet sie vieles dem Beitrag, den die Ethnologie zur Geschichtsschreibung geleistet hat. Die *nouvelle histoire*, wie man sie genannt hat, ist an der Ethnologie erstarkt. Mein Artikel versuchte zu zeigen, dass eine verhängnisvolle und veraltete Opposition einem Projekt zu weichen hatte, das Ethnologen und Historiker fortan gemeinsam und in enger Kooperation verfolgen sollten.

Und eben das ist geschehen.

Seit etwa dreißig Jahren entspinnt sich zwischen unseren Disziplinen ein Dialog. Die Historiker haben die Bedeutsamkeit der minderen Fakten des Alltagslebens eingesehen, aus denen die Ethnologie ihre Substanz zieht und denen ihre Vorgänger kaum Beachtung schenkten. In den Vereinigten Staaten habe ich einmal – es war 1952 bei dem von der Wenner-Gren Foundation organisierten Anthropologenkongress – gesagt, wir seien die Lumpensammler der Geschichte und suchten unser Wohl in ihren Mülleimern, was ganz unterschiedliche Reaktionen auslöste; meine

Kollegen schätzten diesen Vergleich durchaus nicht. Gegen Ende der Sitzung kam Margaret Mead auf mich zu und sagte: »Es gibt Worte, die man niemals aussprechen darf.« Von diesem Tage an datierte unsere Freundschaft, die bis zu ihrem Tode gedauert hat.

Nun haben aber die Historiker entdeckt, dass diese lange verschmähten Abfälle, die in den Chroniken, in den Denkwürdigkeiten der Zeit, aber auch in der Literatur lagerten, von gleicher Natur waren wie die Beobachtungen, welche die Ethnologen bei der Feldforschung machten, und dass sie sie auswerten konnten.

Um 1950 fand ich wahre Freude an einer Reihe von Büchern von Alfred Franklin, die eine Sammlung bildeten, die dem Privatleben im Frankreich des 13. bis 18. Jahrhunderts gewidmet war, und die ich von Zeit zu Zeit bei den Bouquinisten aufstöberte; insgesamt etwa zwanzig Bände. Franklin war Konservator an der Bibliothèque Mazarine gewesen, und zwar zu der Zeit, als Proust dort zeitweilig angestellt war; es hat den Anschein, dass er nie zur Arbeit erschien. Und dennoch unternahm auch sein Chef auf seine Weise eine bewundernswerte Suche nach der verlorenen Zeit! Die Bücher von Franklin gehörten bereits in den Rahmen dessen, was man heute historische Anthropologie nennt, ein Fachgebiet, das bei den Historikern sehr in Mode gekommen ist und sich jetzt ins Rampenlicht drängt. Denn das Publikum – und das ist nur zu verständlich – interessiert sich mehr für die Lebensweisen unserer Ahnen als für die der südamerikanischen oder melanesischen Eingeborenen …

Gelegentlich hört man, dass der Aufsatz von Braudel über die *longue durée* eigens zu dem Zweck geschrieben worden sei, Ihrem Einfluss auf die Historiker entgegenzuarbeiten …

Ich maße mir nicht an, das zu glauben. Er hatte, stelle ich mir vor, andere und bessere Gründe. Ich gebe allerdings zu, dass zu einem bestimmten Zeitpunkt die Gunst, die die Ethnologie in der öffentlichen Meinung genoss, die Historiker beunruhigen mochte. Im Abstand von einigen Jahrzehnten wiederholte sich die Situation bei Lucien Febvre gegenüber der Durkheim-Schule. In beiden Fällen hat die Geschichtswissenschaft sich ihre Autonomie zu bewahren gewusst, indem sie sich an den Beiträgen ihrer Konkurrentin bereicherte.

Doch haben auch die Historiker viel zur ethnologischen Forschung beigetragen.

Ohne jeden Zweifel. Dem Fächer von im Raum ausgebreiteten Gesellschaften, von denen wir Kenntnis hatten, haben sie, wenn ich so sagen darf, Gesellschaften hinzugefügt, die einander in der Zeit überlagern. Die Zahl »feststehender« Erkenntnisse, auf die wir bauen konnten, hat sich dadurch mit einem substanziellen Koeffizienten multiplizieren lassen. Dank dieses Koeffizienten hat sich eine merkwürdige Umkehrung vollzogen. In einer ersten Phase hat sich die Annales-Schule von der alten Geschichtswissenschaft abgewandt, der der Chronisten und Memoirenschreiber, um ihr Interesse den Tiefenbewegungen im demographischen, ökonomischen oder ideengeschichtlichen Feld zuzuwenden, während die Ethnologen den entgegengesetzten Weg einschlugen. Denn es ist gerade die ereignisbezogene und sogar anekdotische Geschichte, die über die Art und Weise Aufschluss gibt, wie früher Ehebündnisse geschlossen wurden, wie sich die Verwandtschaftsnetze bildeten und wie, in den königlichen und adligen Familien ebenso wie in den traditionellen bäuerlichen Gemeinschaften, die Gütervererbung vor sich ging. Indem wir die Dinge auf diesem

Umweg erfassen, gelingt es uns, Passagen, Gelenkstellen ausfindig zu machen, die es erlauben, entlegene und exotische Gesellschaften mit den älteren Stadien unserer eigenen Gesellschaft zu vergleichen – erneut kreuzen sich die Bahnen von Geschichtswissenschaft und Ethnologie, aber, wie man hoffen darf, um fortan von diesem Knotenpunkt aus dieselbe Richtung einzuschlagen.

In Ihrem Artikel von 1949 sprachen Sie auch von der »unbewussten Aktivität des Geistes«, die darin bestehe, »einem Inhalt Formen« aufzuerlegen. Und Sie fügten hinzu, dass diese Formen in allen Gesellschaften identisch seien, gleichgültig, ob es sich um alte oder moderne, primitive oder zivilisierte Gesellschaften handele. Gerade diese Formeln haben die Historiker veranlasst, Ihnen eine ahistorische Konzeption der Funktionsweise des Geistes zum Vorwurf zu machen.

Das ist ein Missverständnis. Als ich den alten Begriff des Wesens des Menschen wieder zur Geltung brachte, erinnerte ich nur daran, dass das menschliche Gehirn überall gleich beschaffen ist und dass folglich identische Zwänge auf die Funktionsweise des Geistes einwirken. Dieser Geist aber setzt sich nicht überall mit denselben Problemen auseinander. Die Probleme werden, in außerordentlich verschiedenartigen Formen, von der geographischen Umwelt, vom Klima, vom Zivilisationsstand, auf dem sich jede Gesellschaft zum Zeitpunkt ihrer Untersuchung befindet, von ihrer jüngeren oder älteren historischen Vergangenheit markiert – und für jedes einzelne Mitglied der Gesellschaft von seinem Temperament, seiner individuellen Geschichte, seiner Stellung in der Gruppe und so weiter. Die Maschinerie ist überall die gleiche, nicht jedoch die Eingänge und die Ausgänge.

Im Zusammenhang mit Ihnen hat man dennoch von einem »neuen Eleatismus« (einer Art Ablehnung von Bewegung) gesprochen.

Das ist schlicht absurd, und die Historiker, die mir eine Privilegierung des Unbeweglichen unterstellt haben, sollten das als Erste anerkennen. Denn wie könnten sie rekonstruieren, was sich in den Köpfen der Menschen abspielte, die vor zwei, drei oder vier Jahrhunderten lebten, wenn sie nicht mit dem Postulat begännen, dass es etwas Gemeinsames zwischen ihnen und uns gibt und dass die Menschen im Grunde genommen auf die gleiche Weise denken? Andernfalls würden das Vergangene und das Entlegene gleichermaßen unerreichbar. Für die Historiker versteht sich diese Konstante von selbst; sie sehen gar nicht, dass sie ungeheure Probleme aufwirft, mit denen sich auseinanderzusetzen andere das Recht und die Pflicht haben.

Um den Vorwürfen der Historiker zu begegnen, haben Sie die Unterscheidung eingeführt zwischen »kalten Gesellschaften«, wie sie der Ethnologe untersucht und in denen es keine Geschichte gibt, und »heißen Gesellschaften«, wie sie der Historiker studiert. Aber das ist wiederum eine Unterscheidung, die mehr Probleme hervorgebracht als beseitigt hat.

Ich habe diese Begriffe in meinen *Entretiens* mit Georges Charbonnier eingeführt.[5] Und ich habe sie in meiner Antrittsvorlesung am Collège de France wieder aufgenommen, um noch einige weitere Missverständnisse zu zerstreuen. Wenn ich von »heißen« und »kalten« Gesellschaften spreche, dann habe ich Grenzfälle vor Augen. Ich habe hundert Mal gesagt, geschrieben und wiederholt, dass keine Gesellschaft absolut »heiß« oder »kalt« ist. Das sind theoretische

Begriffe, derer wir bedürfen, um unsere Hypothesen zu schmieden. Die empirischen Gesellschaften verteilen sich längs einer Achse, deren Pole unbesetzt bleiben.

Zweitens treffe ich keine objektive Unterscheidung zwischen verschiedenen Gesellschaftstypen. Ich bezeichne die subjektive Einstellung, welche die menschlichen Gesellschaften ihrer eigenen Geschichte gegenüber einnehmen. Wenn wir von »primitiver« Gesellschaft sprechen, dann setzen wir Anführungszeichen, damit deutlich wird, dass der Ausdruck unangemessen und uns nur vom Sprachgebrauch diktiert ist. Gleichwohl stimmt er in gewisser Hinsicht. Die Gesellschaften, die wir »primitiv« nennen, sind es in gar keiner Weise, möchten es jedoch sein; sie träumen davon, primitiv zu sein, denn ihr Ideal wäre es, in dem Zustand zu verharren, in dem die Götter oder die Ahnen sie zu Anbeginn der Zeiten geschaffen haben. Wohlgemerkt, sie betrügen sich selbst und entrinnen der Geschichte ebenso wenig wie die anderen. Doch diese Geschichte, der sie misstrauen, die sie nicht gutheißen, lassen sie über sich ergehen, während die heißen Gesellschaften – zum Beispiel die unsrige – auf die Geschichte mit einer radikal anderen Einstellung antworten. Wir erkennen nicht nur die Existenz der Geschichte an, wir widmen ihr sogar einen Kult, weil – das Beispiel Sartres macht das deutlich – die Kenntnis, die wir von unserer kollektiven Vergangenheit haben wollen oder zu haben meinen, oder genauer: die Art und Weise, wie wir sie interpretieren, uns dazu dient, die Entwicklung der Gesellschaft, in der wir leben, zu legitimieren oder zu kritisieren und ihre Zukunft zu lenken. Wir verinnerlichen unsere Geschichte, wir machen sie zu einem Element unseres moralischen Bewusstseins.

Im Zuge einer Auseinandersetzung mit Maurice Godelier und Marc Augé, die 1975 in der Zeitschrift *L'Homme*

publiziert wurde,[6] bringen Sie eine Reihe von Argumenten vor, die selten zitiert werden und Ihre Konzeption der Geschichte doch sehr gut auf den Punkt bringen. Sie sagen beispielsweise: »Man muss sich vor der unwiderruflichen Kontingenz der Geschichte verneigen.«

Ich habe da den Schlusssatz aus *Vom Honig zur Asche* wieder aufgegriffen. Wenn Marxisten oder Neo-Marxisten mir vorhalten, ich ignorierte die Geschichte, dann antworte ich ihnen: Ihr seid es, die sie ignoriert oder ihr gar den Rücken zukehrt, weil ihr ja an die Stelle der wirklichen und konkreten Geschichte die großen Gesetze der Fortentwicklung treten lasst, die nur in eurem Denken existieren. Meine Achtung vor der Geschichte und die Neigung, die ich für sie empfinde, rühren von dem Bewusstsein, das sie mir vermittelt, dass keine Konstruktion des Geistes die Unvorhersehbarkeit dessen, wie sich die Dinge wirklich abgespielt haben, zu ersetzen vermag. Das Ereignis in seiner Kontingenz erscheint mir als irreduzible Gegebenheit. Die strukturale Analyse muss, wenn Sie mir den Ausdruck erlauben, damit »umzugehen« lernen.

> *»Man muss sich vor der unwiderruflichen Kontingenz der Geschichte verneigen.«*

Sie lehnen die Idee ab, dass es ein »Gesetz der Geschichte« gibt?

Die Zahl der Variablen ist derart groß und es gibt so viele Parameter, dass vielleicht einzig ein göttlicher Verstand seit

Urzeiten erkennen oder wissen kann, was sich ereignet und sich ereignen wird. Die Menschen täuschen sich jedes Mal; die Geschichte zeigt es. Man sagt »eines von beidem«, und dann ist es doch immer das Dritte.

Lässt diese absolute Kontingenz Raum für die historische Analyse?

Gewiss. Die Ereignisse sind unvorhersehbar, solange sie nicht eingetreten sind. Wenn sie stattgefunden haben, dann kann man versuchen, sie zu verstehen, zu erklären. Man kann die Ereignisse miteinander verknüpfen und rückwirkend die Logik dieser Verknüpfung erfassen. In der Gegenwart gibt es nichts, was einem vorherzusagen erlaubte, was sich, unter so vielen möglichen denkbaren und anderen völlig undenkbaren Konstellationen, schließlich tatsächlich ereignen wird.

Kapitel 14
AUF DEN SPUREN DES VOGELNESTAUSHEBERS

Die *Mythologica*, die Sie 1964 zu veröffentlichen begonnen haben, sind aus Ihren Vorlesungen in der Fünften Sektion der École des hautes études hervorgegangen.

Diese Vorlesungen, oder eher Seminare, haben mir erlaubt, mehrere Jahre lang unschlüssig und tastend abzuwarten. Ich wusste, wie ich vorzugehen hatte, zögerte aber noch, mich an die Arbeit zu machen. Zuerst hat mich die Mythologie der Pueblo angezogen, weil sie genau umrissen ist, aber auch aufgrund der Reichhaltigkeit, der Dichte und der relativen Homogenität eines Korpus, das – sämtlich amerikanische – Ethnologen sich im Laufe einiger Jahrzehnte zu sammeln bemüht haben. Lucien Sebag und Jean-Claude Gardin waren so freundlich, mir bei der Inventarisierung und groben Ordnung der Materialien zu helfen. Im Seminar nahmen wir uns einen Mythos vor und analysierten ihn gemeinsam. Die Resultate waren überzeugend. Doch bald erschien mir die Pueblo-Mythologie zu eng, zu sehr in sich selbst geschlossen. Ich brauchte ein ausgedehnteres Arbeitsfeld, um die Methode zu erproben. Also habe ich mich entschlossen, wieder auf den Boróro-Mythos vom Vogelnestausheber zurückzugreifen, auf den ich bereits in einem Seminar aufmerksam geworden war, das dem Beginn der Arbeit an den *Mythologica* um mehrere Jahre vorausging.

In den vier Bänden der *Mythologica* interpretieren Sie achthundertdreizehn Mythen, dazu etwa eintausend Varianten. Und Sie sagen, dass das nur einen kleinen Teil des verfügbaren Materials darstellt. Woher nehmen Sie diese Mythen?

Von überall, wo man sie findet. Es existiert praktisch keine Monographie über dieses Volk oder jenen Stamm, deren Autor nicht, nach der Untersuchung der materiellen Kultur und des familiären und sozialen Lebens, einige Mythen hinzugefügt hätte. Für mehrere Populationen gibt es ausschließlich auf ihre Mythologie bezogene Sammlungen. Ich habe diese nach Maßgabe meiner Bedürfnisse genutzt, denn wenn ich mit einem theoretisch und methodisch begründeten Inventar hätte anfangen müssen, wären sicherlich zehn Jahre verstrichen, ohne dass ich eine einzige Zeile geschrieben hätte.

Sie sind also aufs Geratewohl aufgebrochen?

Ich bin von einer Beobachtung ausgegangen, die ich vor geraumer Zeit gemacht hatte und die sich auf Populationen bezog, mit denen mich mein Brasilienaufenthalt vertraut gemacht hatte: der Beobachtung, dass die Bororó und ihre nächsten Nachbarn, Angehörige der Gê-Sprachfamilie, verwandte soziale Organisationen ausgebildet haben, deren Unterschiede als Stadien einer Transformation interpretiert werden können – diese Hypothese war Gegenstand mehrerer meiner Vorlesungen oder Aufsätze gewesen. Daraus ergab sich eine neue Hypothese: ob sich die Ähnlichkeiten und die Unterschiede zwischen den Mythen dieser Populationen auf dieselbe Weise erklären ließen.

Ich habe also die Untersuchung der Mythologie Zentralbrasiliens in Angriff genommen, um schließlich gewahr zu werden, dass die Mythen benachbarter Völker, je nach den Umständen, koinzidieren, sich teilweise decken, einander widerlegen oder widersprechen. Die Analyse jedes Einzelmythos schloss die anderer ein, und diese semantische Ansteckung, wenn ich so sagen darf, griff allmählich um sich und breitete sich gleichzeitig in mehrere Richtungen aus, so als ob man zu einem Aussichtspunkt gelangte, der weite Perspektiven eröffnet, die sich wiederum zur Gewinnung anderer Aussichtspunkte anbieten, von denen aus der Blick in neue Richtungen schweift.

»Ethnologen, die sich der Untersuchung einer einzelnen Population widmen, haben Anspruch auf unsere ungeteilte Dankbarkeit.«

Das, was Sie eine Methode der »rosettenförmigen Aufrisse« nennen?

Welchen Mythos man auch zum Mittelpunkt wählt, seine Varianten strahlen von ihm aus und bilden eine Rosette, die sich fortschreitend ausdehnt und komplizierter wird. Und welche an der Peripherie gelegene Variante man auch als neuen Mittelpunkt wählt, es wiederholt sich das gleiche Phänomen, das einer zweiten Rosette zur Entstehung verhilft, die sich mit der ersten teilweise überschneidet und über sie hinausgeht. Und so fort, zwar nicht bis ins Unendliche, aber wohl so lange, bis die in sich selbst zurücklaufenden Konstruktionen wieder an den Punkt gelangen, von dem man ausgegangen ist. Mit dem Ergebnis, dass ein ursprünglich verworrenes und unbestimmtes Feld ein

Netzwerk von Kraftlinien durchscheinen lässt und sich als außerordentlich gut organisiert erweist.

Diese Methode wirft das ganze Problem des »Komparatismus« auf. Gegen Ende von *Der Weg der Masken* kritisieren Sie jene Ethnologen, die der Meinung sind, man könne sich damit begnügen, eine einzige Gesellschaft zu erforschen oder eine mit einer anderen zu vergleichen …[7]

Damit wir uns richtig verstehen: Ethnologen, die sich mehrere Monate, mehrere Jahre, manchmal sogar Dutzende von Jahren der Untersuchung einer einzelnen Population widmen, haben Anspruch auf unsere ungeteilte Dankbarkeit. Ohne sie täten und wären wir nichts. Das Problem stellt sich von dem Augenblick an, da man eine Theorie entwickeln will. Dies auf der Grundlage einer einzigen und ausschließlichen Beobachtung zu tun, birgt mancherlei Gefahren, denn diese Beobachtung illustriert nur einen möglichen Fall unter hunderten oder tausenden.

Was die komparative Methode betrifft, so besteht sie nicht darin, erst zu vergleichen und dann zu verallgemeinern. Im Gegensatz zu dem, was so häufig angenommen wird, ist es die Verallgemeinerung, die den Vergleich begründet und möglich macht. Angesichts einer Vielzahl von Befunden beginnt man mit der Suche, welchen Standort man einzunehmen hat, damit die beobachteten und beschriebenen Fakten wechselseitig konvertibel werden können. Und erst, wenn es einem gelungen ist, sie in einer gemeinsamen Sprache zu formulieren, und dank dieser vorausgehenden näheren Betrachtung, wird der Vergleich legitim.

Um vergleichen zu können, muss ein geographischer Bereich abgesteckt werden, in dem Beziehungen zwischen den Gesellschaften diskutabel werden, es sei denn …

… man lässt sich jene Leichtfertigkeit durchgehen, die den Komparatismus in der Form, wie man ihn im 19. Jahrhundert praktizierte, in Misskredit gebracht hat.

Schließt das ein, dass man für die Völker, deren Mythen Sie vergleichen wollen, eine gemeinsame Geschichte voraussetzen muss?

Die Grundregel einer besonnenen Methode, die wir Boas verdanken! Von Zeit zu Zeit freilich kann man es sich auch einmal erlauben, die Schule zu schwänzen. In einem Aufsatz, der demnächst publiziert werden wird, vergnüge ich mich damit, die Art und Weise, wie die Bibel sich über die Beschneidung äußert, mit den Auskünften der Bororo über das Tragen des Penisbeutels zu vergleichen.[8] Derlei gewagte Vergleiche verhelfen einem manchmal zu Ideen, die sich anderswo besser anwenden lassen. Man kann daraus keine Schlüsse ziehen, es sei denn vielleicht den, dass der menschliche Geist sich in einem begrenzten Feld von Möglichkeiten bewegt, sodass analoge geistige Konfigurationen sich, ohne dass andere Ursachen dafür namhaft gemacht werden müssten, zu anderen Zeiten und an anderen Orten wiederholen können, etwa so wie in einem Kaleidoskop, das eine endliche Zahl von durchsichtigen Fragmenten enthält: Theoretisch verhindert nichts, dass nach einer bestimmten Zahl von ruckartigen Bewegungen, mit denen man den Apparat dreht, dieselbe Konfiguration erneut auftaucht. Es ist zwar äußerst unwahrscheinlich, aber nicht auszuschließen.

Es ist richtig, dass der Verlauf Ihrer Analyse in den *Mythologica* Sie zu Mythen geleitet hat, welche an die der griechischen Antike erinnern.

Entfernt; und entfernt auch an einige Mythen Japans. Das

gilt es nebenbei festzuhalten, um sich das Recht auf eventuelle Erklärungen zu wahren. Als vorläufige Moral genügt es mir hier einzuräumen, dass der menschliche Geist mittels einer endlichen Zahl von formalen Strukturen arbeitet. Die Spezialisten für diese Weltreligionen werden noch weiter gehen, wenn sie können. Sie wissen zweifellos – Dumézil dürfte im Verlauf Ihrer Begegnungen davon gesprochen haben –, dass japanische Gelehrte die drei indoeuropäischen Funktionen in Korea und in Japan wiederzufinden glauben.

Fühlen Sie sich nicht versucht anzunehmen, dass alle diese Mythen auf eine noch archaischere, auf eine paläolithische, gemeinsame Mythologie verweisen?

Fasst man die universale Mythologie aus der Vogelperspektive ins Auge, so lassen sich hier und da Themen einkreisen, die allzu ähnlich und willkürlich erscheinen, als dass sie unabhängig voneinander erfunden worden sein könnten. Diese Ähnlichkeiten können aus Anleihen resultieren, die sich in einer jüngeren, in einer relativ alten oder in einer ganz archaischen Epoche herausgebildet haben. Nehmen Sie ein mythologisches Motiv wie das eines Volkes von Zwergen, das mit Wasservögeln im Krieg liegt – man begegnet ihm in der klassischen Antike, in Fernost, in Amerika wieder … Ist es mehrfach erfunden worden? Das ist wenig wahrscheinlich. Wann und auf welchen Wegen hat es sich aber dann verbreitet? Wir wissen nichts darüber. Vermuten lässt sich alles Mögliche: dass es sich als Spur der Mythologie paläolithischer Zeiten erhalten hat oder dass seine Verbreitung nur einige wenige Jahrhunderte zurückreicht und sich in Bahnen vollzogen hat, die man eines Tages wird rekonstruieren können. Das sind Sonderfälle, die man einen nach dem anderen untersuchen müsste.

In Ihren Büchern finden sich zwei ganz unterschiedliche Typen von Komparatismus: In *Die elementaren Strukturen der Verwandtschaft* handelt es sich um einen Vergleich, der zwanglos von einem Kontinent zum anderen übergeht, während Sie in den *Mythologica* Ihre Sorge bekräftigen, nur ja nichts zu vergleichen, was nicht geeignet wäre, auf eine gemeinsame Geschichte, auf eine gemeinsame Vergangenheit gemünzt zu werden …

Das Ziel und die Methoden dieser beiden Forschungsansätze sind dieselben; aber die historischen Situationen eines jeden unterscheiden sich. Zu der Zeit, als ich mich mit Verwandtschaftssystemen und Eheregeln befasste, verlor man sich in gesonderten Einzelerklärungen. Gleichzeitig folgte die Untersuchung der Mythen einem der ganzen Welt geltenden komparatistischen Delirium, das sich an oberflächlichen Ähnlichkeiten berauschte. Ich musste also jeweils in der Gegenrichtung reagieren.

Und schließlich stehen die beiden Kategorien von Phänomenen nicht auf derselben Ebene. Mit Verwandtschaft und Ehe rührt man an die Grundlagen des Lebens-in-Gesellschaft: an etwas wie eine molekulare Ebene, und bekanntlich sind auf dieser Ebene die Dinge bei den Lebewesen überall gleich. Die Mythen bieten dem Forscher komplexere und weiter diversifizierte Aspekte, die er zunächst zu reduzieren versuchen muss.

Dennoch hat man Ihre Arbeit manchmal in dem Sinne interpretiert, dass sie es erlaube, die Mythologien der ganzen Welt miteinander zu verknüpfen, und zwar dank dem System von »Transformationen«.

Sicher nicht. Denn zwischen der Verwandtschafts- und der Mythenforschung besteht ein dritter Unterschied. Um

1942/1943, als ich mich der ersteren zuwandte, hatte ich ein ganzes Jahrhundert systematischer Verwandtschaftsstudien im Rücken, auf die ich mich stützen konnte. Ich verfügte über Materialien, die in einer relativ homogenen – heute würde man sagen: normalisierten – technischen Sprache geschrieben und analysiert waren und den Übergang zur nächsten Phase erlaubten: der des Vergleichs. Ganz im Gegensatz zu den Mythen, die die Literatur mir im Zustand praktisch unbearbeiteter Rohmaterialien an die Hand gab. Ich musste also versuchen, anhand eines Sonderfalls ein Modell zu entwickeln, das eventuell übertragbar war – wenn ähnliche, auf andere Weltreligionen bezogene Untersuchungen seine allgemeine Gültigkeit bestätigten oder gar andere Idiome erforderlich machten, die Analogien zu meinem boten, sodass der Anspruch auf Allgemeinheit sich auf einer tieferen Ebene stellte. Das alles bleibt noch zu tun; ich werde mich hüten, dem vorzugreifen.

Im Grunde steht Ihre Forschungsmethode in den *Mythologica* der von Dumézil recht nahe: einen geographischen Bereich einzugrenzen und zu versuchen, darin die gleichen geistigen Strukturen ausfindig zu machen. Gleichwohl trennt ein entscheidender Gesichtspunkt Ihre Verfahrensweise von der seinen – er verfügte über eine bedeutsame historische Sequenz, während Sie, wenn Sie die amerikanischen Mythen analysieren, ihre historische Tiefe nicht aufspüren können.

Ich brauche Ihnen nicht zu erläutern, was ich dem Werk von Dumézil alles verdanke. Ich habe daraus Lehren und Ermutigungen geschöpft. Aber der von Ihnen genannte Unterschied ist nicht der einzige. Dumézil und ich hatten nicht dasselbe Ziel. Er wollte zeigen, dass ein System von Vorstellungen, dessen Präsenz in mehreren Regionen Asiens und Europas bezeugt war, eine gemeinsame Quelle hatte. Für mich dagegen war die historische und geographische Einheit schon zu Beginn gegeben: Amerika; ein Amerika, das von sukzessiven Einwandererwellen besiedelt worden war, die im Großen und Ganzen derselben Herkunft waren und deren Eindringen in die Neue Welt sich, je nach den verschiedenen Autoren, im Zeitraum zwischen siebzig- und fünfzehntausend Jahren vor unserer Zeitrechnung abgespielt hatte. Ich suchte also nach etwas anderem, in erster Linie danach, die Differenzen zwischen den Mythologien in Rechnung zu stellen, deren Einheit mir von der Geschichte verbürgt wurde, und dann danach, von einem Sonderfall ausgehend die Mechanismen des mythischen Denkens zu begreifen.

***

Jeder Band der *Mythologica* zählt mehrere hundert Seiten. Am Schluss von *Der nackte Mensch* fassen Sie das Ganze als ein homogenes Werk ins Auge.

Unter dem Vorbehalt, dass ich, nachdem ich den dritten Band geschrieben hatte, mir sagte, es würde mir nie gelingen, damit zu einem Ende zu kommen, weil es noch mehrerer weiterer bedürfte. Ich bin also zu dem Entschluss gelangt, es sollte nur noch einen weiteren geben, den vierten, und in diesen vierten sollte dann, und sei es in Gestalt von Anspielungen oder Verweisen auf künftige Arbeiten, all das Eingang finden, was mir noch zu sagen blieb. Deshalb ist dieser letzte Band dicker als die vorausgegangenen und weitaus komplizierter angelegt. Er enthält das Material von zwei oder drei Büchern.

Fürchteten Sie ein Scheitern Ihres Versuches?

Ich rief mir Saussure und seine Arbeiten über die Nibelungen in Erinnerung. Er hat einen Teil seines Lebens, wahrscheinlich den größten, damit verbracht, diese Mischung aus Mythen, Legenden und Geschichte zu entwirren. Davon sind etwa hundert handschriftliche, in der Bibliothek von Genf aufbewahrte Manuskripthefte erhalten geblieben, von denen ich Mikrofilme bekommen und ausgewertet habe. Diese Lektüre hat mich fasziniert – wegen der Ideen, die ich darin erkannte, und vor allem wegen der Lehre, die ich daraus zog: Die Untersuchung wurde zunehmend komplizierter, es eröffneten sich ständig neue Wege, und Saussure ist gestorben, bevor er irgendetwas von seiner gewaltigen Arbeit publizieren konnte. Ich sah mich derselben Gefahr ausgesetzt – versuchte aber, mich ihr mit allen Kräften zu verwehren. Andernfalls wäre mein Abenteuer, wie seines, ohne Ergebnis im Sande verlaufen.

Als Sie an diesen Mythen arbeiteten, war Ihre erste Aufgabe die, Zusammenfassungen anzulegen. Ich vermute, dass sie in ihrer ursprünglichen Form länger und abwechslungsreicher sind als die veröffentlichte Version.

Man hat mir das zu Unrecht angekreidet. Denn die Details, die ich in der Zusammenfassung außer Acht lasse, führe ich in der Analyse später wieder ein. Dem Leser, der von dieser ganzen Mythologie nichts weiß, für den Amerika eine unbekannte Welt ist, musste ermöglicht werden, sich zu Beginn eine synkretistische Vision jedes Einzelmythos oder jeder Gruppe von Mythen zu bilden. Später nötige ich ihn, sich mit den Details vertraut zu machen, ohne eines davon auszulassen, sofern die Analyse ihre Rolle und ihre Notwendigkeit hervorbringt.

Das sind fantastische Geschichten, regelrecht literarische

Texte. Es muss Ihnen beträchtliches Vergnügen bereitet haben, in dieser Literatur zu versinken.

Es sind herrliche und häufig bewegende Geschichten, unter der Bedingung allerdings, dass der Informant auch ein guter Erzähler ist, was nicht immer der Fall war. Ich habe 1950 angefangen, mich mit der Mythologie vertraut zu machen, und die *Mythologica* 1970 fertiggestellt. Zwanzig Jahre lang habe ich, schon im Morgengrauen auf den Beinen und von Mythen berauscht, wirklich in einer anderen Welt gelebt.

Die Mythen durchtränkten mich geradezu. Man muss sich so viel mehr davon einverleiben, als man dann verwenden kann! Und wenn man feststellt, dass ein bestimmter Mythos einer bestimmten Population in modifizierter Gestalt in einer benachbarten Population vorkommt, dann muss man die gesamte ethnographische Literatur im Hinblick auf diese Population durchstöbern, um in ihrer Umwelt, ihren Techniken, ihrer Geschichte und ihrer sozialen Organisation die Faktoren aufzudecken, die zu diesen Modifikationen in Beziehung stehen können. Ich lebte mit allen diesen Völkern und ihren Mythen wie in einem Märchen.

Und das ist auch ein ästhetisches Erlebnis.

Ein umso erregenderes ästhetisches Erlebnis, als die Mythen sich auf den ersten Blick als Bilderrätsel präsentieren. Sie erzählen Geschichten voller absurder Begebenheiten, die weder Hand noch Fuß haben. Man muss über dem Mythos ganze Tage, ganze Wochen, manchmal ganze Monate lang brüten, bis plötzlich der Funke überspringt und man in diesem oder jenem unerklärlichen Detail eines Mythos in transformierter Form dieses oder jenes unerklärliche Detail eines anderen Mythos wiedererkennt und man sie auf diesem Umweg zur Einheit zusammenfügen kann. Kein Detail braucht, für sich genommen, etwas zu bedeuten, denn erst aus ihrer differenziellen Beziehung entspringt ihre Verständlichkeit.

»Zwanzig Jahre lang habe ich, schon im Morgengrauen auf den Beinen und von Mythen berauscht, wirklich in einer anderen Welt gelebt.«

Die Titel Ihrer vier Bände sind berühmt geworden. *Das Rohe und das Gekochte*, *Vom Honig zur Asche*, *Der Ursprung der Tischsitten* machen bereits die Verfahrensweise des Ganzen deutlich: den Nachweis des Übergangs von Natur zu Kultur. Der letzte, *Der nackte Mensch* …

… knüpft wieder an den Ausgangspunkt an, denn das Nackte in Bezug auf die Kultur ist das Äquivalent des Rohen in Bezug auf die Natur. Der Titel des ersten Bandes und der Titel des letzten Bandes antworten einander, so wie eine in Südamerika begonnene und allmählich zu den nördlichen Regionen Nordamerikas führende Rundreise schließlich wieder an ihren Ursprungsort zurückführt.

Als Sie dem ersten Band den Titel *Das Rohe und das Gekochte* gaben, dachten Sie da schon daran, den letzten *Der nackte Mensch* zu nennen?

So deutlich hatte ich das nicht vor Augen. Aber ich wusste in groben Zügen, wie mein Weg aussehen sollte. Von Mythen ausgehend, die die Erfindung oder die Entdeckung des Kochens von Nahrungsmittel zum Kriterium des Übergangs von Natur zu Kultur machen, von der inneren Logik der Mythen getrieben und mich allmählich weiter vortastend, musste ich bei Mythen anlangen, für die die Demarkationslinie zwischen Natur und Kultur nicht mehr zwischen dem Rohen und dem Gekochten, sondern zwischen der Annahme und der Verweigerung ökonomischer Tauschakte verlief, das heißt zwischen der Annahme oder Verweigerung eines die Grenzen der Gruppe überschreitenden sozialen Lebens. Die Handelsmessen, die Märkte, wo sogar miteinander verfeindete Völker sich periodisch trafen, um Nahrungsmittel oder Produkte ihrer handwerklichen Arbeit zu tauschen, stellen eine entwickelte Form des sozialen Lebens dar, die mit jener ersten Transformation vergleichbar ist (und von den Beteiligten auch damit verglichen wird), die eine einzelne Kultur, indem sie ihre Nahrungsmittel kocht, der Natur auferlegt.

Ähnlich wie die »rosettenförmigen Aufrisse« gliedert sich Ihr Buch im Sinne eines Aufstiegs von Südamerika nach Nordamerika.

Tatsächlich weisen die Mythen gerade im Nordwesten Nordamerikas, von Oregon bis British-Columbia, in die Richtung, die ich gerade angedeutet habe, und zwar aufgrund der außerordentlich hohen Entwicklung des Tauschhandels zwischen den Stämmen. Deshalb war es höchst aufschlussreich, dort wieder auf die südamerikanischen Mythen zu stoßen, von denen ich, in veränderter Gestalt, ausgegangen war. Der Kreis schloss sich vor Ort und zugleich zwischen den beiden Hemisphären.

Ihr Ausgangspunkt ist, wie Sie in Erinnerung gerufen haben, ein Boróro-Mythos über einen Vogelnestaushe-

ber. Wie wählt man einen »Referenzmythos« aus, der es erlaubt, alle anderen miteinander zu verknüpfen?

Ich hatte während meiner ersten Expedition in einem Boró-ro-Dorf gelebt. Meine Aufmerksamkeit hatte vor allem der sozialen Organisation gegolten. Als ich mich in der Fünften Sektion mit Religionswissenschaften befassen musste, habe ich mich auch für die Mythologie interessiert, die die Salesianer-Missionare sich seit einem halben Jahrhundert zu sammeln bemühten.

Das bedeutet, dass die Wahl ganz und gar willkürlich ist?

Zu Beginn ja. Wie ich Ihnen bereits zur Geschichte im Allgemeinen sagte, kann ich Ihnen diese Wahl heute und im Rückblick erklären und sogar rechtfertigen. Als ich sie jedoch traf, geschah das aus zufälligen Gründen.

»Die Erde der Mythologie ist rund.«

Theoretisch hätten Sie auch von einem anderen Mythos, einer anderen Population ausgehen können.

Zweifellos, und da die Erde der Mythologie rund ist, hätte eine andere Wegstrecke mich an denselben Punkt geführt. Dennoch habe ich in der Folge begriffen, dass dieser Mythos im Gesamtkomplex der amerikanisch-indianischen Mythen eine strategische Position innehat. Er verbindet zwei Systeme miteinander, die jeweils die vertikalen und die horizontalen Beziehungen betreffen, das heißt die zwischen unten und oben, Erde und Himmel, Natur und Übernatur einerseits und die zwischen nah und fern, zwischen Stammesbrüdern und Fremden andererseits.

Die *Mythologica* vollziehen eine geographische Bewegung, aber zugleich ein Fortschreiten im Sinne steigender Komplexität der Analyse.

Das ist richtig. Die vier Bände schreiten im Sinne einer doppelten Bewegung fort. Einerseits im Sinne der geographischen Ausdehnung: In *Das Rohe und das Gekochte* beschränkt sich die Analyse auf Südamerika, vornehmlich auf Zentral- und Ostbrasilien; in *Vom Honig zur Asche* wird der Untersuchungsbereich erweitert, sowohl nach Süden wie nach Norden, bleibt aber noch auf südamerikanischem Boden; in *Der Ursprung der Tischsitten* wird die Analyse von einem immer noch südamerikanischen, aber weiter nördlich beheimateten Mythos wieder aufgenommen, der dasselbe Problem mittels einer andersartigen Bildersprache behandelt, die genauer von nordamerikanischen Mythen veranschaulicht wird. Der Übergang vom einen zum anderen Kontinent drängt sich also auf, und das Buch verteilt sich gleichmäßig auf beide. Der letzte, gänzlich auf Nordamerika bezogene Band führt den Leser sehr weit fort. Denn aufgrund einer merkwürdigen Paradoxie, die ich mich anstrenge zu begreifen, prägen sich gerade zwischen den geographisch entlegensten Regionen der Neuen Welt die Ähnlichkeiten zwischen Mythen am deutlichsten aus.

Die zweite Bewegung, von der Sie sprechen, gehört in den Bereich der Logik. Die sukzessiv eingeführten Mythen wagen sich an Probleme wachsender Komplexität heran. Die im ersten Band diskutierten werten Gegensätze zwischen sinnlichen Eigenschaften aus: roh und gekocht, frisch und verfault, trocken und feucht und so weiter. Im zweiten

Band machen diese Oppositionen allmählich anderen Platz, die sich nicht auf eine Logik der Eigenschaften, sondern auf eine Logik der Formen berufen: voll und leer, Inhalt und Behältnis, Inneres und Äußeres und so weiter. Der dritte Band, *Der Ursprung der Tischsitten*, unternimmt einen entscheidenden Schritt. Er behandelt Mythen, die anstelle von Termen die verschiedenen Weisen einander gegenüberstellen, wie diese Terme ihrerseits zueinander in Gegensatz treten – sie können verbunden sein; sie können aber auch getrennt sein. Wie, fragen sich die Mythen, vollzieht sich der Übergang vom einen Zustand zum anderen?

Mythen, die von einer Kanufahrt erzählen, nehmen in diesem Band eine strategische Position ein, weil sie diese Art von Problem auf bewundernswerte Weise illustrieren. Wenn die Reise beginnt – und in dem Maße, wie sie ihren Fortgang nimmt –, entfernt sich das Nahe, und das Ferne rückt nahe. Wenn man am Bestimmungsort anlangt, finden sich die ursprünglichen Werte der beiden Terme ins Gegenteil verkehrt. Die Reise aber hat Zeit gekostet. Die Kategorie der Zeit wird im mythischen Denken also als notwendiges Mittel eingeführt, das Beziehungen zwischen anderen, bereits im Raum gegebenen Beziehungen in Erscheinung treten lässt. Das bedeutet, dass in die mythische Dimension allmählich eine romanhafte Dimension einwandert, mit allen Konsequenzen, die das für die Entwicklung der beiden Gattungen einschließt. Und es zeigt auch, dass das mythische Denken, wenn es auf immer subtilere Weise Terme kombiniert, die anfangs konkrete, in der sinnlichen Erfahrung vorweggenommene Bilder waren, durchaus der Abstraktion fähig ist, und sei es auf implizite Weise.

Sie zeigen also an der Arbeit jenes logische Denken, das Sie in *Das wilde Denken* definiert hatten. In einer kleinen, in *Vom Honig zur Asche* eingefügten Abschweifung

fragen Sie, warum Völker, die über eine solche Fähigkeit zur logischen Abstraktion verfügten, nicht den Übergang zum wissenschaftlichen und philosophischen Denken vollzogen haben, der in anderen Zivilisationen stattgefunden hat, in der Antike.

Darüber weiß ich nichts. Wahrscheinlich müssen, damit das Denken sich transformiert, die Gesellschaften selbst in einen anderen Typus übergehen.

Was Griechenland betrifft, so sieht Vernant gerade in der politischen Organisation der Polis den Übergang zum rationalen Denken gegeben …

Ja, und andere Autoren haben in den Forderungen von Präzision und Strenge, wie sie dem juristischen Denken eigen sind, eine Bedingung gesehen, die dem Auftreten des wissenschaftlichen Denkens vorausgeht. Diese verschiedenen Interpretationen kommen sich recht nahe, scheint es.

Ihre Rundreise durch die Mythologie kommt im *Nackten Menschen* mit einem Kapitel zum Abschluss, das den Titel »Der einzige Mythos« trägt. Wollten Sie damit sagen, dass die im Verlauf der vier Bände analysierten Mythen in Wirklichkeit nur Variationen ein und desselben Mythos sind?

Zumindest Variationen über ein großes Thema: den Übergang von Natur zu Kultur, der mit dem endgültigen Bruch der Verbindung zwischen der himmlischen und der irdischen Welt bezahlt werden musste. Daraus erwachsen der Menschheit Probleme, um die eben diese Mythologie kreist.

***

Betrachten Sie *Die eifersüchtige Töpferin* als einen Bestandteil der *Mythologica*? Sie behandeln dort ja nicht das vollkommen selbe Problem.

Die Problematik ist dieselbe. Anders ist lediglich der empirische Inhalt – oder der ästhetische, im kantischen Sinne des Ausdrucks. Und dann wechselt die Tonlage. Das Buch ist kürzer, der Rhythmus rascher. Im Hinblick auf die *Mythologica* hat *Die eifersüchtige Töpferin* in etwa den Stellenwert des Balletts in den Grands opéras.

Nachdem Sie so viele Jahre auf das Studium dieser Mythen verwandt haben, geben Sie folgende überraschende Demutserklärung ab: Die Wissenschaft der Mythen steckt noch in den Kinderschuhen.

Nachdem und bevor. Im Klappentext zu *Das Rohe und das Gekochte* sagte ich, dass »alles oder doch beinahe alles noch zu tun bleibt, bis man von einer wirklichen Wissenschaft sprechen kann«. Und trotz meiner Proteste haben die Herausgeber der englischen Übersetzung als Untertitel aller vier Bände *Introduction to a Science of Mythology* gewählt.

Dennoch haben Sie einen Schritt in diese Richtung getan.

Ich glaube schon, aber es bleiben noch viele andere zu tun. Eine demnächst erscheinende Nummer von *L'Homme* soll einen Artikel meines Kollegen an der École des hautes études en sciences sociales enthalten, Jean Petitot, der Mitarbeiter und Schüler von René Thom ist.[9] Er übersetzt eine Formel, die ich 1955 aufgestellt und in *Die eifersüchtige Töpferin* durch Beispiele illustriert habe, in Begriffe der Katastrophentheorie. Ich bin nicht in der Lage, dem zu folgen; doch zu erfahren, dass Mathematiker angesichts der formalen Aspekte meiner Arbeit nicht mit den Achseln zucken und die Analyse der Mythen ernst nehmen, bedeutet für mich eine große Befriedigung.

Warum haben Sie in den *Mythologica* nicht denselben Versuch einer mathematischen Formalisierung gewagt wie in *Die elementaren Strukturen der Verwandtschaft*?

Ich habe manchmal mit Mathematikern darüber gesprochen. Einige haben mir gesagt, das sei zwar möglich, für mich aber zu schwierig, und sie hätten Besseres zu tun. Das Problem, das sich in *Die elementaren Strukturen der Verwandtschaft* stellte, führte direkt in das Gebiet der Algebra und der Theorie der Substitutionsgruppen. Die Probleme, die die Mythologie aufwirft, scheinen von den ästhetischen Formen, die sie objektivieren, untrennbar zu sein. Nun gehören diese Formen aber sowohl zum Kontinuierlichen als auch zum Diskontinuierlichen, eine Antinomie, zu deren Überwindung die Katastrophentheorie ein neues Mittel anbietet.

Man könnte natürlich auch an den Computer denken. Ich habe von in Übersee unternommenen Versuchen gehört, *Das Rohe und das Gekochte* maschinell herzustellen, wenn ich mich einmal so ausdrücken darf.

Kennen Sie das Ergebnis?

Die Verknüpfungen waren wahrscheinlich strenger, aber es nahm unverhältnismäßig viel Zeit in Anspruch. Zweifellos beschäftigten sich die Erfinder dieser Methoden noch mit anderen Dingen; sie waren gerade mit den ersten fünf Mythen fertiggeworden, als ich, mit meinen handwerklichen Verfahrensweisen, bereits einige hundert auseinandergenommen hatte, selbstverständlich nicht ohne mehrere davon in »künstlerischer Unschärfe« zu belassen.

Kapitel 15
DIE AUSÜBUNG DES DENKENS

Ich möchte Ihnen eine einfache Frage stellen: Was ist ein Mythos?

Das ist das genaue Gegenteil einer einfachen Frage, denn darauf lässt sich auf verschiedene Weisen antworten. Wenn Sie sie einem amerikanischen Indianer stellten, dann würde er Ihnen mit großer Wahrscheinlichkeit antworten: eine Geschichte aus der Zeit, als die Menschen und die Tiere noch nicht voneinander geschieden waren. Diese Definition scheint mir sehr tiefsinnig zu sein. Denn trotz der Tintenwolken, die von der jüdisch-christlichen Tradition verspritzt wurden, um sie zu verdecken, scheint keine Situation tragischer, verletzender für Herz und Geist als die einer Menschheit, die mit anderen, auf ein und derselben Erde lebenden Gattungen koexistiert, deren Genuss sie sich teilen, und mit denen sie nicht kommunizieren kann. Man begreift, dass die Mythen es ablehnen, diesen Makel der Schöpfung für ursprünglich zu halten; dass sie in seinem Auftreten vielmehr das Ur-Ereignis der Entstehung eines »Wesens« des Menschen und seines Mangels erblicken.

Man könnte den Mythos auch durch den Gegensatz zu anderen Formen mündlicher Überlieferung definieren: Legende, Märchen … Aber diese Unterscheidungen sind niemals deutlich. Wahrscheinlich spielen diese Formen in den Kulturen nicht genau dieselbe Rolle, doch sie werden vom gleichen Geist hervorgebracht, und der Analytiker kann es sich nicht versagen, sie gemeinsam auszuwerten.

Worin besteht dieser Geist? Wie ich bereits gesagt habe – und im Gegensatz zur cartesianischen Methode –, in der Weigerung, die betreffende Schwierigkeit zu zerlegen, sich mit keiner Teilantwort zufriedenzugeben, nach Erklärungen zu streben, die die Gesamtheit der Phänomene umschließen.

Die Eigentümlichkeit des Mythos besteht darin, dass er, mit einem Problem konfrontiert, es als homolog zu Problemen denkt, die sich auf anderen Gebieten stellen: kosmologischen, physischen, moralischen, juristischen, sozialen und so weiter. Und sie alle gemeinsam in Betracht zieht.

Eben das, was die Spiele der Verschachtelungen erklärt, die Sie herausarbeiten.

Was ein Mythos in einer Sprache sagt, die für einen bestimmten Bereich angemessen erscheint, strömt in alle Bereiche über, in denen sich ein Problem desselben formalen Typus stellen kann.

Das ist es übrigens, was Sie, am Ende von *Die eifersüchtige Töpferin*, bei Freud anfechten: dass er seine Aufmerksamkeit ausschließlich auf den sexuellen Code richtet.

Man kann bis ins Unendliche am Denken Freuds herummäkeln: Seine Texte sind mehrdeutig, und manchmal widersprechen sie sich sogar. Aber dass er dem sexuellen Code eine Schlüsselposition einräumt, scheint mir unzweifelhaft.

Bei den Mythen, die Sie analysieren, ist man gleichwohl von der Omnipräsenz der Sexualität und des sie begleitenden Gefolges von Gewalttätigkeiten getroffen.

Das trifft uns, weil dieser Aspekt eine bedeutsame Rolle in unserem eigenen Wertesystem und in unserem eigenen sozialen Leben spielt. Beachten Sie jedoch, dass ein Mythos niemals ein die Sexualität betreffendes Problem an und für sich, losgelöst von allen anderen Problemen, behandelt. Er wird sich zu zeigen bemühen, dass dieses Problem eine formale Analogie zu anderen Problemen aufweist, welche die Menschen sich im Zusammenhang mit den Himmelskörpern, mit dem Wechsel von Tag und Nacht, der Aufeinanderfolge der Jahreszeiten, der sozialen Organisation, der politischen Beziehungen zwischen benachbarten Gruppen und so weiter stellen. Das mythische Denken, mit einem besonderen Problem konfrontiert, setzt es zu anderen parallel. Es gebraucht mehrere Codes gleichzeitig.

Es ist eine Erklärung von aufeinanderfolgenden Problemen.

Ohne jemals eines zu lösen. Gerade die Ähnlichkeit, die alle diese Probleme haben, vermittelt die Illusion, dass sie sich lösen lassen, sobald man sich bewusst wird, dass die in einem Fall wahrgenommene Schwierigkeit gar keine ist oder es in anderen Fällen nicht in demselben Maße ist.

Wir räsonnieren auf etwa dieselbe Weise, wenn wir, aufgefordert, eine Erklärung zu geben, mit »immer wenn« oder »so wie« antworten. Das mythische Denken jedoch macht von diesem Verfahren auf so geschickte und so systematische Weise Gebrauch, dass es geradezu als Demonstration dafür dienen kann.

Eine andere »einfache« Frage: Wozu dient der Mythos?

Zur Erklärung dafür, warum die Dinge, die anfangs ganz anders waren, so geworden sind, wie sie sind, und warum sie nicht anders sein können. Da nämlich, wenn sie sich in einem besonderen Bereich wandelten, aufgrund der Homologie der Bereiche die gesamte Ordnung der Welt in sich zusammenstürzte.

Wie tritt der Mythos in Erscheinung? Er muss doch ein erstes Mal von einem bestimmten Individuum ausgesprochen worden sein!

Sicherlich, aber wenn Sie sich vor Augen halten, dass die Paläontologen den Ursprung der Menschheit immer weiter zurückverlegen, dann werden Sie mir zugestehen, dass die Antwort auf Ihre Frage nicht einfach ist. Vor ein oder zwei Millionen Jahren besaßen die Vorfahren des Menschen wahrscheinlich schon die artikulierte Sprache, und nichts spricht dagegen, dass sie Mythen erzählten. Im Laufe der Zeiten haben diese Mythen sich gewandelt, manche sind verschwunden, andere neu entstanden. Unter welchen Bedingungen? Ein bisschen so wie die Pilze, man sieht sie nie wachsen! Eine individuelle Erfindung bildet für sich genommen noch keinen Mythos. Damit sie es wird, muss sie, durch eine geheime Alchemie verwandelt, von der sozialen Gruppe assimiliert werden, weil sie auf deren intellektuelle und moralische Bedürfnisse reagiert. Geschichten entstammen den Mündern von Individuen; manche haben Erfolg und überdauern, andere nicht …

Das Problem des Ursprungs der Mythen ähnelt dem des Ursprungs der Sprache, das aufzuwerfen die Société de linguistique de Paris sich feierlich versagt hat, weil die Antworten doch nur auf Vermutungen beruhen können. Vielleicht vermag es die Neurophysiologie des Gehirns eines Tages zu lösen. Jedenfalls wird die Antwort weder von den Anthropologen noch von den Linguisten kommen. Angesichts mythischer Vorstellungen ist es weniger interessant, nach ihrem Ursprung zu fragen als nach der geistigen Einstellung der Menschen zu ihren eigenen Mythen. Von diesen Mythen existieren stets verschiedene Versionen. Nun wählt man allerdings nicht zwischen diesen Versionen, man unterzieht sie nicht der Kritik, man verordnet nicht, welche davon die einzig wahre oder wahrer als eine andere ist; man akzeptiert sie alle gleichzeitig und lässt sich von ihren Abweichungen durchaus nicht stören. Untersuchungen, die in verschiedenen Weltregionen durchgeführt wurden, bestätigen die Allgemeingültigkeit dieser geistigen Einstellung. Man müsste sie sehr genau studieren und mit unserer Einstellung zur Geschichte vergleichen, von der auch in unseren Gesellschaften verschiedene und manchmal sogar miteinander unvereinbare Versionen in Umlauf sind.

Für Sie ist ein Mythos also die Gesamtheit seiner Varianten, seiner Versionen. Sie versuchen nicht, die authentische Version zu bestimmen?

Es gibt weder eine gute Version noch eine authentische oder ursprüngliche Form. Alle Versionen müssen ernst genommen werden.

Gegen Ende von *Die eifersüchtige Töpferin* schreiben Sie, dass der Mythos ein »Vergrößerungsspiegel« der Art und Weise ist, wie wir denken. Ist das die Problematik, die Sie im Gesamtverlauf dieser Reihe von Büchern geleitet hat?

Die Problematik ist die gleiche wie die der *Elementaren Strukturen*, abgesehen davon, dass es sich statt um soziologische um religiöse Fakten handelt. Die aufgeworfene Frage aber verändert sich nicht. Sollen wir, angesichts eines Chaos von sozialen Praktiken oder religiösen Vorstellungen, damit fortfahren, nach partiellen, für jeden ins Auge gefassten Fall verschiedenen Erklärungen zu fahnden? Oder sollen wir uns bemühen, eine zugrunde liegende Ordnung, eine Tiefenstruktur ausfindig zu machen, durch deren Wirken sich diese scheinbare Vielgestaltigkeit erklären ließe, mit einem Wort: der Inkohärenz Herr zu werden versuchen? Für verschiedenartige Bereiche stellen *Die elementaren Strukturen* und die *Mythologica* genau dieselben Fragen, und die Verfahrensweisen sind identisch.

»In allem, was ich über die Mythologie geschrieben habe, wollte ich zeigen, dass man nie zu einem letzten Sinn vorstößt. Stößt man denn etwa im Leben dazu vor?«

Aber diese Formel des »Vergrößerungsspiegels«?

In allem, was ich über die Mythologie geschrieben habe, wollte ich zeigen, dass man nie zu einem letzten Sinn vorstößt. Stößt man denn etwa im Leben dazu vor? Die Bedeutung, die ein Mythos für mich oder für die haben kann, die ihn erzählen oder ihn zu diesem oder jenem Zeitpunkt und unter bestimmten Umständen hören, existiert einzig im Verhältnis zu anderen Bedeutungen, die der Mythos unter anderen Umständen und zu einem anderen Zeitpunkt für andere Erzähler oder Hörer haben kann.

Ein Mythos bietet ein Raster an, das nur durch seine Konstruktionsregeln definiert werden kann. Dieses Raster ermöglicht es, einen Sinn zu entziffern, nicht den Sinn des Mythos selbst, sondern alles Übrigen: der Bilder der Welt, der Gesellschaft, der Geschichte, die hinter der Bewusstseinsschwelle versteckt liegen, im Verein mit den Fragen, die die Menschen sich dazu stellen. Die Intelligibilitätsmatrix, die der Mythos liefert, erlaubt es, sie zu einem kohärenten Ganzen zu verbinden. Diese Rolle, die ich dem Mythos zuschreibe, entspricht der, die Charles Baudelaire der Musik zuwies. Im Zusammenhang mit dem *Lohengrin*-Vorspiel zeigt er anhand von Beispielen, dass jedes individuelle Subjekt im Werk einen unterschiedlichen Inhalt wahrnimmt; und doch lassen sich alle diese Inhalte auf eine kleine Zahl invarianter Merkmale zurückführen.[10]

Wenn wir uns ganz allgemein fragen, was das Verbum »bedeuten« sagen will, dann werden wir gewahr, dass es sich immer darum handelt, in einem anderen Bereich ein formales Äquivalent der Bedeutung ausfindig zu machen, nach der wir suchen. Das Wörterbuch ist die genaue Illustration dieses logischen Zirkels. Die Bedeutung eines Wortes wird anhand von Wörtern angegeben, deren Definition sich ihrerseits wieder auf andere Wörter beruft. Und man kehrt, wenigstens theoretisch, wieder an den Ausgangspunkt zurück, trotz der Anstrengungen, welche die Lexikographen unternehmen, um zirkelförmige Definitionen zu vermeiden.

Wir glauben die Bedeutung eines Wortes oder einer Idee erkannt zu haben, wenn es uns gelingt, mannigfache Äquivalente dafür zu finden, die anderen semantischen Feldern angehören. Die Bedeutung ist nichts anderes als dieses In-Beziehung-Setzen. Das gilt für die Wörter ebenso wie für die Konzepte. Und weil der Mythos anhand von Bildern und Ereignissen vorgeht, die große Objekte sind, bietet er dieses Phänomen in roher Form, auf grobe Weise dar, die aber die ganz allgemeinen Bedingungen der Ausübung des Denkens widerspiegelt.

Dritter Teil

DIE KULTUREN, DIE KULTUR

Kapitel 16
RASSE UND POLITIK

In Ihrer ersten Vorlesung am Collège de France haben Sie sich über die Zukunft der Ethnologie Gedanken gemacht. Welche Antwort würden Sie heute geben?

Ich wäre genötigt, einige Klarstellungen zu treffen, weil die Verhältnisse sich im Laufe des vergangenen Vierteljahrhunderts entwickelt haben und der Stand der Dinge durchaus nicht mehr der gleiche ist, vor allem hinsichtlich der Gesellschaften, welche die Ethnologie untersucht.

Weil sich der Ethnologe für die traditionellen Gesellschaften interessiert, die eine nach der anderen verschwinden …

Sie wissen, dass man das bereits im 18. Jahrhundert sagte! Die ersten zum Studium des Menschen gegründeten Gelehrtenakademien rechtfertigten ihre Mission mit dem Ausruf: Man muss sich beeilen, bald wird es sie nicht mehr geben. Als James George Frazer in meinem Geburtsjahr seine erste Vorlesung an der Universität Liverpool hielt, hat er dasselbe erklärt. Es ist ein Leitmotiv der ethnologischen Forschung. Ich räume ein, dass die Prozesse sich beschleunigt haben und wir mit gutem Grund ein Ende absehen können. Dennoch bleiben viele Dinge, die in Dutzenden, in Hunderten von Gesellschaften, die noch existieren und wohl eine gute Reihe von Jahren weiter existieren werden, wenig oder unzureichend untersucht sind, sodass ich da einen Anreiz sehe, unsere Bemühungen eher zu verstärken als sie aufzugeben. Und selbst wenn wir dann die Zeit ins Auge fassen, in der alle diese Kulturen verschwunden sein werden … Griechenland und Rom sind seit Langem untergegangen, dennoch fährt man fort, sie zu studieren und neue Sichtweisen zu erproben.

Für Griechenland und Rom aber haben wir Zeugnisse, Monumente …

Es sind doch wir, die diese Monumente, durch die Aufmerksamkeit, die wir ihnen widmen, als solche konstituiert haben!

Glauben Sie, dass es ebenso leicht wäre, Zeugnisse oder Monumente für eine Völkerschaft Brasiliens zu konstituieren?

Für eine wenig oder unzureichend oder über eine sehr kurze Zeitspanne untersuchte Population haben Sie recht. Der Verlust wird endgültig sein. Aber – und ich beschränke mich auf Amerika, das ich am besten kenne – die Reserven der Library of Congress, die der American Philosophical Society und anderer sind unerschöpflich an handschriftlichen Zeugnissen, die in der Mehrzahl noch nicht einmal gesichtet oder gar inventarisiert sind.

Das sind also verborgene Schätze?

Ja, und zwar Schätze, die ihrem Umfang nach wahrscheinlich ebenso viel repräsentieren wie das, was Griechenland und Rom uns hinterlassen haben.

Die Anthropologie ist also keine bedrohte Wissenschaft …

Sie wird sich in ihrem Wesen verändern. Wenn die Feldforschung keinen Gegenstand mehr hat, dann werden wir uns in Philologen, Ideengeschichtler, Spezialisten für Zivilisationen verwandeln, die lediglich über Dokumente zugänglich sind, die frühere Beobachter gesammelt haben. Und wer weiß, ob nicht neue Unterschiede in Erscheinung treten werden in einer Menschheit, die hochgradig von völliger Uniformisierung gefährdet ist?

»Noch nie hat man mit so großer Wahrscheinlichkeit von Weltzivilisation sprechen können wie heute.«

Sie haben das Gefühl, dass die Menschheit einer absoluten Homogenität entgegengeht?

Absolut wäre zu viel gesagt. Noch nie aber hat man mit so großer Wahrscheinlichkeit von Weltzivilisation sprechen können wie heute.

Liegt nicht eine Möglichkeit der Zuflucht für den Fortbestand der Ethnologie darin, dass sie sich zeitgenössischen Gesellschaften, die uns näherstehen, zuwendet, etwa den französischen Landbevölkerungen?

Diese Untersuchungen sind weder Zuflucht noch Ersatzlösung. Sie haben ihre ganz eigene Bedeutung. Wenn sie sich spät entwickelt haben, so deshalb, weil wir den Eindruck hatten, über unsere eigenen Gesellschaften mehr zu wissen als über exotische: Die Dringlichkeit sprach zugunsten jener fernen. Andererseits sind uns die früheren Zustände unserer eigenen Gesellschaften zunächst durch Archive – im weitesten Sinne des Wortes – zugänglich geworden, die mehrere Jahrhunderte umfassen. Will man Gesellschaften in Zentralbrasilien oder Melanesien erforschen, verfügt man über einen Anteil von fünf oder zehn Prozent an Geschichtsschreibung; den Rest verdankt man der Ethnologie. Im Fall unserer Gesellschaften kehrt sich das Verhältnis um. Die Rolle des Ethnologen beschränkt sich darauf, eine Arbeit zu vervollständigen und anzureichern, die zunächst dem Historiker obliegt.

Die Zukunft der Ethnologie hat auch institutionelle Fragen zu bewältigen. Glauben Sie, dass die Situation dieser Disziplin heute befriedigender ist als zu dem Zeitpunkt, da Sie selbst sich dafür zu interessieren begonnen haben?

Als ich meine Ethnologenlaufbahn begann, gab es an den französischen Universitäten noch keinen Lehrstuhl für Ethnologie. Ich glaube, der Erste war der von Marcel Griaule, am Vorabend oder während des Zweiten Weltkrieges, ich weiß nicht mehr. Die Anthropologie ist heute zu einer eigenständigen Disziplin geworden, die an den Universitäten gelehrt wird. Angesichts der dringlichen Arbeit, die geleistet werden muss, bleibt die Zahl der Stellen und Lehrstühle unzureichend.

Ganz wie bei anderen Disziplinen hat die ethnologische Forschung mit Geldmangel zu kämpfen; es müssen Etats bewilligt werden!

Mit dem einzigen Unterschied, dass man durchaus einräumt, dass Physiker oder Biologen Geld brauchen, um ihre Institute betreiben zu können, weil sie nur da ihre

Experimente machen und die ihrer Kollegen verifizieren können. Weniger gern gibt man zu, dass die Arbeitsstätten der Ethnologen sich Tausende von Kilometern entfernt befinden und dass man, um dorthin zu kommen und dort zu leben, ebenfalls Geldmittel benötigt.

***

Im Jahr 1952 haben Sie, in der Studie mit dem Titel *Rasse und Geschichte*, die rein ethnologische Perspektive niedergelegt, um sich auf eine Ebene zu begeben, die man die »politische« nennen könnte, die jedenfalls in direkter Berührung mit zeitgenössischen Problemen stand.[1]

Es handelte sich um eine Auftragsarbeit. Ich glaube nicht, dass ich dieses kleine Werk aus eigenem Antrieb geschrieben hätte.

Wie ist die Auftragserteilung vor sich gegangen?

Die UNESCO hat verschiedene Autoren gebeten, an einer Reihe von Broschüren über die Rassenfrage mitzuwirken: Eine sollte Leiris verfassen, eine ich …

Sie bekräftigen darin die Verschiedenartigkeit der Kulturen, Sie stellen die Fortschrittsidee infrage, und Sie proklamieren die notwendige »Koalition« der Kulturen …

Grob vereinfacht suchte ich nach einem Mittel, um den Fortschrittsbegriff und den Kulturrelativismus miteinander zu versöhnen. Der Fortschrittsbegriff setzt die Idee voraus, dass bestimmte Kulturen zu bestimmten Zeiten und an bestimmten Orten anderen überlegen sind, weil sie Leistungen hervorgebracht haben, zu denen die letzteren sich nicht in der Lage gesehen haben. Und der Kulturrelativismus, der eine der Grundlagen der ethnologischen Reflexion ist, wenigstens in meiner und der ihr vorausgehenden Generation (denn manche Autoren fechten ihn heute an), behauptet, dass kein Kriterium es erlaubt, eine Kultur in absolutem Sinne höher einzustufen als eine andere. Ich habe versucht, das Gravitationszentrum des Problems zu verschieben. Wenn in bestimmten Epochen und an bestimmten Orten Kulturen »in Bewegung geraten«, während andere »bewegungslos verharren«, dann nicht, wie ich sagte, aufgrund einer Überlegenheit der ersteren, sondern deshalb, weil die historischen oder geographischen Umstände ein Zusammenwirken zwischen nicht ungleichen (nichts erlaubt eine derartige Einstufung), sondern unterschiedlichen Kulturen induziert haben. Sie setzen sich in Bewegung, indem sie Anleihen beieinander machen oder einander entgegenzutreten versuchen. Sie befruchten oder stimulieren sich wechselseitig. Während in anderen Epochen und an anderen Orten Kulturen, die als in sich geschlossene Welten isoliert bleiben, ein Leben im Stillstand führen.

Dieser Text ist ein Klassiker des Antirassismus geworden, er wird sogar in den Gymnasien gelesen. Haben Sie, um auf diese Vereinnahmung zu reagieren, 1971 jenen zweiten Text geschrieben, der den Titel »Rasse und Kultur«[2] trug?

Er ist ebenfalls aus einem Auftrag der UNESCO entstanden, und zwar für einen Festvortrag, der dazu bestimmt war, ein internationales Jahr des Kampfes gegen den Rassismus zu eröffnen.

Sie haben später gesagt: »Der Text hat einen Skandal ausgelöst, und das war sein Ziel.«

Das ist vielleicht ein wenig hart. Eines aber steht fest: Er hat einen Skandal ausgelöst, jedenfalls bei der UNESCO. Zwanzig Jahre nach *Rasse und Geschichte* forderte man mich auf, erneut über Rassismus zu sprechen, wahrscheinlich in der Erwartung, ich würde nur wiederholen, was ich bereits mitgeteilt hatte. Ich mag mich aber nicht wiederholen; und vor allem waren in diesen zwanzig Jahren so viele Dinge geschehen, die bei mir eine wachsende Gereiztheit angesichts der periodischen Zurschaustellung edler Gefühle wachriefen, so als ob das schon genügte. Dagegen hatte es für mich einerseits den Anschein, dass die Rassenkonflikte sich verschärften, dass sich andererseits aber in der Öffentlichkeit beträchtliche Verwirrung im Umkreis von Begriffen wie Rassismus und Antirassismus ausbreitete und dass man, aufgrund ihrer unbedachtsamen Erweiterung, dem Rassismus nur neue Nahrung bot, anstatt ihn zu entschärfen.

»Es ist die Unterschiedlichkeit der Kulturen, die ihre Begegnung befruchtet.«

Diesmal sprachen Sie von den Unterschieden, die die Kulturen trennen und zueinander in Gegensatz treten lassen. Und das lief Ihren früheren Äußerungen zuwider.

Ganz und gar nicht. Man hatte von jenem ersten Text nur jeden zweiten Satz gelesen. Ein Kritiker, ich glaube von *L'Humanité*, hat sogar beweisen wollen, dass ich mein Angriffsziel geändert hätte, indem er zum Beweis eine lange Passage aus »Rasse und Kultur« zitierte. Nun stand diese Passage aber bereits in *Rasse und Geschichte*. Da sie mir in diesem Zusammenhang willkommen war, habe ich sie wortwörtlich übernommen.

Was in »Rasse und Kultur« am meisten schockiert hat, ist wahrscheinlich jene Idee, dass die Kulturen zueinander in Gegensatz treten *wollen.*

Gegen Ende von *Rasse und Geschichte* habe ich eine Paradoxie hervorgehoben. Es ist die Unterschiedlichkeit der Kulturen, die ihre Begegnung befruchtet. Nun zieht aber dieses Zusammenwirken ihre fortschreitende Uniformisierung nach sich: Die Vorteile, welche die Kulturen aus diesen Kontakten ziehen, rühren weitgehend von den qualitativen Abständen her, die sie trennen; im Zuge der Tauschakte jedoch mindern sich diese Abstände bis zum völligen Verschwinden. Ist es nicht genau das, was wir heute als Zeugen miterleben? Und, nebenbei gesagt, jene Idee, dass die Kulturen in ihrer Evolution zu wachsender Entropie neigen, die aus ihrer Mischung resultiert – in einem Text vorgetragen, der, wie Sie gerade sagten, zu einem Klassiker des Antirassismus geworden ist (worüber ich mich freue) –, leitet sich geradewegs von Arthur de Gobineau ab, der ja sonst als Vater des Rassismus gebrandmarkt wird. Und das zeigt nur zu deutlich, welche Verwirrung gegenwärtig in den Köpfen herrscht.

Die Ansichten Gobineaus haben übrigens eine sehr moderne Färbung, denn er erkannte bereits, dass sich Inseln von Ordnung unter dem Einfluss dessen bilden können, was er – und auch das ist sehr modern – eine »Korrelation in den verschiedenen Teilbereichen der Struktur« nannte. Dafür hat er Beispiele geliefert. Diese gelungene Ausgewogenheit zwischen Mischungen, dessen ist er sich bewusst, arbeitet einem Verfall entgegen, den er für unwiderruflich hält.

Was soll man aus alledem schließen, es sei denn, dass es wünschenswert ist, dass die Kulturen an ihrer Verschiedenartigkeit festhalten oder dass sie sich darin erneuern? Man muss nur – und eben darauf verwies der zweite Text – bereit sein, den Preis dafür zu entrichten: dass nämlich Kulturen, die jeweils einem bestimmten Lebensstil, einem bestimmten Wertesystem verhaftet sind, über ihre Partikularismen wachen und dass diese Disposition gesund und keineswegs – wie man uns glauben machen möchte – pathologisch ist. Jede Kultur entwickelt sich dank des Austausches mit anderen Kulturen. Es muss aber jede Kultur dem auch einen gewissen Widerstand entgegensetzen, sonst hat sie sehr bald nichts Eigenes mehr, das sich austauschen ließe. Das Fehlen und das Übermaß an Kommunikation haben beide ihre Gefahren.

Wie erklären Sie sich, dass Ihr Text von 1952 einen solchen Erfolg gehabt hat, der zweite dagegen nicht?

Der erste war als kleines Buch greifbar, der zweite, Manuskript eines Vortrags, ist nie separat erschienen. Und wenn der erste im Unterschied zum zweiten wohlmeinend aufgenommen worden ist, so kann ich nichts dafür: Sie bilden ein Ganzes. Ich füge hinzu, dass der zweite, in dem ich die Errungenschaften der Populationsgenetik zu integrieren versucht habe, eine schwierigere Lektüre ist. Aber schon im Fall von *Rasse und Geschichte* vergeht kein Jahr, ohne dass mich nicht Gymnasiasten oder Gymnasiastinnen besuchen, mir schreiben oder mich anrufen, um mir zu sagen: Wir haben ein Referat darüber zu machen und verstehen nichts davon!

Was täten Sie, wenn die UNESCO Sie heute um einen neuen Vortrag über dasselbe Thema bäte?

Da besteht keine Gefahr!

Aber Zeitungen und Rundfunkredaktionen holen häufig Ihre Meinung zur Frage des Rassismus ein, und im Allgemeinen lehnen Sie es ab zu antworten …

Ich habe keine Lust zu antworten, weil auf diesem Gebiet totale Verwirrung herrscht und weil ich im Voraus weiß, dass ich, was ich auch sage, falsch verstanden werde. Als Ethnologe bin ich überzeugt, dass die rassistischen Theorien ungeheuerlich und absurd zugleich sind. Wenn man aber den Begriff des Rassismus einebnet, indem man ihn geradezu blindlings anwendet, entleert man ihn seines Inhalts und läuft Gefahr, beim entgegengesetzten Resultat von dem anzulangen, was man suchte.

Denn was ist der Rassismus? Eine genau umrissene Doktrin, die sich in vier Punkten zusammenfassen lässt. Erstens: Es besteht eine Korrelation zwischen dem genetischen Erbteil einerseits und den intellektuellen Fähigkeiten und sittlichen Dispositionen andererseits. Zweitens: Dieses genetische Erbteil, von dem jene Fähigkeiten und Dispositionen abhängen, ist allen Mitgliedern bestimmter menschlicher Gruppierungen gemeinsam. Drittens: Diese »Rassen« genannten Gruppierungen lassen sich im Verhältnis zur Qualität ihres genetischen Erbteils hierarchisch gliedern. Viertens: Diese Unterschiede ermächtigen die sogenannten überlegenen »Rassen«, die anderen zu befehligen, auszubeuten und eventuell sogar zu vernichten. Eine Theorie und eine Praxis, die aus einer Vielzahl von Gründen unhaltbar sind, wie ich, im Gefolge anderer Autoren oder gleichzeitig mit ihnen, in »Rasse und Kultur« mit ebensolchem Nachdruck dargelegt habe wie in *Rasse und Geschichte.* Das Problem der Beziehungen zwischen Kulturen liegt in einem anderen Bereich.

Die Feindseligkeit einer Kultur gegenüber einer anderen ist also für Sie kein Rassismus?

Die aktive Feindseligkeit: ja. Nichts kann eine Kultur ermächtigen, eine andere zu unterjochen oder gar zu vernichten. Diese Negation des Anderen hätte sich unausweichlich auf transzendente Gründe zu stützen, nämlich rassistische oder gleichwertige. Dass aber Kulturen, wenngleich sie einander respektieren, mehr oder weniger große Affinitäten zueinander verspüren können, ist eine ganz reale Situation, die zu allen Zeiten vorgekommen ist. Sie liegt im Normalbereich menschlicher Verhaltensweisen. Brandmarkt man sie als rassistisch, läuft man Gefahr, dem Gegner in die Hände zu spielen, denn viele Naive werden sich sagen: Wenn das Rassismus ist, dann bin ich eben Rassist.

Sie wissen, welche Anziehungskraft für mich Japan hat. Wenn ich in Paris in der Métro ein japanisch anmutendes Paar sehe, betrachte ich es mit Interesse und Sympathie und bin bereit, ihm behilflich zu sein. Ist das Rassismus?

Wenn Sie es mit Sympathie betrachten: nein; aber wenn Sie mir gesagt hätten: Ich betrachte es mit Hass, hätte ich Ihnen geantwortet: ja.

Und doch habe ich mich nach dem Äußeren gerichtet, nach dem Verhalten, nach dem Klang der Sprache. Im Alltagsleben macht das jeder so, um einen Unbekannten auf der geographischen Karte einzuordnen ... Es bedürfte einer beträchtlichen Heuchelei, wenn man diese Art der Einschätzung verbieten wollte.

Gibt es körperliche Merkmale, die Ihnen Antipathie einflößen?

Wollen Sie sagen: ethnische Typen? Nein, sicher nicht. Alle umfassen Unterarten, von denen die einen für uns anziehend wirken, die anderen nicht. In bestimmten Indianergemeinschaften Brasiliens fühlte ich mich von schönen Wesen umgeben; andere boten mir das Schauspiel einer heruntergekommenen Menschheit. Die Nambikwara-Frauen kamen mir im Allgemeinen schöner vor als die Männer; bei den Boróro war das umgekehrt. Wenn wir solche Urteile fällen, dann wenden wir die kanonischen Maßstäbe unserer eigenen Kultur an. Im vorliegenden Fall gelten einzig und allein die der Beteiligten. Ich gehöre ebenso einer Kultur an, die einen eigentümlichen Lebensstil, ein ganz eigenes Wertesystem hat, und gänzlich anders geartete Kulturen ziehen mich nicht automatisch an.

Sie mögen sie nicht?

Das wäre zu viel gesagt. Wenn ich sie als Ethnologe untersuche, tue ich das mit aller Objektivität und sogar aller Empathie, deren ich fähig bin. Das verhindert aber nicht, dass bestimmte Kulturen mit meiner eigenen weniger zusammenpassen als andere.

Raymond Aron zitiert einen Brief, den Sie 1967 im Zusammenhang mit der israelischen Politik an ihn gerichtet haben: »Ich kann«, schrieben Sie, »die Vernichtung der Rothäute offenkundig nicht als noch frische Wunde in der Flanke empfinden und umgekehrt reagieren, wenn es um die palästinensischen Araber geht, selbst wenn (wie das der Fall ist) die kurzen Kontakte, die ich zur arabischen Welt gehabt habe, mir eine tief sitzende Antipathie eingeflößt haben ...«[3]

Die Formulierung ist überspitzt. Ich ließ einfach meiner Feder freien Lauf und wollte nicht, dass Aron meine Einstellung missverstand und mir pro-arabische Gefühle unterstellte. Dennoch ist es richtig, dass es mir im Laufe der paar Monate, die ich in islamischen Ländern verbracht habe – in Pakistan und dem heutigen Bangladesch –, nicht gelungen ist, dort, wie man sagt, »Fuß zu fassen«. In *Traurige Tropen* habe ich mich zu diesem Thema geäußert.

Jeder Ethnologe sieht sich eines Tages einmal mit einer Situation dieser Art konfrontiert. Robert Lowie war ein großer Ethnologe, der mich mit seiner Freundschaft beehrte. Seine Arbeiten über die Crow und die Hopi haben verbindliche Maßstäbe gesetzt. Dennoch gestand er mir, mit den ersteren habe er sich vorzüglich verstanden, während er es mit den letzteren kaum aushalten konnte.

Wenn man Sie zum Rassismus befragt, dann geht es gewöhnlich weniger um die Beziehungen zwischen unterschiedlichen Kulturen auf unterschiedlichen Kontinenten als um die französische Gesellschaft von heute und um das, was man »plurikulturelle Gesellschaft« nennt. Letztes Jahr hieß es sogar, die Regierung habe daran gedacht, Ihnen den Kommissionsvorsitz zur Reform des *Code de la nationalité* anzutragen, dann aber darauf verzichtet, weil es schockierend hätte wirken können, dazu einen Ethnologen aufzufordern.

Wenn das, was Sie sagen, richtig ist, dann wäre es immerhin pikant, dass man die Einwanderer zu schockieren fürchtete, wenn man sie den Völkern gleichstellte, die die Ethnologen untersuchen, so als ob man implizit zwischen den Kulturen eine Hierarchie aufstellte.

Wenn ich Ihre Definition des Rassismus recht verstehe, sind Sie der Meinung, dass es im heutigen Frankreich keinen Rassismus gibt.

Man kann beunruhigende Phänomene beobachten, die aber – es sei denn, ein Araber wird getötet, weil er Araber ist, was sofortige und mitleidlose Bestrafung verdient – nicht auf Rassismus im strengen Sinne des Wortes schließen lassen. Es gibt und wird immer Gemeinschaften geben, die sich gehalten fühlen, mit solchen, deren Werte und Lebensart ihre eigenen nicht verletzen, zu sympathisieren; mit den anderen weniger. Was wiederum nicht verhindert, dass sogar die Beziehungen zu diesen letzteren ungetrübt bleiben können und müssen. Wenn meine Arbeit Stille erfordert und eine ethnische Gemeinschaft Lärm gut verträgt oder gar Gefallen daran hat, dann werde ich sie nicht rügen und auch nicht ihren genetischen Erbteil beschuldigen. Dennoch werde ich es vorziehen, ihr nicht allzu nahe zu kommen, und es wenig schätzen, wenn man mich unter diesem bösartigen Vorwand schuldig zu sprechen versucht.

Kann eine Gesellschaft im Jahr 1988 monokulturell sein, angesichts der Verschmelzungen von Populationen, der Völkerwanderungen, der Einwanderung?

Monokulturell sagt nichts aus, weil es nie eine Gesellschaft gegeben hat, die so beschaffen gewesen wäre. Alle Kulturen erwachsen aus Verschmelzungen, Anleihen, Mischungen, die sich unaufhörlich weiter vollziehen, wenn auch in anderen Rhythmen, seit Anbeginn der Zeiten. Obschon aufgrund ihrer Entstehungsweise allesamt plurikulturell, haben die Gesellschaften im Laufe der Jahrhunderte doch jeweils eine originäre Synthese erarbeitet. An dieser Synthese, die ihre Kultur zu einem gegebenen Zeitpunkt konstituiert, halten sie mehr oder weniger streng fest. Wer wollte leugnen, dass es heute eine japanische, eine amerikanische Kultur gibt, sogar bei Berücksichtigung innerer Differenzen? Es gibt kein Land, das in stärkerem Maße das

Produkt einer Mischung ist als die Vereinigten Staaten, und doch existiert ein *American way of life*, dem sich alle Bewohner des Landes verschreiben, ohne Rücksicht auf ihre ethnische Herkunft.

Da Sie mich zu Frankreich befragen, will ich Ihnen antworten, dass sein Wertesystem im 18. und 19. Jahrhundert für Europa und weit darüber hinaus ein Anziehungspol war. Die Assimilation der Einwanderer warf keinerlei Probleme auf. Mehr davon gäbe es wohl auch heute nicht, wenn unser Wertesystem, von der Volksschule an und auch später, allen Mitbürgern ebenso solide, ebenso lebendig erschiene wie in der Vergangenheit.

Alle westlichen Gesellschaften begegnen sichtlich diesem Problem der unmöglichen Assimilation: England, Deutschland ... Die Koexistenz von Kulturen scheint dort ebenso schwierig zu sein wie hier.

Wenn die westlichen Gesellschaften nicht mehr in der Lage sind, geistige und sittliche Werte zu bewahren oder zu begründen, die gewichtig genug sind, von außerhalb kommende Menschen anzuziehen und zur Aneignung und Übernahme zu bewegen, dann gibt es zweifellos Grund, beunruhigt zu sein.

Ihre Arbeiten und vor allem die Texte, die wir gerade erwähnt haben, sind oft parallel zu Entkolonialisierungsbestrebungen gedeutet worden. Was halten Sie davon?

Ich lese das von Zeit zu Zeit. Kürzlich habe ich sogar gelesen, dass der Erfolg von *Traurige Tropen* mit dem Aufstieg der Politik zur Förderung der Dritten Welt in Zusammenhang stünde. Darin liegt ein Widersinn. Die Gesellschaften, deren Verteidigung ich übernommen oder deren Zeuge zu sein ich mich bemüht habe, sind von der Dritte-Welt-Politik weitaus stärker bedroht, als sie es vom Kolonialismus waren. Die Regierungen der Länder, die nach dem Zweiten Weltkrieg in die Unabhängigkeit entlassen worden sind, haben keinerlei Nachsicht mit den sogenannten zurückgebliebenen Kulturen gezeigt, die noch in ihrer Mitte existieren. Und es gibt einen zweiten Grund, dessen Eingeständnis Ihnen vielleicht zynisch erscheinen mag: Ich befasse mich nicht mit Menschen, sondern mit Glaubensinhalten, mit Bräuchen und mit Institutionen. Ich verteidige diese kleinen Völker, die ihrer traditionellen Lebensweise treu zu bleiben beabsichtigen, also abseits und im Schatten der Konflikte, die die moderne Welt entzweien. Diejenigen, die aus diesem Zustand heraustreten und in unseren Konflikten Partei ergreifen, werfen politische und sogar geopolitische Probleme auf; jeder weiß, dass sich auf diesem Gebiet die Gewissensfragen nur selten auf einer einzigen Seite stellen.

»Der Kolonialismus war die Hauptsünde des Westens.«

Sie begegnen der Politik zur Förderung der Dritten Welt mit größerem Misstrauen als der Entkolonialisierungspolitik?

Der Kolonialismus war die Hauptsünde des Westens. Hinsichtlich der Vitalität und der Pluralität der Kulturen sehe ich gleichwohl nicht, dass sein Verschwinden einen großen Sprung nach vorn bedeutet hätte.

Man hat gegen die Ethnologie einen Prozess in umgekehrter Richtung angestrengt: Die Ethnologie habe nämlich mit dem Kolonialismus im Bunde gestanden. Scheint Ihnen diese Auffassung gerechtfertigt?

Es ist ein historischer Tatbestand, dass die Ethnologie im Schatten des Kolonialismus entstanden ist und sich entwickelt hat. Im Unterschied und sogar im Gegensatz zum kolonialistischen Eingriff aber haben die Ethnologen versucht, Glaubensinhalte und Lebensweisen zu retten, deren Existenz die Kulturen in beschleunigtem Rhythmus aus dem Gedächtnis verloren.

Manche Leute sind sogar so weit gegangen zu sagen, dass gerade die Ethnologie die Kolonialherrschaft nach deren Verfall verewigt habe. Solche Bemerkungen waren manchmal von Leuten zu hören, die mit Ihnen zusammengearbeitet hatten, etwa von Robert Jaulin.

Vor beinahe dreißig Jahren hat er dem Laboratoire d'anthropologie sociale angehört, aber wir haben uns wegen der Unverträglichkeit unserer Temperamente bald getrennt. Wenn die Eingeborenenvölker nach den Zerstörungen, denen sie zum Opfer gefallen sind, wieder an ihre Vergangenheit anknüpfen wollen, dann kommt es häufig vor, dass sie zu den Büchern von Ethnologen greifen, um sich von ihnen helfen zu lassen. Ich kenne manche Beispiele dafür.

Diesen Kritikern zufolge beharrt der Vertreter des Abendlandes auf seiner Überlegenheit über die Kultur, die er beobachtet.

Es handelt sich nicht um die Überlegenheit des Beobachters, sondern um die Überlegenheit der Beobachtung. Um beobachten zu können, muss man außerhalb stehen. Man kann – das ist eine ethische Wahlentscheidung – es vorziehen (aber ist das möglich?), in die Gemeinschaft, deren Existenz man teilt, einzutauchen, sich mit ihr zu identifizieren. Die Erkenntnis steht auf der anderen Seite.

Entspringt also die Erkenntnis aus der Entfernung zwischen Subjekt und Objekt?

Das ist ein Aspekt. In einem zweiten Schritt muss man versuchen, sie wieder zusammenzuführen. Es gäbe keine mögliche Erkenntnis, wenn man die beiden Momente nicht zuvor voneinander geschieden hätte; aber die Originalität der ethnographischen Forschung besteht gerade in diesem unaufhörlichen Hin und Her.

In seinem Buch über die ethnographische Vernunft stellt Jack Goody das Problem des Verhältnisses zwischen Beobachter und von ihm untersuchter Gesellschaft in ein besonders interessantes Licht. Wenn man mündliche Überlieferungen untersucht, Zivilisationen, die die Schrift nicht kennen, dann modifiziert sie der einfache Umstand, diese Überlieferungen transkribieren zu müssen, und erlegt ihnen Wahrnehmungskategorien des Beobachters und seiner Gesellschaft auf. Was sagen Sie dazu?

Die Anmerkung erscheint mir richtig, aber trivial. Denn das gilt für jede Beobachtung, eingeschlossen die in den fortgeschrittensten Wissenschaften. Zwar muss man sich bewusst bleiben, dass man bei der Transkription einer wie auch immer beschaffenen Beobachtung die Fakten nicht in ihrer ursprünglichen Authentizität bewahrt; man übersetzt sie in eine andere Sprache und büßt dabei unterwegs manches ein. Aber was soll man daraus schließen? Dass man weder übersetzen noch beobachten kann?

***

Wir haben über Rassismus gesprochen. Haben Sie, als Jude, selbst darunter gelitten, in Ihrer Jugend oder im späteren Verlauf Ihrer Karriere?

Es wäre, was mich betrifft, geradezu ungebührlich, die grauenhafte und blitzartige Katastrophe in Rechnung zu stellen, die über eine Gruppe der Menschheit hereingebrochen ist, der ich angehöre, weil ich ja das Glück hatte, ihr zu entrinnen. Ich habe davon nur vergleichsweise bescheidene Auswirkungen zu spüren bekommen: Plünderung, Verkürzung des Lebens meines Vaters durch die Prüfungen der Besatzungszeit ... Dennoch ist klar, dass sie auf mein Schicksal substanziell eingewirkt hat.

Zur Zeit meiner Kindheit kam es noch vor, dass man auf der École communale (wie man damals noch sagte) und auf dem Gymnasium verhöhnt wurde.

Haben Sie Situationen wie die erlebt, die François Jacob in seinen Memoiren beschreibt?[4]

Ja, und da ich älter bin als er, habe ich sie wahrscheinlich sogar noch gründlicher kennengelernt.

Und später?

Der Antisemitismus hat bei diesem oder jenem Karriere-Engpass eine Rolle gespielt, allerdings nur als Nebenkomponente, und zwar hinsichtlich der Vorbehalte, die meine Ideen oder meine Person auslösten.

Sie sind immer Anhänger der »Assimilation« gewesen und haben für sich nie eine jüdische »Identität« eingefordert. Doch Sie kennen die Sie betreffende Formulierung, die Métraux in seinem Tagebuch festgehalten hat: »Er ist genau der Typ des jüdischen Intellektuellen.«

Das stört mich nicht. Wir sind keine reinen Geister, und es scheint mir nur natürlich, vor allem bei einem Ethnologen, dass man, wenn man ein Individuum einzuschätzen versucht, es in seinem Kontext wahrnimmt.

Dieser Satz stört Sie nicht, doch welche Bedeutung geben Sie ihm?

Man müsste zunächst einmal wissen, welche Bedeutung ihm Métraux gegeben hat. Unsere Unterhaltungen haben sich nie darauf bezogen. Ich räume gern ein, dass manche geistigen Einstellungen bei den Juden wahrscheinlich verbreiteter sind als sonst.

Beispielsweise?

Jene Einstellungen, die aus dem tief verwurzelten Gefühl herrühren, einer nationalen Gemeinschaft anzugehören, obgleich man weiß, dass es im Rahmen dieser Gemeinschaft Leute gibt – zunehmend weniger Leute, wie ich zugeben will –, die einen ablehnen. Demzufolge bewahrt man sich eine wache Sensibilität, die von dem keiner Überlegung zugänglichen Gefühl begleitet wird, dass man unter allen Umständen gehalten ist, etwas mehr als die anderen zu tun, um latente Vorwürfe zu entkräften. Ich entrüste mich nicht darüber, dass diese Verschrobenheit, wie erklärlich sie auch sein mag, Missfallen erregen kann. Gobineau, der kein Antisemit war, beschrieb den jüdischen Geist als von Natur aus forschenden, der es liebe, von den Reichtümern dieser Welt »sowohl das, was Wissen, als auch das, was Gold ist«, zu erwerben. Métraux stattete mich, wie ich mir vorstelle, mit jener ersten Art von Verlangen aus.

Jedenfalls haben Sie Ihr Judentum weder jemals eingeklagt noch bekräftigt.

Bereits für meine Eltern war das Judentum wenig mehr als eine Erinnerung. Ich habe lange gezögert, bevor ich Israel besuchte, weil die körperliche Kontaktaufnahme zu seinen eigenen Wurzeln ein schreckliches Erlebnis ist.

Wann sind Sie hingefahren?

Im Winter 1984/1985. Das israelische Völkerkundemuseum hatte mich eingeladen, den Vorsitz bei einem internationalen Symposium über die Kunst als Kommunikationsmittel in den schriftlosen Gesellschaften zu übernehmen.

Und was haben Sie dabei empfunden?

Ich bin mir bewusst, dass ich Jude bin, und der »Blutszugehörigkeit«, wie man es früher nannte, stimme ich zu. Vor Ort habe ich mich dennoch mehr als je zuvor verwirrt gefühlt angesichts der – mehr oder weniger zweitausendjährigen – Zäsur zwischen dem Aufbruch aus Palästina und dem Beginn des 18. Jahrhunderts, in dem ich meine Vorfahren im Elsass angesiedelt finde. Was hat sich in der Zwischenzeit ereignet? Die historische Abfolge, die von dieser Wanderschaft geprägten Etappen fehlen mir, und gerade sie hätte ich nötig, um die Realität der Bindung an eine sehr entlegene Vergangenheit wahrzunehmen. Sie reduziert sich auf eine abstrakte Kenntnis. Und das heißt zugeben, dass ich in Israel zu keinem Zeitpunkt den Eindruck gehabt habe, in einem konkreten Sinne an meine Wurzeln zu rühren. Israel hat mich überaus interessiert, weniger weil ich dort ein Volk von entfernten Verwandten fand (ich habe kein Familiengefühl), denn als Brückenkopf vom Abendland zum Orient: der neunte Kreuzzug, wenn Sie wollen.

Ich habe vorhin Ihren Brief an Raymond Aron zitiert, in dem Sie die Situation der Palästinenser mit der der Rothäute verglichen haben ...

Das ist eine dieser Situationen – es gibt andere –, die von der Geschichte geschaffen und praktisch unentwirrbar geworden sind, ohne dass man im Namen einer abstrakten Konzeption von Recht oder Gerechtigkeit in diesem oder jenem Sinne entscheiden könnte.

Im selben Brief haben Sie den Satz von General de Gaulle über den Staat Israel – »selbstsicher und herrschsüchtig« – gebilligt und die Verlautbarungen der Wortführer der jüdischen Gemeinde Frankreichs gebrandmarkt, die, wie Sie sagten, privilegierte Positionen missbrauchten, um Propaganda zu machen. Ihre Äußerungen sind sehr hart.

Meine Briefe waren im Ton eines vertraulichen Gesprächs abgefasst. Als Aron mich bat, sie abdrucken zu dürfen, habe ich mich dazu bereit erklärt, weil ich mich nicht für berechtigt hielt, die Ausgewogenheit, die er seinem Werk verleihen wollte, zu gefährden. Hätte ich im Hinblick auf eine Veröffentlichung geschrieben, so hätte ich die Form meines Ausdrucks wohl besser kontrolliert.

Wie dem auch sei, halten Sie sich den Text vor Augen. Ich habe die Formulierung des Generals nicht auf den Staat

Israel, sondern auf die jüdischen Notabeln Frankreichs gemünzt, die sich das Recht herausnahmen, im Namen aller zu sprechen. Das alles ist lange her: schon zwanzig Jahre! Das massive Auftreten von Interessengruppen hatte mich schockiert. Man muss allerdings anerkennen, dass die Mobilisierung der öffentlichen Meinung sich heute in umgekehrter Richtung vollzieht.

Ihre Äußerungen waren sehr hart, aber es waren eben die eines Privatmannes. Sie haben keine öffentliche Erklärung abgegeben, und man musste warten, bis Raymond Aron einen Auszug aus Ihrem Brief publizierte, um Ihre Position kennenzulernen. Sie beziehen nicht gern öffentlich Stellung? Sie sind kein engagierter Intellektueller?

Nein. Ich bin der Meinung, dass meine intellektuelle Autorität, in dem Maße, wie man mir überhaupt welche zuerkennt, auf dem Arbeitsbeitrag, auf den Skrupeln an Strenge und Genauigkeit beruht, die dafür bürgen, dass ich mir in begrenzten Bereichen das Recht auf Gehör erworben habe. Wenn ich darauf poche, bei Fragen mitzureden, die ich nicht oder nur ungenau kenne, begehe ich einen Vertrauensbruch.

Diese Gestalt des engagierten Intellektuellen, wie sie in Frankreich mit der Dreyfus-Affäre hervorgetreten ist, ist eine Figur, die Ihnen missfällt?

Im 19. Jahrhundert lebten manche Intellektuellen noch im Banne einer Tradition, die auf Voltaire zurückging. Ein Victor Hugo konnte sich noch für fähig halten, alle Probleme seiner Zeit zu beurteilen. Ich halte das nicht mehr für möglich. Die Welt ist zu kompliziert geworden, die Zahl der Variablen, die bei jedem besonderen Fall berücksichtigt werden müssen, ist groß. Außer wenn man sich entschließt, sich auf einen bestimmten Typus von Problemen zu spezialisieren wie Aron, der sich auf die Erfassung der zeitgenössischen Gesellschaft eingeschworen hatte. Das ist eine legitime Parteinahme, doch man kann nicht gleichzeitig das tun, was er getan hat, und das, was ich getan habe. Man muss wählen.

»Ein Victor Hugo konnte sich noch für fähig halten, alle Probleme seiner Zeit zu beurteilen. Ich halte das nicht mehr für möglich. Die Welt ist zu kompliziert geworden.«

Sie interessieren sich für Politik? Sie lesen die Zeitungen, verfolgen das Fernsehen?

Das Fernsehen nur wenig. Wann sollte ich denn sonst lesen? Im Übrigen, ja, ich versuche, was die Politik betrifft, die Kenntnisse eines mündigen Bürgers zu gewinnen. Ich lese zwei Tageszeitungen und drei Wochenzeitschriften.

Ein Essayist hat Sie kürzlich in Bezug auf diese Frage recht heftig angegriffen. Er zitiert Ihre Weigerung, Stellung zum Problem Neukaledonien zu beziehen, weil Sie nie dort gewesen seien, und hält Ihnen Émile Zolas Handeln in der Dreyfus-Affäre entgegen, wobei er behauptet, dass auch Zola nicht kompetent gewesen sei, was ihn gleichwohl nicht gehindert habe, sich für eine gerechte Sache einzusetzen.[5]

Das verblüfft mich. Zola nicht kompetent, was die Dreyfus-Affäre betrifft? Sobald er auch nur davon unterrichtet war, nahm er auch schon einen der besten Beobachtungsplätze in vorderster Linie ein! Sein gesamtes Werk ist der Beobachtung, der Beschreibung und der Analyse der zeitgenössischen Gesellschaft gewidmet, der Verteidigung der Werte von Wahrheit und Gerechtigkeit, der Grenzziehung zwischen den Ehrenmännern und den anderen. Alles prädisponierte Zola dafür, an dieser Affäre leidenschaftlich Anteil zu nehmen; er hätte sie als Romanthema erfinden können.

Was gibt es überdies Gemeinsames zwischen der Verteidigung eines Unschuldigen und der geduldigen und schwierigen Suche nach einer Schlichtung zwischen politischen und ökonomischen Interessen, zwischen Forderungen, von denen sich keine mit einem Federstrich tilgen lässt? Diese Suche muss sich auf eine gründliche Kenntnis der Menschen, des Milieus und der Lösungen stützen, wie sie für vergleichbare Probleme gefunden werden, die sich in derselben Weltgegend stellen.

Man löst solche Probleme nicht durch systematischen Zugriff. Bei einem Thema, das seiner eigenen Disziplin sehr nahe kommt, muss sich der Ethnologe besonders skrupulös zeigen. Ich bin nie in Neukaledonien gewesen, auch nicht auf den anderen Inseln des Südpazifik, und ich vertrete eine Disziplin, welche die direkte Beobachtung zum obersten Credo erhoben hat. Wenn die staatlichen Stellen sich für das, was ich zu Neukaledonien hätte sagen können, interessiert hätten, dann hätte ich mich gern hinbegeben, unter der Bedingung, einer angemessenen Aufnahme sicher sein zu dürfen. Ich hätte mich dann auch über das unterrichten müssen, was in Samoa, auf den Fidschi-Inseln, in Melanesien passiert …

Soll ich Ihnen etwas gestehen? Nach *Traurige Tropen* hatte ich mir bisweilen vorgestellt, dass irgendein Presseorgan mir vorschlagen würde, einmal im großen Stil Reportage zu betreiben. Wäre es dazu gekommen, so hätte ich heute vielleicht genaueren Einblick in einige zeitgenössische Probleme.

Schade, dass Ihnen niemand diesen Vorschlag gemacht hat.

Gar nicht, denn dann hätte ich nicht dieselben Bücher geschrieben. Bessere oder schlechtere, ich weiß nicht. Jedenfalls wäre es anders verlaufen.

Um diesen Punkt zum Abschluss zu bringen, erlauben Sie mir zu sagen, dass ich mich häufig in Affären einmische, bei denen ich mich zu Recht oder zu Unrecht für kompetent halte. Aber ich habe nicht das Bedürfnis, das laut hinauszuposaunen.

Beispielsweise?

Die Verteidigung und der Schutz der indianischen Kulturen Amerikas. Letztes Jahr bin ich mit einer Delegation ins Kabinett des Ministers für die Überseegebiete gegangen, um das Problem von Französisch-Guayana zu diskutieren.

In Ihrer Antrittsrede bei der Aufnahme in die Académie française zitierten Sie einen Satz von Montherlant: »Die Jugend braucht keinen Vordenker, sondern einen Meister des guten Benehmens.« Stehen Sie den Vordenkern feindselig gegenüber?

Das ist eine Rolle, die einen dazu verurteilt, seine eigene Umwelt zu täuschen, außer wenn man ein Heiliger ist, und sogar dann!

Man hat Sie gelegentlich in die Kategorie der Vordenker eingereiht.

Mir scheint eher, dass erst kürzlich die Rede davon war, es gäbe keine Vordenker mehr. Und das ist richtig.

Sie fügten hinzu, Montherlant habe prophetische Sehergabe bewiesen, als er sagte, dass die Gesellschaften sehr teuer dafür bezahlen, dass sie die Jugend als gesonderte Wesenheit und Seinsweise konstituiert haben.

Das ist ein Zeichen dafür, dass die Generationen, die das Heft in der Hand haben, sich ihrer Werte nicht mehr sicher sind. Ich sehe da bei ihnen eine Art von Abdankung.

Glauben Sie nicht, dass man sich an die Jugend wenden kann, um diese Werte wieder in Geltung zu setzen?

Die Gesellschaften haben Bestand, weil sie in der Lage sind, ihre Prinzipien und Werte von einer Generation an die nächste weiterzugeben. Von dem Augenblick an, da sie sich unfähig fühlen, noch irgendetwas weiterzugeben, oder nicht mehr wissen, was weiterzugeben, und sich auf die nachfolgenden Generationen verlassen, sind sie krank.

Zum Abschluss Ihrer Rede erklärten Sie, dass ein radikaler Pessimismus wie der von Montherlant wahrscheinlich das einzige Mittel darstelle, einem gemäßigten Optimismus wieder Chancen einzuräumen. Bringt diese Formulierung wirklich Ihre Position zum Ausdruck?

Ich habe das oft gesagt. Wenn einem aufgeklärten Humanismus zum Durchbruch verholfen werden soll, dann muss der Mensch seine Selbstgefälligkeit zügeln und sich bewusst sein, dass sein Aufenthalt auf Erden, der in jedem Fall zeitlich begrenzt ist, ihm nicht alle Rechte zubilligt.

> *»Wenn einem aufgeklärten Humanismus zum Durchbruch verholfen werden soll, dann muss der Mensch sich bewusst sein, dass sein Aufenthalt auf Erden, der in jedem Fall zeitlich begrenzt ist, ihm nicht alle Rechte zubilligt.«*

»Das heißt nichts«, die letzten Worte von *Der nackte Mensch*, die gewissermaßen *das* letzte Wort der *Mythologica* bilden, haben zahlreiche Spekulationen über Ihren »Pessimismus« hervorgerufen.

Man hat vor allem nicht wahrgenommen, dass diese letzten Seiten unter dem Einfluss des Schlusses von *Versuch über die Ungleichheit der Menschenrassen* von Gobineau stehen. Ich habe dieses Buch gerade zur Hand, erlauben Sie mir, es aufzuschlagen ... Nehmen Sie folgendes: »Selbst wenn wir dem Blicke bei den Zeiten, die dem letzten Seufzer unserer Gattung um ein Weniges vorausgehen müssen, Halt gebieten und ihn abwenden von jenen bereits vom Tode übermannten Altern, in denen der stumm gewordene Erdball – doch ohne uns! – seine Bahnen fühllos fortbeschreibt ...«[6] Ruft das nichts bei Ihnen wach? Ich wollte sogar zum Schluss im letzten Satz das Wort »fühllos« [frz. *impassible*] einfügen, als »Signatur« (im Sinne der alten Alchemisten) Gobineaus. Man kann in meinen Büchern andere geflügelte Worte und Zitate finden.

Wenn das niemand gemerkt hat, dann wahrscheinlich deshalb, weil diese Referenz paradox erscheinen mag. Das Bild Gobineaus ist nicht so positiv, vor allem in Hinsicht auf das Rassenproblem. Ist er einer Ihrer Lieblingsautoren?

Als Mensch war Gobineau wahrscheinlich von rassistischen Vorurteilen eingenommen. Das waren zu seiner Zeit viele. Und wie damals üblich machte er keinen deutlichen Unterschied zwischen dem Begriff der Rasse und dem der Kultur. Man möge doch die Passagen außer acht lassen, in denen die Vorurteile die Oberhand über die Reflexion gewinnen (andere weisen in die entgegengesetzte Richtung: Der Rassismus von Gobineau war intermittierend, er äußerte sich stoßweise); und man möge doch bereit sein, überall da, wo er »Rasse« schreibt, »Kultur« zu lesen, dann wird man in ihm, über den großen Schriftsteller und Autor von *Die Plejaden*, *Reiseerlebnisse*, *Asiatische Novellen* oder *Drei Jahre in Asien* hinaus, einen originellen Denker finden. Gerade er hat genau begriffen, dass sich Lektüren der Geschichte im Sinne verschiedener zeitlicher Stufen nicht addieren, sondern aufheben. Ich habe eben das im letzten Kapitel von *Das wilde Denken* klarzustellen versucht.[7]

Das System von Gobineau verlangte nicht, dass originäre Kulturen (die für ihn übrigens bloße theoretische Hypothesen sind) zu Beginn ungleich waren, es genügte, sie als verschieden darzustellen, und das hat er zumeist getan. Freilich verneigte er sich wie alle seine Zeitgenossen vor dem historischen Erfolg des Westens und musste, um ihn zu integrieren, von seiner ursprünglichen Intuition abweichen. Und hier liegt noch immer das Hindernis, das selbst der Kulturrelativismus zu überwinden größte Mühe hat.

Eine Reihe von Büchern wie die *Mythologica* mit der ent-

täuschten Feststellung beenden, dass von den Unternehmungen der Menschen »nichts« bleibt, heißt nahezu ein philosophisches Credo verkünden. In diesem »nichts« hat man zuweilen den Ausdruck Ihrer »ureigensten« Philosophie sehen wollen.

Derartiges habe ich nicht gesagt. Ich habe gesagt, dass es dem Menschen zufällt, zu leben, zu arbeiten, zu denken, Mut zu bewahren, obwohl er weiß, dass er nicht immer auf der Erde heimisch sein wird, dass diese Erde eines Tages zu existieren aufhören und dass dann von allen Werken der Menschen nichts bleiben wird. Das ist ganz und gar nicht dasselbe.

Meine »ureigenste« Philosophie, wie Sie sagen, stößt sich an diesem Widerspruch und beugt sich ihm. Einerseits vertraue ich auf die naturwissenschaftliche Erkenntnis. Was ich von den Physikern und Biologen lerne, fesselt mich; es gibt nichts, was meine Reflexion mehr stimulierte. Gleichzeitig aber hat es für mich den Anschein, dass jedes gelöste Problem oder jedes, das wir für gelöst erachten, wiederum neue Probleme hervorbringt und so fort bis ins Unendliche, sodass wir von Tag zu Tag tiefer mit der Gewissheit vertraut werden, dass unsere Denkfähigkeit dem Realen unangemessen ist und bleiben wird, dass dessen Wesen sich jedem Zugriff der Vorstellung entzieht. Es war Kant, der uns das als Erster gelehrt hat. Kant aber, der sich mit einer aufgrund ihrer Antinomien unrettbar schwachen menschlichen Erkenntnisfähigkeit abfand, hoffte eine absolute Grundlage für das Sittenleben zu finden. Als Über-Kantianer, wenn ich so sagen darf, schließe ich auch das Sittenleben in die Problematik der reinen Vernunft ein, auch sie hat ihre Antinomien, die nicht zu beheben sind. Mehr noch, denn wenn die naturwissenschaftliche Erkenntnis uns Einsichten in das unendlich Große und das unendliche Kleine eröffnet, die noch schwindelerregender sind, als Blaise Pascal vermutete, dann zeigt sie uns unsere Bedeutungslosigkeit. Ob nun die Menschheit verschwindet und die Erde untergeht, nichts wird sich am Lauf des Weltalls ändern. Und daraus ergibt sich ein letztes Paradoxon: Wir sind nicht einmal sicher, dass diese Erkenntnis, die uns unsere Bedeutungslosigkeit offenbart, irgendeine Gültigkeit hat. Wir wissen, dass wir nichts oder nicht viel sind, und im Besitze dieses Wissens wissen wir nicht einmal mehr, ob es eines ist. Sich das Universum als dem Denken inkommensurabel vorzustellen, nötigt einen, das Denken selbst in Zweifel zu ziehen. Aus diesem Kreis tritt man nicht heraus.

Also radikaler Skeptizismus, den Sie mir zu unterstellen schienen? Durchaus nicht. Denn selbst wenn wir dazu bestimmt sind, von Erscheinungsform zu Erscheinungsform zu gehen, so ist es doch nicht gleichgültig zu wissen, ob es sinnvoll ist, irgendwann innezuhalten, und wo. Zwischen den Oberflächenerscheinungen und der erschöpfenden Suche nach einer Bedeutung hinter der Bedeutung, die niemals das Gute ist, gibt es, wie eine mehrtausendjährige Erfahrung zu belegen scheint, eine Zwischenstufe, die einzunehmen für die Menschen von Vorteil ist, weil dort mehr sittlicher und intellektueller Komfort möglich ist, weil sie sich dort besser oder weniger schlecht fühlen als anderswo, ohne andere Erwägungen in Betracht zu ziehen als hedonistische. Diese Stufe ist die der wissenschaftlichen Erkenntnis, der geistigen Tätigkeit und der künstlerischen Schöpfung. Also gut, halten wir uns daran, tun wir so »als ob«, und zwar beherzt, um zu praktischen Zwecken daran zu glauben, nicht ohne von Zeit zu Zeit – und um nicht den Kopf zu verlieren – ein Zeichen der Einsicht an ein *memento mori* zu richten, das unser Universum und uns mit ihm umfasst.

Verstehen Sie, dass man Sie manchmal des »Antihumanismus« bezichtigt hat?

Ein wohlverstandener Humanismus beginnt nicht bei sich selbst. Indem er den Menschen vom Rest der Schöpfung isolierte, hat der westliche Humanismus ihn einer Schutzwehr beraubt. Von dem Augenblick an, da der Mensch keine Grenze seiner Macht mehr kennt, neigt er zur Selbstzerstörung. Nehmen Sie die Konzentrationslager und, auf einem anderen Gebiet, schleichend, aber mit tragischen Folgen für die gesamte Menschheit, die Umweltverschmutzung.

»Von dem Augenblick an, da der Mensch keine Grenze seiner Macht mehr kennt, neigt er zur Selbstzerstörung.«

In jüngster Zeit haben manche Essayisten und Journalisten versucht, eine Verbindung zwischen der Ablehnung einer Philosophie des Subjekts, dem Antihumanismus und dem Totalitarismus herzustellen, und zwar in dem Sinne, dass einzig eine Philosophie des Subjekts imstande sei, eine Politik der Menschenrechte zu begründen.

Wir sehen uns da einem solchen Berg von Missverständnissen gegenüber, dass ich gar nicht erst versuchen werde, eines nach dem anderen zu beheben. Das bräuchte mehr Zeit, als diese Art von Einwänden verdient. Überdies habe ich selbst zum Aspekt der Menschenrechte einige Reflexionen in einem Text beigesteuert, der das Schlusskapitel von *Der Blick aus der Ferne* bildet, ursprünglich ein Vortrag vor einem parlamentarischen Untersuchungsausschuss, vor dem der Präsident der Nationalversammlung mich als Sachverständigen auszusagen gebeten hatte.

Ohne eine Philosophie des Subjekts, ja sogar ohne überhaupt eine Philosophie zu sein, kann der Strukturalismus sich dieser Art von Problem durchaus annehmen; vielleicht ist er sogar fähig, ausgetretene Pfade zu vermeiden und eigene Antworten zu geben.

Was hatte ich vorgeschlagen? Die Menschenrechte nicht, wie man das seit der amerikanischen Unabhängigkeitserklärung und der Französischen Revolution tut, auf den einzigartigen und privilegierten Charakter einer Gattung von Lebewesen zu gründen, sondern darin vielmehr einen Sonderfall von Rechten zu sehen, die allen Gattungen zukommen. Orientierte man sich in dieser Richtung, sagte ich, so versicherte man sich eines breiteren Konsensus, als ihn eine eingeschränkte Konzeption der Menschenrechte zu verbürgen vermag, weil man damit zeitlich an die stoische Philosophie und räumlich an den Fernen Osten anschlösse. Man stünde damit auf gleicher Höhe mit der praktischen Einstellung, welche die sogenannten primitiven, von den Ethnologen untersuchten Völker zur Natur unterhalten: manchmal ohne explizite Theorie, aber unter Beachtung von Geboten, die dasselbe Resultat ergeben.

Gerade weil Sie ein solches Privileg der Gattung Mensch vor den anderen Gattungen, ein solches Zwiegespräch des Menschen mit sich selbst ablehnen, haben Sie im »Finale« von *Der nackte Mensch* gewichtige Anmerkungen zur Philosophie des Subjekts, des Bewusstseins und so weiter gemacht.

Noch einmal, ich verstehe es durchaus, dass man andere Interessen haben kann als meine. Die Beschreibung, die Analysen können sich auf mehreren Ebenen vollziehen, die ich für legitim halte. Was mir an dieser Auseinandersetzung um das »Subjekt« unerträglich erscheint, ist die Intoleranz der

Gläubigen im Banne einer philosophischen Tradition, die von Descartes ausgeht. Alles beginnt mit dem Subjekt, es gibt nur das Subjekt und so weiter. Ich habe die Dinge aus einem anderen Blickwinkel erfassen wollen und akzeptiere nicht, dass man mein Recht darauf in Frage stellt.

Damals haben Sie die traditionelle Philosophie mit größerem Nachdruck abgelehnt.

Weil sie Anspruch auf Exklusivität erhob. Man musste sich ins Handgemenge werfen, um ihr einen Platz an der Sonne streitig zu machen. Sie braucht sich lediglich damit abzufinden, eine Verfahrensweise unter anderen zu sein, und der Konflikt verschwindet.

Kapitel 17
LITERATUREN

Liest man die Texte, die Sie der Literatur gewidmet haben, so fällt auf, dass Sie häufig auf Distanz zur strukturalistischen Literaturkritik gehen.

Den Möchtegernen gegenüber. Denjenigen, die das Wort Struktur willkürlich gebrauchen und es als Etikett auf werweißwelche Ware kleben. Man ist, scheint mir, Opfer eines intellektuellen Schwindels, wenn man, wie das häufig geschieht, kümmerliche Erzeugnisse zum Untersuchungsgegenstand wählt und sich dann herausnimmt, sie in den Rang von Meisterwerken zu erheben (weil man von denen ja Einsichten erwartet).

Dieser angebliche Strukturalismus ist in Wirklichkeit lediglich ein Alibi der Mittelmäßigkeit. Ich habe mich dazu im »Finale« von *Der nackte Mensch* erklärt.

Meinen Sie, dass es eine Hierarchie der Werke gibt?

Wenn ich mich an die strukturale Analyse eines literarischen Werkes mache, dann wähle ich ein Gedicht von Baudelaire, nicht die Sprüche eines Liedermachers.

Das ist erheiternd, weil ein jüngst erschienenes kleines Pamphlet Sie zu einem der Urheber einer Bewegung stilisierte, die angeblich darauf hinwirkt, die Hierarchien zwischen den kulturellen Werken aufzuheben.[8]

Ich habe das Buch nicht gelesen und kenne davon nur, was die Presse darüber mitgeteilt hat.

Doch was halten Sie davon, dass man Sie bezichtigt hat, zur Aufhebung der Hierarchien beigetragen zu haben, und zwar aufgrund Ihrer Arbeiten zum Kulturrelativismus?

Man sollte nicht zwei Bedeutungen des Wortes Kultur miteinander verquicken. In seiner allgemeinen Bedeutung bezeichnet der Ausdruck Kultur die durch Urteilsfähigkeit und Geschmack bereicherte und aufgeklärte Lebensführung. In der technischen Sprache der Anthropologen meint er etwas anderes; der klassischen Definition von Edward Tylor zufolge, die ich auswendig rezitieren kann, weil sie für uns wesentlich ist, besteht Kultur aus den »Kenntnissen, Glaubensinhalten, Kunst, Moral, Recht, Gebräuchen und allen anderen Fähigkeiten oder Gewohnheiten, die vom Menschen als Mitglied der Gesellschaft erworben wurden«. In der Kultur im zweiten Sinne des Ausdrucks wird alles zum Untersuchungsgegenstand: die Erzeugnisse, die man im ersten Sinne des Begriffs als die niedrigsten wertet, ebenso wie die vornehmsten. Der Kulturrelativismus begnügt sich mit der Behauptung, dass keine Kultur über irgendein absolutes Kriterium verfügt, das sie ermächtigte, diese Unterscheidung auf die Hervorbringungen einer anderen Kultur anzuwenden. Umgekehrt kann und muss das jede Kultur, insoweit es sich um sie selbst handelt, denn ihre Mitglieder sind sowohl Beobachter als auch Agierende.

Was mich als Agierenden betrifft, so haben auf mich weder Rock-Musik noch Comic Strips irgendeine Anziehungskraft – ich spreche da ganz euphemistisch! Als Beobachter aber sehe ich in der wachsenden Verbreitung dieser beiden Genres ein soziologisches Phänomen, das untersucht werden muss, welche moralische und ästhetische Wertigkeit man ihnen auch zuordnen mag. Die »Rock-Kultur« oder die »Comic-Kultur« beweihräuchern heißt, eine bestimmte Bedeutung des Wortes Kultur zu verdrehen, heißt geistigen Missbrauch zu begehen. Doch die Gegenposition einzunehmen, ich will sagen: den Ethnologen anzuklagen, dem geistigen Gemeinwohl zu schaden, und zwar aus dem einzigen Grund, weil er sich dieses Forschungsgebiet auswählt oder zugewiesen bekommt, liefe, sofern man den gleichen Maßstab anwendet, darauf hinaus, alle Leute, die sich in den biologischen Instituten der durchaus notwendigen Aufgabe unterziehen, Analysen zu machen, als Apostel des Vampirismus oder der Koprophilie zu brandmarken.

Sie sprachen von Baudelaire. Haben Sie da auf die Analyse eines Sonettes angespielt, die Sie gemeinsam mit Jakobson unternommen haben?[9]

Ja. Als Jakobson eines Tages in Paris war, hat er mir seine Ideen zur strukturalen Analyse von Poesie dargelegt. Er hat mir englische, russische, deutsche Beispiele gegeben, jedoch hinzugefügt, dass der Fall der französischen Poesie ihn in Verlegenheit brächte. Seine Auffassungen hatten mich dermaßen verführt, dass ich mich weigerte zu glauben, dass sie sich nicht auch hier sollten anwenden lassen. Nach seiner Abreise begann mir »Die Katzen« – eines der wenigen Gedichte, die ich auswendig kann – durch den Kopf zu gehen. Allmählich zeichneten sich die Umrisse einer im Sinne Jakobsons betriebenen Interpretation ab. Ich habe mich an eine Analyse gewagt, die ich schwerlich linguistisch nennen darf, so simpel und ungeschickt war sie, und Jakobson das Ergebnis meiner Überlegungen brieflich mitgeteilt. Er hat Feuer gefangen, was bei ihm leicht vorkam, manche Elemente meiner Analyse beibehalten, andere berichtigt und viel hinzugefügt. Eine ganze Korrespondenz hat sich aus der Angelegenheit ergeben. Als er wieder nach Paris kam, haben wir uns eines Morgens zusammen an dieses Geschäft gemacht. Ich führte die Feder, und wir haben gemeinsam geschrieben, jedes Wort abwägend und diskutierend. Das hat den ganzen Tag gedauert.

»Es vergeht kein Jahr, in dem ich nicht wieder zu Balzac greife.«

Und diese Episode ist folgenlos geblieben?

Ich bin kein Linguist und konnte diese Art von Experiment nicht allein weiterverfolgen. Jakobson hat es fortgesetzt und weitere Analysen von Gedichten publiziert, immer im selben Geist.

Da wir gerade über Literatur sprechen, können Sie mir Ihre bevorzugten Schriftsteller nennen?

Conrad, davon war schon die Rede; Honoré de Balzac, François-René de Chateaubriand … Proust natürlich. Und Jean-Jacques Rousseau.

Wenn Sie Chateaubriand zitieren, dann doch wohl den der *Erinnerungen von jenseits des Grabes*, wie ich vermute?

In erster Linie. Aber auch den eines so ungleichwertigen und häufig langweiligen Buches wie *Génie du Christianisme*, in dem sich erstaunliche Einsichten finden.

Und Balzac? Manche Kapitel in den *Mythologica* tragen Titel wie »Szenen aus dem Privatleben« oder »Szenen aus dem Provinzleben« …

Ich muss ihn ein gutes dutzend Mal von vorn bis hinten gelesen haben, und da ich ein schwaches Gedächtnis habe, ist es mir bei jeder erneuten Lektüre so erschienen, als sei sie die Erste. Es vergeht kein Jahr, in dem ich nicht wieder zu Balzac greife.

Welchem Roman geben Sie den Vorzug? *Cousin Pons*?

Eigentlich sollten hundert Gründe für *Cousin Pons* sprechen. Was mich aber besonders fesselt, ist *Die Kehrseite der Zeitgeschichte.* Das ist ein Balzac, der Charles Dickens nahesteht, den ich ebenfalls zu meinen Lieblingsautoren hätte zählen müssen (*Große Erwartungen* ist eines der schönsten Bücher, die ich kenne). Bei Dickens wie bei Balzac, und da vor allem in *Die Kehrseite der Zeitgeschichte*, höre ich ein Register heraus, für das ich hoch empfänglich bin: das Fantastische der Stadt.

Was Rousseau betrifft, müsste man ihn eher zu den Autoren zählen, die Sie intellektuell beeinflusst haben?

Über Rousseau sage ich wie d'Alembert: »Er überzeugt mich nicht, aber er erregt mich.« Sowenig ich mich seinem politischen Denken verpflichtet fühle, die Schönheit der Konstruktion blendet mich. Meine Bewunderung für Rousseau ist hauptsächlich ästhetischer Art. Was für ein Stil! Er sagt in fünf Worten, wofür ich fünfzehn brauchte. Und dann alle möglichen Erwägungen, die derart komplex sind, dass ich Mühe habe, sie zu entwirren. Rousseau hat als einer der Ersten die Zukunft der ethnologischen Forschung erahnt und die Naturwissenschaften und die Literatur einander annähern wollen. Ein außergewöhnliches Schicksal hat ihn zu einem mit lebendigster Sensibilität ausgestatteten Beobachter werden lassen. In seinem gesamten Werk sucht er nach einer Verbindung zwischen Sinnlichem und Intelligiblem, die ich selbst ebenfalls erstrebe, wenngleich auf anderen Wegen und indem ich die Dinge vom anderen Ende her in Angriff nehme: durch das Primat des Intellekts vor dem des Gefühls. Bei ihm wie bei mir aber ist das Bedürfnis nach einer Versöhnung dieser Gegensätze zentral.

In einer früheren Unterhaltung habe ich gesagt, dass Marx der Erste war, der die Methode der Modellkonstruktion auf die Humanwissenschaften anwandte. Wahrscheinlich wäre es richtiger, diesen Verdienst Rousseau zuzuerkennen, selbst wenn seine Modelle in der *Abhandlung über den Ursprung und die Grundlagen der Ungleichheit unter den Menschen* noch zu weit von der Realität entfernt sind, als dass sie sie träfen. Die *Bekenntnisse* lassen für mich eine verschwundene Gesellschaft wieder lebendig werden, die mit derselben Genauigkeit, mit demselben unaufdringlichen Lyrismus abgebildet ist wie auf einem Gemälde von Jean Siméon Chardin oder Michel-Martin Drolling. Schließlich *Julie oder Die neue Heloise*, das heute niemand mehr liest, während es doch der erste im vollen Sinne moderne Roman ist (Marie-Madeleine de La Fayette hatte eher ein bloß romanhaftes Genre geschaffen). Erinnern Sie sich: Ein Mädchen aus gutem Hause hat einen Geliebten; man verheiratet sie mit einem Mann, der älter ist als sie. Sie erzählt ihm alles, und er hat nichts Eiligeres zu tun, als den früheren Geliebten ins Heim der Familie aufzunehmen, und stürzt damit alle ins Unglück. Man wird sich nie darüber klar, ob er aus Sadismus, aus Masochismus, im Namen einer wirren Moral oder schlicht aus Dummheit handelt. Diese Beziehung des Autors zu Personen, die er nicht wie ein Drahtzieher an Schnüren führt und die, wie im Leben, undurchsichtig bleiben, findet man, allerdings später, bei Dostojewski und Conrad wieder. Und alles das wird, wie in den *Träumereien des einsamen Spaziergängers*, durch ein intensives Naturgefühl gefiltert … Sie sehen, Rousseau erregt mich!

An einen intellektuellen Einfluss habe ich eher deshalb gedacht, weil der Titel eines Ihrer im zweiten Band der *Strukturalen Anthropologie* versammelten Vorträge lautete: »Jean-Jacques Rousseau, Begründer der Wissenschaften vom Menschen«.

Das war wegen der Begleitumstände ein wenig übertrieben, eine Festveranstaltung in Genf zur Feier des zweihundertfünfzigsten Jahrestages seiner Geburt; aber es ist nicht falsch.

Sie merkten da an, dass »jeder Ethnologe seine *Bekenntnisse* schreibt«. Weil er das Ich durchmessen muss, um sich vom Ich lossagen zu können. Dennoch haben Sie stets behauptet, kein Gefühl der persönlichen Identität, des Ichs zu haben.

Ich sehe da keinen Widerspruch. Wenn man dieses Gefühl der persönlichen Identität nicht hat, dann muss man erst recht große Anstrengungen unternehmen, um sich nach der Überwindung außergewöhnlicher Situationen wieder als Ich zu erfassen. Die ethnographische Erfahrung steht für eine experimentelle Suche nach etwas, das sich einem entzieht. Hätte ich ganz genau gewusst, wer ich bin, so hätte ich es vielleicht nicht nötig gehabt, mich in exotischen Abenteuern suchen und finden zu müssen.

Sie wissen es nicht?

Sehr ungenau.

Ist das ein besonderer Zug von Ihnen, oder ist das ein Merkmal des menschlichen Geistes?

Ich brüste mich nicht mit einer Besonderheit. Es ist, wie mir scheint, die Gesellschaft, die uns das Gefühl der persönlichen Identität vermittelt …

… und jemanden dazu veranlasst, seine Bücher mit »Claude Lévi-Strauss, Mitglied der Académie française« zu unterzeichnen?

Ja, die verlangt, dass Sie jemand sind, um diesen »jemand« für das, was er tut und sagt, verantwortlich machen zu können. Fehlte dieser soziale Druck, so wäre das Gefühl der persönlichen Identität vielleicht nicht so stark, dass die Mehrzahl der Menschen es zu spüren glaubt.

»Marx und Freud regen mich zum Denken an. Bei der Lektüre von Rousseau fange ich Feuer.«

Um auf Rousseau zurückzukommen, man hat Ihnen zu einer bestimmten Zeit die Absicht unterstellt, ihm ein Buch zu widmen.

Das schwebte mir vor, aber obwohl ich mit der Idee manchmal geliebäugelt habe, so habe ich doch sehr rasch darauf verzichtet. Aus zwei Gründen. Der erste war der, dass seit meinen Studienjahren eine gewaltige Rousseau-Literatur zu Tage getreten ist. Um keine groben Irrtümer zu begehen oder offene Türen einzurennen, hätte ich Dutzende von im Laufe der letzten fünfzig Jahre erschienenen Werken durcharbeiten müssen. Diese Aussicht hat mich erschreckt.

Der zweite Grund: Meine Beziehungen zu Rousseau sind ambivalent. Marx und Freud regen mich zum Denken an. Bei der Lektüre von Rousseau fange ich Feuer. So wie ich es sehe, hätte ich Mühe gehabt, eine genaue Trennung von Subjektivem und Objektivem zu vollziehen. Ich füge hinzu, dass sich meine Einstellung zu ihm weiterentwickelt hat. Oder jedenfalls hat sich der Stellenwert, den sein Werk in meinem Leben hat, weiterentwickelt; hinsichtlich bestimmter Aspekte jedoch, sagen wir: in Bezug auf sein politisches Denken, habe ich mich von ihm seit meinen Jahren des sozialistischen Aktivismus entfernt.

Aus welchen Gründen?

Vom Gesellschaftsvertrag ist ein schwieriges Buch, wahrscheinlich das schwierigste der gesamten politischen Philosophie. Soweit ich es zu verstehen in der Lage bin, entferne ich mich von diesem Zwiegespräch zwischen dem Individuum und dem Kollektivkörper, das Rousseau begründen will, von seiner Ablehnung jeder Art von Zwischengliedern, während es für mich gerade diese Zwischenglieder sind, die dem sozialen Leben Fleisch und Blut verleihen.

Kapitel 18
DER INHALT DER MALEREI

Die *Mythologica* sind von Anfang bis Ende mit Zeichnungen, Stichen, Skizzen angereichert …

Von zweierlei Art. Die Mythen setzen alle möglichen Arten von exotischen Tieren und Pflanzen in Szene. Dem Leser mussten Illustrationen dazu geboten werden. In den meisten Fällen habe ich alte Stiche ausgewählt, die aus Zeiten stammen, in denen Zoologie und Botanik sich noch nicht von der Folklore geschieden hatten. Das erschien mir poetischer und besser geeignet, die Aufnahme der Mythen zu verlebendigen.

Andererseits gelang es mir erst nach Abschluss einer sowohl manuellen als auch intellektuellen Arbeit, mir die sehr komplexen Transformationen, die ich vor Augen führen wollte, selbst vorzustellen. Mit Pappe, Papier und Bindfaden machte ich mir dreidimensionale Modelle, und viele meiner Schemata sind lediglich Flächenprojektionen davon. Monatelang und bis zum völligen Verschleiß hat eines dieser Modelle, beinahe einen Meter hoch, an der Decke des Laboratoire d'anthropologie sociale gehangen wie ein Mobile von Calder.

Der letzte Band der *Mythologica* trägt auf dem Umschlag sogar eine Illustration von Paul Delvaux.

Ich bewundere die Malerei von Delvaux seit Langem und habe mich, wenn ich einen Mythos untersuchte, oft gefragt, wie er ihn wohl interpretiert hätte. Als ich ihn durch eine Mittelsperson wissen ließ, wie gern ich den Umschlag von *Der nackte Mensch* von ihm illustriert sehen würde, war er so großzügig einzuwilligen. Merkwürdigerweise inspirierte ihn der Text zu einer sehr schönen, aber realistischen Komposition. Seine persönliche Mythologie vertrug sich wahrscheinlich nicht mit derjenigen der amerikanischen Indianer.

Wir sind bereits auf Ihre Beziehung zur Malerei zu sprechen gekommen, die mit Ihren familiären Bindungen zusammenhängt. Ich würde aber gern noch einmal auf die Polemik zurückkommen, die vor einigen Jahren auf die Publikation Ihres Textes »Le métier perdu« folgte, in dem Sie Ihre Klagen über die zeitgenössische Malerei vorgetragen haben.[10]

Das sind keine Klagen! Ein bestimmter Stand der Malerei gehört aufs Engste zu meiner Kultur und zu meiner Biographie. Es ist dieser Stand, der mir ästhetische Empfindungen eingibt, der mein Denken in Bewegung setzt. Er ist gegen Ende des 18. Jahrhunderts in Erscheinung getreten und hat bis zum Beginn des 20. Jahrhunderts gedauert. Was danach kommt, gehört einem anderen Stand an. Ich stelle fest, dass er mich wenig oder überhaupt nicht bewegt, und versuche, die Gründe dafür zu verstehen.

Haben Sie sich Baudelaire zu eigen gemacht, als Sie seinen Satz über Édouard Manet zitierten: »Er war der Erste einer im Verfall begriffenen Kunst«?

Manet war ein großer Maler. Man findet bei ihm faszinierende Werke, und gleichzeitig nimmt man an seinen Bildern eine gewisse Unsicherheit wahr, so als ob sie ihr Ziel nicht wirklich erreichten. Jedenfalls bezeichnet Manet das Ende einer Epoche und den Beginn einer neuen.

Wären Ihre Erklärungen zur Malerei nicht bekannt, so würde man spontan vermuten, dass Sie im Banne der Impressionisten stehen …

Ich liebe sie in der Tat sehr. Sie haben einer von Blutleere bedrohten Kunst neues Leben eingehaucht. Das waren noch sehr große Maler, die sich auf ihren Beruf verstanden. Dennoch hat ihre Intoleranz gegenüber traditionellen Malweisen, ihre verschwenderische Ermutigung eines ganzen Schwarms von Epigonen, die weder ihr Können noch ihr Talent besaßen, einen verheerenden Einfluss gehabt. Was man ihnen verdankt, war nicht von längerer Dauer als sie selbst: etwa dreißig Jahre.

Glauben Sie, dass das »Metier« zu diesem Zeitpunkt verloren gegangen ist?

Sie selbst haben es verkündet: Claude Monet sagte, man müsse so malen, wie der Vogel singt. Damit haben sie ihre Nachfolger dazu getrieben, das Metier zu vergessen, außer Acht zu lassen, zu verachten.

Sie sprachen eben von Ihrer persönlichen Geschichte. Nun haben Sie die moderne Malerei aber doch geliebt.

Ich habe sie leidenschaftlich geliebt. Ich erinnere mich, dass mein Vater, als wir 1918 nach Paris zurückkehrten, nachdem wir die Kriegszeit in Versailles verbracht hatten, alles sehen wollte, was in den Galerien ausgestellt wurde. Da er den Traditionen des 18. und 19. Jahrhunderts treu ergeben war, entmutigten ihn diese Besuche. Er beschrieb uns die kubistischen Gemälde, und auf mich, der ich noch nicht einmal zehn Jahre alt war, wirkte das wie eine Offenbarung: Man konnte also malen, ohne etwas darzustellen. Diese Idee entzückte mich. Mit den Pastellstiften, die im Atelier herumlagen, habe ich mich darangemacht, meine Vorstellung vom Kubismus zu verwirklichen. Ich sehe meine naiven Kompositionen noch vor mir, alles war flach, zweidimensional, ohne die geringste Raumgebung. Eines aber ist sicher: Das stellte nichts dar.

Später war ich selbst häufig Gast in der Rue La Boétie. Meine ganze Jugendzeit hindurch war es eine Art Wallfahrt, die in den Vitrinen ausgestellten neuesten Picassos anzuschauen – ich verrichtete dort meine Andachtsübungen. Zur selben Zeit bot mir Louis Vauxcelles, ein einflussreicher Kritiker, der Freundschaft für meinen Vater empfand und manchmal zu uns nach Hause kam, die Mitarbeit an einer kleinen Kunstzeitschrift an, die er lancieren (oder wahrscheinlich wiederbeleben) wollte. Als erstes Thema schlug ich den Einfluss des Kubismus auf das Alltagsleben vor, was schwerlich nach dem Geschmack von Vauxcelles war, einem eingeschworenen Feind des Kubismus. Dennoch willigte er ein. Ich begann damit, Fernand Léger zu interviewen, den ich bewunderte; er empfing mich mit äußerster Höflichkeit. Ob der Artikel erschienen ist? Ich habe es vergessen.

Wiederum später, ungefähr um 1929/1930, veröffentlichte die Zeitschrift *Documents* ein Sonderheft zu Ehren von Picasso, das einen Artikel mit der Unterschrift von Georges Monnet enthielt, jenem sozialistischen Abgeordneten, dessen Sekretär ich war. Dieser Artikel stammt von mir. Monnet hatte keine Zeit oder Lust, ihn zu schreiben, und das Ganze mir überlassen.

Was hat Sie von der modernen Kunst weggeführt?

Ich verneige mich noch immer vor dem Genie von Pablo Picasso. Dennoch scheint es mir heute, dass dieses Genie vor allem darin bestanden hat, uns die Illusion zu vermitteln, die Malerei existiere noch. Immer wieder taucht vor mir ein Bild auf: An den öden Stränden, an die uns der Schiffbruch der Malerei verschlagen hat, sammelt Picasso Strandgut auf und bastelt damit …

Ein Bild von Picasso bewegt Sie also nicht mehr?

Das Werk Picassos ist weitläufig und uneinheitlich. Es gibt erstaunlich gelungene Bilder darunter.

Sie sehen keinerlei Verwandtschaft zwischen Strukturalismus und Kubismus?

Es ist durchaus richtig – wir haben darüber gesprochen –, dass der Kubismus, etwa für Jakobson, einen Zugang zum Strukturalismus bilden mochte. Was mich angeht, war das nicht der Fall. Indem er die perspektivischen Wirkungen und die Helligkeitsunterschiede oder Farbdifferenzen gleich hoch veranschlagte, hat der Kubismus die traditionelle Darstellungsweise transformiert. Insgesamt jedoch hat er nichts weiter getan, als eine Konvention durch eine andere zu ersetzen.

Sie behaupteten in Ihrem Text, dass der Inhalt der Malerei der Malerei selbst äußerlich sein müsse, und priesen den unerschöpflichen Reichtum der Natur. Sie verurteilen also die gesamte nichtgegenständliche Malerei?

Wahrscheinlich unter dem Einfluss der Surrealisten: Breton hat diese Malerei nie akzeptiert.

Der Maler Pierre Soulages hat ziemlich trocken auf Ihre Thesen zum »verloren gegangenen Metier« geantwortet.[11] Er hat aus Ihrer Formulierung eine Art Manifest für die gegenständliche Malerei gemacht.

Damit bin ich einverstanden.

»Für mich besteht das Handwerk des Malers nicht in einer Reproduktion, sondern in einer Neuschaffung des Realen.«

Das Handwerk des Malers, wendet er gegen Sie ein, besteht nicht darin, irgendetwas darzustellen, sondern an und mit den Farben zu arbeiten.

Für mich besteht das Handwerk des Malers nicht in einer Reproduktion, sondern in einer Neuschaffung des Realen. Aus der Genauigkeit, mit der sich beispielsweise die holländischen Stilllebenmaler des 16. und 17. Jahrhunderts daranmachten, die löcherige Substanz eines Stücks Käse, die Transparenz eines Glases oder den Flaum einer Frucht wiederzugeben, erwächst ihre Bedeutung und ihr Wert, dass sich eine Äquivalenz zwischen physischen Wirkungen und den geistigen Operationen herstellt, welche die Arbeit des Malers einschließt. Dieser Maler bietet somit eine intelligible Verdopplung der sinnlichen Welt. Er hilft uns, sie von innen heraus zu verstehen.

Soulages behauptete überdies, Ihre Bewunderung gelte eigentlich nur unbedeutenden Malern des 19. Jahrhunderts!

Das ist ungenau, denn ich habe in *Das wilde Denken* gesagt, dass für mich der Maler mit Majuskel-M, der Maler, der alles erfunden hat, der Maler, dem wir das Kapital zu verdanken haben, von dem die Malerei seither eigentlich nur die Zinsen verzehrt, Rogier van der Weyden ist. Von ihm wie von anderen verlange ich, dass sie mir die Realität besser zu erkennen geben, als ich selbst es kann, dass sie mir zu verstehen helfen, was mich am Schauspiel der Welt bewegt, dass sie meinen Empfindungs- und Erkenntnisfähigkeiten zu Hilfe kommen. Oder mir gar Zugang zu jenem surrealen Bereich einer Welt verschaffen, die real war, aber nicht mehr existiert. Ich habe auch einen bewundernden Text über Max Ernst[12] geschrieben, und das zeigt doch, dass ich der modernen Malerei nicht mit Voreingenommenheit begegne.

In meinen Unterhaltungen mit Georges Charbonnier hatte ich als Beispiel die Reihe großer Hafenansichten von Joseph Vernet angeführt, die im Musée de la Marine zu sehen sind.[13] Das ist mit Sicherheit keine unbedeutende Malerei. Die Technik ist bewundernswert, die Kunst der Komposition ebenfalls. Mit den Mitteln, wie sie der Malerei eigentümlich sind, wird man in eine entschwundene Welt versetzt. Und was noch wunderbarer ist, diese Welt hat wahrscheinlich gar nicht existiert, denn der Maler hat nicht unterwürfig reproduziert, was er wahrnahm, er hat Elemente des Wahrgenommenen neu zusammengefügt und daraus eine lyrisch gesättigte Synthese gemacht. Eine große Hafenansicht von Vernet – das ist gar nicht weit entfernt von einem Opernabend aus der Sicht von Proust!

Gewichtiger noch, Soulages vergleicht Ihren Standpunkt in Bezug auf die moderne Malerei mit dem totalitärer Regime, weil Sie dem modernen Maler den Vorwurf der Dekadenz machen.

Wenn der Totalitarismus es mit einer Seite hält, dann doch wohl eher mit der der sogenannten avantgardistischen Malerei und dem gewaltigen kommerziellen und politischen Apparat, der sie durchsetzt.

*»Ein Vogel, ein Käfer oder
ein Schmetterling laden zu derselben
leidenschaftlichen Kontemplation ein,
die wir einem Jacopo Tintoretto oder
Rembrandt van Rijn vorbehalten.«*

Hat Sie das nicht verletzt, dass man Ihre Äußerungen mit denen vergleichen konnte, die die Nazis im Munde führten?

Ich habe im Sommer 1987 in einer Abendzeitung einen Artikel gelesen, der Bestandteil einer Serie war, deren Argumentation – ich vereinfache grob – auf Folgendes hinauslief: Seinerzeit hat man den *Balzac* von Auguste Rodin kritisiert, also sind die Säulen von Buren schön. Ich bin nicht in Gefahr, mich dieser Art von intellektuellem Terrorismus zu unterwerfen. Abgesehen davon, dass man vernünftigerweise daran zweifeln könnte, ob das Werk von Rodin sehr geeignet war, die Funktion eines öffentlichen Denkmals zu erfüllen, beeindruckt mich das auf bloße Autorität gestützte Argument überhaupt nicht, gleichgültig, von welcher Seite man es aufzäumt. Die Nazis verurteilten die avantgardistischen Künste im Namen einer politischen Ideologie und begünstigten eine Architektur, eine Bildhauerei und eine Malerei, die mich abstoßen. Sollte ich umgekehrt aber Beethoven und Wagner verabscheuen, weil Hitler sie mochte?

Ich habe mich von der Malerei der Avantgarde aus ganz anderen Gründen abgewandt: wegen meines Festhaltens an einer unersetzbaren handwerklichen Geschicklichkeit, einer der wunderbarsten Errungenschaften, die im Laufe der Jahrtausende von den Menschen hervorgebracht wurde und die mit einer bestimmten Konzeption der Stellung des Menschen im Universum verbunden ist. Wie viele andere Probleme haben auch die von der Kunst aufgeworfenen nicht nur eine einzige Dimension.

Hier stößt man wieder auf das, was Sie über die Menschenrechte sagten. Die zeitgenössische Malerei ist das Mündungsgebiet einer Strömung, die den Menschen in ein Zwiegespräch mit sich selbst verstrickt hat.

Ja, die Vorstellung, dass die Menschen aus sich selbst heraus Schöpfungen hervorbringen können, die denen der Natur gleichkommen und sogar höherwertig sind. Schon Paul Sérusier, ein Zeitgenosse von Paul Gauguin, schrieb an Maurice Denis, dass ihm die Natur im Vergleich zu dem, was er selbst im Kopf habe, klein und banal erscheine. Meines Erachtens aber muss der Mensch zu der Überzeugung kommen, dass er nur einen winzigen Raum in der Schöpfung einnimmt, dass deren Reichtum ihn überschwemmt und dass keine seiner ästhetischen Erfindungen je mit denen rivalisieren kann, die ein Insekt, ein Mineral oder eine Blume verkörpern. Ein Vogel, ein Käfer oder ein Schmetterling laden zu derselben leidenschaftlichen Kontemplation ein, die wir einem Jacopo Tintoretto oder Rembrandt van Rijn vorbehalten; aber unser Auge hat seine Frische eingebüßt, wir vermögen nicht mehr zu schauen.

Kapitel 19
DIE MUSIK UND DIE STIMMEN

In der »Ouvertüre« zu den *Mythologica* präsentieren Sie Wagner als den Begründer der Mythenanalyse. War das eine Ehrung, die Sie der Musik als Kunst an sich erweisen wollten – die vier Bände sind ihr gewidmet –, oder gilt sie besonders der von Wagner und bringt damit ein inniges Verhältnis zwischen ihm und Ihrer Arbeit zum Ausdruck?

Richard Wagner hat eine entscheidende Rolle in meiner geistigen Entwicklung und bei meiner Vorliebe für die Mythen gespielt, selbst wenn ich mir darüber erst lange nach meiner Kindheit klar geworden bin, als meine Eltern mich in die Oper mitnahmen. Wagner hat seine Opern nicht nur auf Mythen aufgebaut, sondern übt an ihnen eine Zergliederungsarbeit aus, die der Gebrauch der Leitmotive vollends explizit macht: Das Leitmotiv lässt das Mythem erahnen. Überdies leistet der Kontrapunkt der Leitmotive und der dramatischen Dichtung eine Art strukturaler Analyse, weil er anhand von gleitenden Übergängen oder Verschiebungen Handlungselemente einander überlagert, die sonst lediglich zeitlich aufeinander folgten. Bald fallen das musikalische Leitmotiv und das literarische »Gedicht« zusammen, bald ruft das Leitmotiv eine Episode in Erinnerung, die in strukturaler Beziehung zu derjenigen steht, der man gerade beiwohnt, sei es durch Analogie oder durch Kontrast.

Ich habe das erst spät begriffen, lange nach meiner Versenkung in die Mythenanalyse und obwohl ich mich doch schon ganz und gar vom Wagnerianismus gelöst zu haben glaubte. Sagen wir also, dass ich Wagner mehrere Jahrzehnte lang »bebrütet« habe.

»Richard Wagner hat eine entscheidende Rolle bei meiner Vorliebe für die Mythen gespielt.«

Die Beziehung zur Musik durchmisst dieses ganze Werk, dessen erster Band mit einer »Ouvertüre« einsetzt und dessen letzter mit einem »Finale« schließt. Die Kapitel des Ersten sind in Form von »Fugen« oder »Symphonien« komponiert.

Die Beziehung zur Musik lässt sich auf zwei Ebenen erkennen. Die erste ist, wie Sie hervorheben, die der Gliederung der Kapitel selbst. Auf einer tieferen Ebene jedoch markiert der Gesamtkomplex des Werkes das Problem der Beziehungen zwischen diesen beiden großen Ausdrucksweisen, nämlich der Musik und der Mythologie.

Könnten Sie das erläutern?

Es gibt eine Periode der westlichen Zivilisation, in der das mythische Denken verblasst und zugunsten der wissenschaftlichen Reflexion einerseits und der romantischen Expression andererseits verschwindet. Diese Spaltung findet im 17. Jahrhundert statt. Zur gleichen Zeit allerdings wird man Zeuge eines Phänomens, das, wie ich glaube, eng mit einem anderen verknüpft ist: der Entstehung dessen, was man die große musikalische Form nennt, die, wie mir scheint, die Strukturen des mythischen Denkens erneut besetzt. Denkweisen, die, was den Ausdruck des Realen betrifft, außer Gebrauch gekommen, aber im Unbewussten noch immer gegenwärtig sind, suchen nach neuen Verwendungsformen. Sie gliedern nicht mehr Bedeutungen, sondern Klänge. Und aus ihrem früheren Gebrauch ergibt sich, dass die derart gegliederten Klänge für uns Bedeutung gewinnen.

Haben Sie den Eindruck gewonnen, dass die Mythologie, deren System Sie rekonstruieren wollten – in Nord- wie in Südamerika –, eine tief musikalische Mythologie war?

Wenn der Transfer, den ich soeben im historischen Sinne und für unsere Zivilisation beschrieben habe, sich hat vollziehen können, dann deshalb, weil die mythischen Strukturen in latentem Zustand die musikalischen Formen präfigurierten und weil man, anhand eines regressiven Verfahrens, auf diese zurückgreifen kann, um jene besser zu verstehen. Vor ihrer musikalischen Genese existierten die Form »Fuge« und die Form »Sonate« bereits in den Mythen.

Ihnen zufolge war die musikalische Gliederung dieses Werkes also eine Notwendigkeit. Dennoch geht sie vom zweiten Band an ein wenig unter …

Keineswegs.

Sie verschwindet jedenfalls aus den Titeln der Kapitel.

Nachdem die Wirkung einmal erzielt war, wurde es sinnlos, daran festzuhalten. Das hätte den Eindruck von Pedanterie, ja sogar von Plumpheit erweckt. Dass ich aber im »Finale« das Problem der Musik mit neuen Entwicklungen wiederaufgreife, zeigt doch deutlich, dass die Idee des Parallelismus von Musik und Mythologie die ganzen vier Bände durchzieht. Gerade im letzten Band tritt übrigens die Demonstration der »Fugen«-Form eines Mythos in Erscheinung.

Mit manchmal allerdings merkwürdigen Konsequenzen. Bei der Niederschrift von *Das Rohe und das Gekochte* kam es zu einer Panne: Eine Mythentransformation, die mir unzweifelhaft erschien, bot eine Struktur, für die ich kein musikalisches Äquivalent finden konnte. Die Ausgangshypothese verlangte gleichwohl, dass eines vorhanden sein musste. Ich habe mein Problem René Leibowitz vorgetragen, mit dem ich sehr verbunden war. Er gab mir zur Antwort, dass seines Wissens eine solche Struktur in der Musik nie benutzt worden sei, obwohl nichts dagegen spräche. Ein paar Wochen später brachte er eine meiner Frau und mir gewidmete Komposition, die er gerade im Sinne der von mir angedeuteten Richtlinien geschrieben hatte.

Im Gegensatz dazu wissen Sie sicher, dass Luciano Berio *Das Rohe und das Gekochte* in seiner *Sinfonia* gebraucht hat. Ein Ausschnitt des Textes begleitet, in rezitierter Form, die Musik. Ich betone, dass ich den Grund dieser Wahl nicht begriffen habe. Im Laufe eines Interviews hat mir ein Musikwissenschaftler eine Frage zu diesem Thema gestellt. Ich habe ihm geantwortet, dass mein Buch eben erschienen sei und der Komponist es wahrscheinlich benutzt habe, weil er es gerade zur Hand hatte. Vor einigen Monaten nun habe ich von Berio, den ich nicht kenne, einen ungehaltenen Brief bekommen. Er hatte jenes Interview mit einer Verspätung von einigen Jahren gelesen und versicherte mir, dass der betreffende Satz seiner Symphonie das musikalische Gegenstück der mythischen Transformationen sei, die ich zu Tage gefördert hatte. Er fügte das Buch eines Musikwissenschaftlers bei, der den Beweis dafür lieferte.[14] Ich habe mich für ein Missverständnis entschuldigt, das, wie ich sagte, auf meine musikalische Inkompetenz zurückzuführen sei; aber ich bleibe verwirrt.

»Das Phänomen des musikalischen Schaffens hat mich stets fasziniert.«

Sie haben einmal gesagt, dass Sie gern Orchesterleiter geworden wären.

Weil es zum Komponisten nicht reichte! Das Phänomen des musikalischen Schaffens hat mich stets fasziniert. Dass Männer und Frauen in ihrer überwältigenden Mehrheit für Musik empfänglich sind, davon bewegt werden, dass sie sie zu verstehen glauben, dass aber nur eine winzige Minderheit fähig ist, Musik hervorzubringen – dieses Problem hat mich umgetrieben. (Denn diese Situation existiert auf anderen Gebieten nicht. Als Kinder oder Jugendliche haben wir uns allesamt an Gedichten versucht; und was die bildenden Künste betrifft, rufen Sie sich die Reklame in Erinnerung: »Wenn Sie schreiben können, können Sie auch zeichnen.«) Als Kind träumte ich davon, dieser Minderheit anzugehören. Ich nahm Geigenstunden bei einem Bratschisten an der Oper, der sich als Stegreiflehrer sein Geld verdiente und dessen Frau Pianistin war. Ich komponierte Stücke für unser kleines Trio, die sie freundlicherweise mit mir aufführten. Ich glaube sogar, dass ich – Gott sei mir gnädig – damals angefangen habe, eine Oper zu komponieren. Aber sie ist nicht über das Vorspiel hinausgediehen.

Aber das ist ganz rousseauistisch!

Mit dem einzigen Unterschied, dass Rousseau dazu in der Lage war und ich nicht.

Hat die Musik große Bedeutung in Ihrem Leben?

Gewaltige Bedeutung. Ich höre fortwährend Musik, ich arbeite bei Musik. Das kann mir natürlich die Missbilligung der Melomanen einbringen, die mir sicher vorwerfen, dass ich Musik zum Hintergrundgeräusch herabwürdige. Die Dinge sind freilich komplizierter, und ich habe Mühe, die Beziehung zwischen meiner Arbeit und der Musik zu erklären, es sei denn anhand eines Vergleiches. Warum kommt der Aktstudie in der Malerei so große Bedeutung zu? Man möchte glauben: wegen der eigentümlichen Schönheit eines Körpers. Der Grund scheint mir ein anderer zu sein. Selbst der blasierteste Maler, der daran gewöhnt ist, Modelle für sich posieren zu lassen, kann nicht umhin, angesichts eines schönen Körpers eine gewisse erotische Erregung zu verspüren. Dieser leichte Erethismus stimuliert ihn und schärft seine Wahrnehmung; er malt besser. Bewusst oder unbewusst sucht der Künstler diesen Stand der Gnade. Mein Verhältnis zur Musik ist ähnlich beschaffen: Ich denke besser, wenn ich höre. Es stellt sich eine kontrapunktische Beziehung zwischen der Gliederung des musikalischen Diskurses und dem Faden meiner Reflexion ein. Bald gehen sie gemeinsam des Weges, bald trennen sie sich, um sich wieder zu vereinen. Wie oft habe ich bemerkt – wenn auch nachträglich –, dass ich, wenn ich ein Musikstück hörte, beim Zuhören innehielt, während eine Idee auftauchte. Nach dieser zeitweiligen Entkopplung, die ihm Eigenständigkeit verleiht, verstrickt sich mein Denken erneut in das Stück, so als ob der mentale Diskurs einen Augenblick lang den musikalischen Diskurs abgelöst hätte, obwohl er weiterhin gemeinsame Sache mit ihm macht.

Gehen Sie oft ins Konzert?

Als Jugendlicher bin ich jede Woche in die Kolonne- oder Pasdeloup-Konzerte gegangen, auch in andere. Jetzt nicht mehr, denn ich bin klaustrophobisch geworden, und die Aussicht, in eine Sitzreihe eingepfercht zu werden, erschreckt mich. Ich höre Radio.

Sie mögen keine Schallplatten?

Sie lösen eine andere Art von Angst aus: nicht mehr raum-, sondern zeitbezogen. Die Vorstellung, dass sie sich in meiner unmittelbaren Nähe drehen, dass sie sich dem Ende nähern, dass man aufstehen muss, um die Platte zu wechseln …

Aber ich sehe hinter Ihnen einen Schuber mit der *Ring*-Tetralogie stehen.

Sogar zwei: Karl Böhm und Wilhelm Furtwängler. Es kommt selten vor, dass ich sie höre.

Sie verehren die Oper. Weil Sie sich von Stimmen bewegen lassen?

Von Stimmen und mehr noch von ihrer Kombination und ihrer Verschmelzung. Es gibt im Bereich der Oper einige Ensembles, die mich aus der Fassung bringen und hinreißen: das Quartett im ersten Akt von *Fidelio*, das Sextett in *Lucia di Lammermoor*, das Quintett in den *Meistersingern* und das Schlussterzett im *Rosenkavalier.*

Gibt es Opernsänger, die Sie mit Vorliebe hören?

Aber ja, ich liege auf den Knien vor Elisabeth Schwarzkopf.

Vor Maria Callas nicht?

Vor der Callas auch. Vor allem wenn sie Vincenzo Bellini, Gaetano Donizetti und Giacomo Puccini singt. Im Kreise meiner Familie wurde Puccini angeprangert: als veristisch, als schwülstig, als vulgär und so weiter. Erst spät habe ich seine melodische Originalität erfasst (wie bei Richard Strauss: Man hört drei Takte und weiß, dass das von ihm ist) und die Feinheit, die Subtilität seiner Orchestrierung. Giuseppe Verdi dagegen langweilt mich. Ich finde ihn pompös und dekorativ.

Für Sie hört die Musik also bei Claude Debussy auf, wenn es mir denn gelingt, den Augenblick genau zu datieren, da Sie jede weitere Gefolgschaft verweigern?

Sie halten zu früh inne. Als Jugendlicher vergötterte ich Igor Strawinsky, den ganzen Strawinsky. Heute wäre ich da wählerischer; doch *Petruschka*, *Les Noces* oder das *Oktett für Blasinstrumente* gelten für mich auch weiterhin als Meisterwerke der Musik. Was nach Strawinsky kommt, vermag mein Interesse zu wecken, mich zum Nachdenken anzuregen, ich kann mich bisweilen sogar durch den Reiz der Klangfarben angenehm erregt fühlen. Aber es affiziert mich nicht.

EPILOG

Als Sie einer Aufsatzsammlung den Titel *Der Blick aus der Ferne* gaben, hatten Sie da die Absicht, Ihre Distanz zu der Gesellschaft, in der wir leben, zu bekunden?

Es ist ein dem Japanischen entlehnter Titel, der mir bei der Lektüre von Zeami Motokiyo eingefallen ist, dem Schöpfer der Nô-Spiele. Er sagt, man müsse, um ein guter Schauspieler zu werden, imstande sein, sich selbst auf eben die Weise zu sehen, wie die Zuschauer einen betrachten, und gebraucht dabei den Ausdruck des Blickes aus der Ferne. Ich habe bemerkt, dass dieser Ausdruck sehr genau die Einstellung des Ethnologen beim Blick auf seine eigene Gesellschaft wiedergibt, die er nicht als eines ihrer Mitglieder, sondern wie andere Beobachter wahrnimmt, die in weiter zeitlicher und räumlicher Entfernung von ihr postiert sind.

Sie behaupten häufig, Sie seien ein Mensch des 19. Jahrhunderts. Was soll das bedeuten?

Das ist nicht meine eigene Idee. Vor mehreren Jahren hat mir ein junger amerikanischer Kollege ein Buch[1] gewidmet, das mich in die Tradition der Symbolisten und anderer Autoren des 19. Jahrhunderts einreiht. Das ist ein Jahrhundert, in dem ich mir, wie mein Gefühl mir sagt, wohl nicht sonderlich heimatlos vorkäme, wenn eine Fee mich mit einem Schlag ihres Zauberstabes dorthin versetzte, ohne dass ich mein Bewusstsein als Mensch des 20. Jahrhunderts verlöre.

Unsere großen Erfindungen sähe ich da bereits im Keim angelegt, ohne dass diese Fortschritte dort ihrem Wesen nach bereits Heilmittel für ihre eigenen Nachteile bilden.

»Das 19. Jahrhunderts ist ein Jahrhundert, in dem ich mir, wie mein Gefühl mir sagt, wohl nicht sonderlich heimatlos vorkäme.«

Messen wir diesen zweckfreien Träumereien aber nicht allzu viel Bedeutung bei. Man taucht nicht wieder in die Vergangenheit ein. Wie Stendhal irgendwo geschrieben hat, kann man sich inbrünstig die Wiederauferstehung Griechenlands herbeiwünschen; was man aber bekäme, sagte er, wäre etwas, das den Vereinigten Staaten von Amerika (wohlgemerkt: ein modernisiertes Land) ähnelte und nicht dem Jahrhundert des Perikles. Was wir an den früheren Epochen am meisten bewundern – die Literatur, die Kunst –, ist nicht das, was das Glück der Menschen ausgemacht hat. Sobald sie anderes kennenlernen, beeilen sie sich, sich umzustellen, wie das Beispiel der Entwicklungsländer lehrt.

Andererseits bin ich tief beunruhigt von der Vorstellung, dass die Handwerker, denen wir unter Ludwig XV. die erlesensten Schöpfungen des französischen Genies auf dem Gebiet der dekorativen Künste verdanken, zu eben denen gehört haben mögen, die sich drängten, um sich an der Marter von Robert-François Damiens zu ergötzen. Der Fall erscheint mir exemplarisch, weil er uns nähersteht; aber er ist nicht – und bei Weitem nicht – der Einzige, der keinerlei Vereinbarkeit zwischen den Verfeinerungen der Kunst und den Grausamkeiten der Alltagsbräuche zu erkennen gibt. Sie werden mir zubilligen, dass da einiger Grund besteht, am Menschen irrezuwerden. Das ist die Rolle der Anthropologie, werden Sie sagen. Leider – oder muss man sagen: glücklicherweise? – hat sie nicht auf alles eine Antwort zur Hand.

LEBEN UND WERK

1908 Claude Lévi-Strauss wird »durch Zufall«, wie er selbst sagt, in Brüssel geboren, als Sohn jüdischer Eltern. Seine Eltern, ein Porträtmaler aus Paris und eine Sekretärin aus Verdun, kehren nach Paris zurück, als er zwei Monate alt ist. Dort verbringt er im 16. Arrondissement die ersten Jahre seiner Kindheit.

1914–18 Während des Ersten Weltkriegs lebt er bei seinem Großvater mütterlicherseits, einem Rabbiner der Synagoge in Versailles. Dort besucht Claude Lévi-Strauss die Volksschule und das Lycée Hoche.

1918 Die Familie kehrt nach Paris zurück, wo Claude Lévi-Strauss zur *sixième* im Lycée Janson de Sailly eingeschult wird. Er bleibt dort bis zum Abitur. Danach folgt ein Vorbereitungsjahr auf die Grandes Écoles am Lycée Condorcet in Paris.

1926(?)–31 Claude Lévi-Strauss studiert an der Sorbonne in Paris parallel Rechtswissenschaften und Philosophie. 1931 schließt er mit der *agrégation* in Philosophie, einem juristischen Lizenziat und dem *docteur ès lettres* sein Studium ab. Währenddessen arbeitet er als Sekretär des sozialistischen Abgeordneten Georges Monnet.

1932–34 Er unterrichtet an Gymnasien in Mont-de-Marsan, im Südwesten Frankreichs, und in Laon, nordöstlich von Paris.

1934–39 Fünf Jahre verbringt Claude Lévi-Strauss in Brasilien. Dorthin im Rahmen einer französischen Kulturmission entsandt, lehrt er bis 1937 als Gastprofessor für Soziologie an der Universität von São Paulo. 1935 unternimmt er mit seiner Ehefrau, einer Ethnologin, seine erste ethnographische Forschungsreise, der bis 1939 weitere folgen sollen – in den Mato Grosso und ins Amazonasgebiet. Die Sammlungsgegenstände, die sie dort ertauschen können, werden im Pariser Musée de l'Homme gezeigt. Kurz vor Beginn des Zweiten Weltkrieges kehren sie nach Frankreich zurück.

1939–40 Nachdem Claude Lévi-Strauss im ersten Kriegsjahr als Verbindungsoffizier Militärdienst geleistet hat, wird er aufgrund der Rassengesetze 1940 aus der Armee entlassen.

1941–48 Claude Lévi-Strauss wandert mithilfe der Rockefeller-Stiftung nach New York aus, welche dort den französischen Flügel der New School for Social Research finanziert – die »Exiluniversität« École libre des hautes études de New York. Dort unterrichtet er ab 1942. In dieser Zeit trifft er auf zahlreiche französische Intellektuelle, die Surrealisten um André Breton

etwa, oder Roman Jakobson, der als Vertreter einer strukturalistischen Linguistik sein Denken maßgeblich beeinflusst.
Das französische Außenministerium ruft ihn 1944 nach Frankreich zurück; 1945 wird er zum Kulturattaché der Französischen Botschaft in New York ernannt und verbringt drei weitere Jahre dort.

1948 Claude Lévi-Strauss verlässt 1948 New York erneut, um die Stelle als Subdirektor des Musée de l'Homme in Paris anzutreten.

1949 Er unternimmt eine weitere ethnographische Forschungsreise, diesmal nach Ostpakistan. Im Anschluss wird er zum Direktor der École pratique des hautes études in Paris ernannt – in dieser Funktion bleibt er dort bis 1974 –, einer der Grandes Écoles für fortgeschrittene Studien. Er hält den Lehrstuhl für Religionswissenschaften inne.
Im selben Jahr erscheint seine erste, bis heute diskutierte Monographie, *Structures élémentaires de la parenté* (dt. v. Eva Moldenhauer, *Die elementaren Strukturen der Verwandtschaft*, 1981), in der er sich mit institutionalisierten Heiratsregeln und dem Inzesttabu beschäftigt. Ihre Publikation wird häufig als Geburtsstunde des französischen Strukturalismus bezeichnet.

1955 Es erscheint *Tristes Tropiques* (dt. v. Eva Moldenhauer, *Traurige Tropen*, 1978), wohl Claude Lévi-Strauss' berühmtestes Buch. Der poetisch geschriebene Reisebericht über seine Feldforschungen in Brasilien gilt bis heute als strukturalistische Programmschrift; er wird insbesondere in den Sechzigerjahren wegen seiner Kritik an der westlichen Zivilisation viel gelesen.

1958 Die Aufsatzsammlung *Anthropologie structurale* (dt. v. Hans Naumann, *Strukturale Anthropologie 1*, 1967) vereint zahlreiche von Lévi-Strauss' Forschungsergebnissen zu Verwandtschaftsbeziehungen, Siedlungsformen, Sprache, Religion, Kunst und Kochgewohnheiten.

1959 Lévi-Strauss wird als Professor für Sozialanthropologie an das renommierte Collège de France gewählt. Er lehrt dort bis zu seiner Pensionierung 1982.

1961 Zusammen mit dem Linguisten Émile Benveniste und dem Geographen Pierre Gourou gründet er das Magazin *L'Homme*, eine französische Wissenschaftszeitschrift für Anthropologie. Sie erscheint bis heute drei Mal jährlich.

1962 Es erscheint *La pensée sauvage* (dt. v. Hans Naumann: *Das wilde Denken*, 1968). Claude Lévi-Strauss prägte damit den Begriff »wildes Denken« für die Denkweisen naturnah lebender Kulturen, die auf ganzheitlichen, mythischen Weltanschauungen beruhen und alle Wesen, Dinge und Phänomene in einen allumfassenden, magischen Zusammenhang stellen. Im selben Jahr publiziert er auch *Le Totémisme* *aujourd'hui* (dt. v. Hans Naumann, *Das Ende des Totemismus*, 1965).

1964–71 In dichter Folge erscheinen die vier Bände der *Mythologica*: Sie bieten eine einzigartige Enzyklopädie der Mythen Nord- und Südamerikas und die nach wie vor maßgebliche Einführung in die strukturale Mythenanalyse.
1964: *Mythologiques. Band I: Le cru et le cuit* (dt. v. Eva Moldenhauer, *Mythologica I. Das Rohe und das Gekochte*, 1971);
1966: *Mythologiques. Band II: Du miel au cendres* (dt. v. Eva Moldenhauer, *Mythologica II. Vom Honig zur Asche*, 1972);
1968: *Mythologiques. Band III: L'Origine des manières de tables* (dt. v. Eva Moldenhauer, *Mythologica III. Vom Ursprung der Tischsitten*, 1973);
1971: *Mythologiques. Band IV: L'homme nu* (dt. v. Eva Moldenhauer, *Mythologica IV. Der nackte Mensch*, 2 Bde., 1975).

1973 Claude Lévi-Strauss wird Mitglied der Académie française.
Der zweite Teil seiner vergleichenden Strukturanalyse, *Anthropologie structurale deux* (dt. v. Eva Moldenhauer / Hans Henning Ritter / Traugott König, *Strukturale Anthropologie II*, 1975), wird veröffentlicht.

1982–93 Nach seiner Pensionierung 1982 schreibt Claude Lévi-Strauss weiter, es erscheinen skizzenartige Texte zu einzelnen ethnologischen Beispielen, etwa:

1983: *Le Regard éloigné* (dt. v. Hans-Horst Henschen / Joseph Vogl, *Der Blick aus der Ferne*, 1985);
1985: *La Potière jalouse* (dt. v. Hans-Horst Henschen, *Die eifersüchtige Töpferin*, 1987);
1991: *Histoire de lynx* (dt. v. Hans-Horst Henschen, *Die Luchsgeschichte*, 1993);
1993: *Regarder, écouter, lire* (dt. v. Hans-Horst Henschen, *Sehen, Hören, Lesen*, 1995).

2009 Claude Lévi-Strauss stirbt kurz vor seinem 101. Geburtstag in Paris. Im Laufe seines Lebens hat er unzählige Preise, Orden sowie Ehrendoktorwürden (u. a. der Universitäten Oxford, Yale, Harvard und Columbia) erhalten.
Posthum erscheinen:
2011: *L'autre face de la lune. Écrits sur le Japon* (dt. v. Eva Moldenhauer, *Die andere Seite des Mondes: Schriften über Japan*, 2012);
2011: *L'anthopologie face aux problèmes du monde moderne* (dt. v. Eva Moldenhauer, *Anthropologie in der modernen Welt*, 2012);
2013: *Nous sommes tous des cannibales* (dt. v. Eva Moldenhauer, *Wir sind alle Kannibalen. Mit dem Essay Der gemarterte Weihnachtsmann*, 2014).

QUELLENANGABEN

1 Claude Lévi-Strauss, *Tristes Tropiques,* Paris 1955; dt. *Traurige Tropen,* Köln/Berlin 1960 (gekürzte Fassung, übers. von Susanne Heintz), und Frankfurt/M. 1978 (vollständiger Text, übers. von Eva Moldenhauer).

2 Bronisław Malinowski, *Ein Tagebuch im strikten Sinne des Wortes: Neuguinea 1914–1918,* Frankfurt/M. 1986.

WENN DON QUIJOTE WIEDERKEHRT

1 Einfügungen in eckigen Klammern stammen vom Übersetzer.

2 Claude Lévi-Strauss, *Le Totémisme aujourd'hui,* Paris 1962; dt. *Das Ende des Totemismus* (übers. von H. Naumann), Frankfurt/M. 1985.

3 Simone de Beauvoir, *Mémoires d'une jeune fille rangée* [1958], Paris 1972, S. 411; dt. *Memoiren einer Tochter aus gutem Hause* (übers. von Eva Rechel-Mertens), Reinbek 1960, S. 284.

4 »Discours de Claude Lévi-Strauss«, in: *Discours de réception de Fernand Braudel à l'Académie française et réponse de Maurice Druon,* Paris 1985, S. 91–99.

5 Zum Bericht über die Expeditionen zu den Indianern siehe Claude Lévi-Strauss, *Traurige Tropen,* op. cit.

6 Claude Lévi-Strauss, »New York post- et préfiguratif«, in: *Le Regard éloigné,* Paris 1983, S. 345–356; dt. in *Der Blick aus der Ferne* (übers. von H.-H. Henschen und J. Vogl), München 1985, S. 374–385.

7 Claude Lévi-Strauss, »La Vie familiale et sociale des Indiens Nambikwara«, in: *Journal de la Société des Américanistes,* Paris 1948.

8 Spontanes verbales Frage-und-Antwort-(Assoziations-)Spiel zur Minderung der Bewusstseinszensur, ähnlich den anderen Papierschnitzel- oder Sprach-(Wenn ..., dann ...-)Spielen der Surrealisten im Banne des »psychischen Automatismus«. *A. d. Ü.*

9 Jimmy Ernst, *L'Écart absolu,* Paris 1987.

10 Roman Jakobson, *Six Leçons sur le son et le sens,* Paris 1976 [Lévi-Strauss' Vorwort unter dem Titel »Les Leçons de la linguistique«

ibid., S. 7–18; erneut in: *Le Regard éloigné,* op. cit.; dt. »Die Lehren der Linguistik«, in: *Der Blick aus der Ferne,* op. cit., S. 213–224].

11 Claude Lévi-Strauss, *Les Structures élémentaires de la parenté,* Paris 1949; erneut Den Haag 1967; dt. *Die elementaren Strukturen der Verwandtschaft* (übers. von Eva Moldenhauer), Frankfurt/M. 1981.

12 *Thèse principale* (Hauptthese) und *thèse complémentaire* (Ergänzungs- bzw. Nebenfachthese) sind Bestandteile der französischen Promotionsordnung. *A. d. Ü.*

13 *Les Temps Modernes,* Nr. 49, November 1949.

14 Claude Lévi-Strauss, *Paroles données,* Paris 1984, S. 258; dt. *Eingelöste Versprechen* (übers. von Rainer Rochlitz), München 1985, S. 269.

15 In: Claude Lévi-Strauss, *Le Regard éloigné,* op. cit., 1983, S. 354; dt. *Der Blick aus der Ferne,* op. cit., 1985, S. 384.

16 Claude Lévi-Strauss, *Race and History,* Paris 1952 (Neuausgabe in: *Anthropologie structurale deux,* op. cit.); dt. *Rasse und Geschichte* (übers. von Traugott König), Frankfurt/M. 1972; erneut in: *Strukturale Anthropologie,* II, op. cit. (1975).

17 André-Georges Haudricourt und Pascal Dibié, *Les Pieds sur terre,* Paris 1987.

18 André Leroi-Gourhan, *Les Racines du monde. Entretiens avec Claude-Henri Rocquet,* Paris 1982, S. 109.

19 Claude Lévi-Strauss, *Anthropologie structurale,* Paris 1958; dt. *Strukturale Anthropologie* (übers. von H. Naumann), Frankfurt/M. 1967.

20 *Anthropologie structurale,* op. cit., Kap. 16.

21 Georges Gurvitch und Wilbert E. Moore, *Twentieth Century Sociology,* New York 1945; frz. Übers.: *La Sociologie au XX*[e] *siècle,* Paris 1947 [L.-S.' Aufsatz II, S. 513–545].

22 Georges Gurvitch, »Le concept de structure sociale«, in: *Cahiers internationaux de sociologie,* Bd. 19, 1955.

23 Marcel Mauss, *Sociologie et anthropologie,* Paris 1950 (mit einer Einleitung von Claude Lévi-Strauss und einem Vorwort von Georges Gurvitch; dt. *Soziologie und Anthropologie* (übers. von H. Ritter), München 1974 [L.-S.' Aufsatz S. 7–41].

24 Jean-François Revel, *Pourquoi des philosophes?*, Paris 1957.

25 *Le Totémisme aujourd'hui,* op. cit.

26 *La Pensée sauvage,* Paris 1962; dt. *Das wilde Denken* (übers. von H. Naumann), Frankfurt/M. 1968.

27 Paul Reboux und Charles Müller, *A la manière de* ... (1908) – Literaturparodien berühmter Autoren. *A. d. Ü.*

28 Am Schluss eines Bandes mit dem Titel *Claude Lévi-Strauss,* erschienen 1979 in der Reihe *Idées* bei Gallimard, Paris.

29 Élisabeth Roudinesco, *La Bataille de cent ans. Histoire de la psychanalyse en France,* Bd. II, Paris 1986.

30 Claude Lévi-Strauss, *Paroles données*, Paris 1984, S. 11–12; dt. *Eingelöste Versprechen* (übers. von R. Rochlitz), München 1985, S. 14–16.

31 Raymond Aron, *Mémoires*, Paris 1983, S. 494; dt. *Erkenntnis und Verantwortung. Lebenserinnerungen* (gekürzte Fassung, übers. von K. Sontheimer), München 1985 [das Zitat fehlt; *A. d. Ü*].

32 *Le Nouvel Observateur* vom 21. Oktober 1983, S. 96–97.

33 *Discours de réception d'Alain Peyrefitte et réponse de Claude Lévi-Strauss*, Paris 1977, S. 57.

34 »Diogène couché«, in: *Les Temps Modernes*, Nr. 195, Paris 1955.

35 Georges Dumézil in: *Le Nouvel Observateur* vom 7. September 1984, S. 74–76.

DIE GESETZE DES GEISTES

1 Claude Lévi-Strauss, *Du Miel aux cendres* (*Mythologiques*, I), Paris 1966, S. 244; dt. *Vom Honig zur Asche* (übers. von Eva Moldenhauer), Frankfurt/M. 1972, S. 312.

2 Jean Pouillon, »L'Œuvre de Claude Lévi-Strauss«, in: *Les Temps Modernes*, Nr. 126, Juli 1956; ern. in Claude Lévi-Strauss, *Race et histoire*, op. cit. (1987).

3 Claude Lévi-Strauss, »Le Dédoublement ...«, in: *Renaissance*, New York, Bd. II-III, 1944/1945; erneut in *Anthropologie structurale*, op. cit., Kap. XIII [dt. in *Strukturale Anthropologie*, op. cit.]. Lucien Febvre, »Emprunts, ou fonds commun d'humanités?«, in: *Annales*, Paris 1951, S. 380–381.

4 Fernand Braudel, *Écrits sur l'histoire*, Paris 1969, S. 58; dt. »Geschichte und Sozialwissenschaften. Die *longue durée*«, in: M. Bloch, L. Febvre, F. Braudel, *Schrift und Materie der Geschichte* (hrsg. von C. Honegger), Frankfurt/M. 1977, S. 62; siehe auch Fernand Braudel, *Schriften zur Geschichte*, Band 1: *Gesellschaft und Zeitstrukturen*, Stuttgart 1992, Band 2: *Menschen und Zeitalter*, Stuttgart 1993.

5 Georges Charbonnier, *Entretiens avec Claude Lévi-Strauss*, Paris 1961; erneut Paris 1969; dt. *Claude Lévi-Strauss. »Primitive« und »Zivilisierte«* (übers. von A. Kuoni und K. Reinhart), Zürich 1972.

6 Claude Lévi-Strauss, »Anthropologie, histoire, idéologie«, in: *L'Homme*, Juli–Dezember 1975, S. 177–188.

7 Claude Lévi-Strauss, *La Voie des masques*, Paris [2]1979, S. 145–148; dt. *Der Weg der Masken* (übers. von Eva Moldenhauer), Frankfurt/M. 1975, S. 131–135.

8 Claude Lévi-Strauss, »Exode sur *Exode*«, in: *L'Homme*, XXVIII, Nr. 106, 1988.

9 Jean Petitot, »Approche morphodynamique de la formule canonique du mythe«, in: *L'Homme*, XXVIII, 106, 1988.

10 Charles Baudelaire, »Richard Wagner et *Tannhäuser* à Paris«, in *Œuvres complètes*, Paris 1975/76, II, S. 1211–1214.

DIE KULTUREN, DIE KULTUR

1 Claude Lévi-Strauss, *Race and History*, op. cit.; erneut in: *Anthropologie structurale deux* (Kap. XVIII), Paris 1973; dt. *Strukturale Anthropologie* II (übers. von E. Moldenhauer, T. König und H. Ritter), Frankfurt/M. 1975.

2 Claude Lévi-Strauss, »Race et culture«, in: *Revue internationale des Sciences sociales*, XXIII, 1971; erneut in: *Le Regard éloigné*, op. cit.; dt. »Rasse und Kultur«, in: *Der Blick aus der Ferne*, op. cit., S. 21–52.

3 Raymond Aron, *Mémoires*, Paris 1983, S. 520; dt. *Erkenntnis und Verantwortung*, op. cit. [das Zitat fehlt dort. *A. d. Ü.*].

4 François Jacob, *La Statue intérieure*, Paris 1987.

5 Bernard-Henri Levy in: *Le Figaro-Madame* Nr. 13300 vom 5. Juni 1987.

6 Arthur de Gobineau, *Essai sur l'inégalité des races humaines*, 1853–55; dt. *Versuch über die Ungleichheit der Menschenrassen* (übers. von Ludwig Schemann), 4 Bde., Stuttgart 1898–1901, IV, S. 322. *A. d. Ü.*

7 Zu Gobineaus Unterscheidung von »jährlicher« oder »säkularer« und »tausendjähriger« oder »mehrtausendjähriger« Geschichte vgl. *Das wilde Denken*, op. cit., S. 301, Fußnote. *A. d. Ü.*

8 Alain Finkielkraut, *La Défaite de la pensée*, Paris 1987.

9 »›Les Chats‹ de Charles Baudelaire«, in: *L'Homme*, II, 1, 1962. Roman Jakobson, *Questions de poétique*, Paris 1973, S. 401–419; erneut in: *Selected Writings*, III, Den Haag/Paris/New York 1981, S. 447–464, 783–785. M. Delacroix und W. Geertz, *»Les Chats« de Baudelaire. Une confrontation de méthodes*, Paris 1980.

10 So der Titel von Auszügen in *Le Débat*, Nr. 15, Sept.–Okt. 1981, die später zu Kap. XIX von *Le Regard éloigné* wurden; dt. »Einer jungen Malerin [Anita Albus]«, in: *Der Blick aus der Ferne*, op. cit. S. 361–373.

11 Pierre Soulages, »Le prétendu métier perdu«, in: *Le Débat*, Nr. 15, Sept.–Okt. 1981.

12 »Meditative Malerei«, in: *Der Blick aus der Ferne*, op. cit., 1985, S. 355–360. *A. d. Ü.*

13 Georges Charbonnier, *Entretiens avec Claude Lévi-Strauss*, op. cit.

14 Daniel Osmond-Smith, *Playing on Words. A Guide to Luciano Berio's Sinfonia*, RMA Monographs I, London 1985.

15 James A. Boon, *From Symbolism to Structuralism. Lévi-Strauss in a Literary Tradition*, Oxford 1972.

REGISTER